齐鲁大工匠

安娜 崔磊 耿艳丽
·主编·

Qilu
Great Craftsmen

SPM 南方传媒 广东人民出版社
·广州·

图书在版编目（CIP）数据

齐鲁大工匠 / 安娜，崔磊，耿艳丽主编 . —广州：
广东人民出版社，2023.5
　ISBN 978-7-218-16405-2

　Ⅰ . ①齐… 　Ⅱ . ①安…②崔…③耿… 　Ⅲ . ①工人—
先进事迹—山东　Ⅳ . ① K828.1

中国版本图书馆CIP数据核字（2022）第 252668 号

QI LU DA GONGJIANG
齐鲁大工匠

安　娜　崔　磊　耿艳丽　主编

版权所有　翻印必究

出 版 人：肖风华

责任编辑：马妮璐
责任技编：吴彦斌　周星奎
装帧设计：WONDERLAND Book design
　　　　　仙鹤 QQ:344581934

出版发行：广东人民出版社
地　　址：广东省广州市越秀区大沙头四马路 10 号（邮政编码：510199）
电　　话：（020）85716809（总编室）
传　　真：（020）83289585
网　　址：http://www.gdpph.com
印　　刷：三河市中晟雅豪印务有限公司
开　　本：710mm×1000mm　1/16
印　　张：16　字　　数：215 千
版　　次：2023 年 5 月第 1 版
印　　次：2023 年 5 月第 1 次印刷
定　　价：68.00 元

如发现印装质量问题，影响阅读，请与出版社（020-85716849）联系调换。
售书热线：（020）85716833

《齐鲁大工匠》读本主编及编委会名单

《齐鲁大工匠》读本由广东人民出版社进行出版，主编及编委会名单如下：

主　编：安　娜　崔　磊　耿艳丽

编委会：刘相伟　董艳艳　侯　琦　苏　航　张锦东
　　　　王亚楠　王南南　杨雯惠　焦文成

目 录

理论篇　解读齐鲁工匠精神 ……………………………………… 001
 工匠精神的历史源流 ……………………………………………… 002
 工匠精神的生成逻辑 ……………………………………………… 015
 齐鲁工匠精神的内涵与特征 ……………………………………… 024
 齐鲁工匠精神的时代价值 ………………………………………… 039

技艺篇　传承齐鲁匠人老手艺 ………………………………… 055
 济南·济南皮影戏 ………………………………………………… 056
 青岛·即墨花边 …………………………………………………… 064
 淄博·博山琉璃 …………………………………………………… 071
 枣庄·伏里土陶 …………………………………………………… 080
 东营·广饶齐笔 …………………………………………………… 088
 烟台·掖县滑石雕刻 ……………………………………………… 095
 潍坊·杨家埠木版年画 …………………………………………… 103
 济宁·曲阜楷木雕刻 ……………………………………………… 112
 泰安·泰山皮影戏 ………………………………………………… 118
 威海·威海锡镶技艺 ……………………………………………… 126
 日照·莒县过门笺 ………………………………………………… 135

临沂·临沭柳编 ··· 143
德州·德州黑陶 ··· 151
聊城·东昌葫芦雕刻 ··· 158
滨州·惠民泥塑 ··· 166
菏泽·曹州面人 ··· 174

人物篇　领略新时代齐鲁工匠风采 ································· 181

郭磊：集装箱里"穿针引线"的桥吊大工匠 ························· 182
王亮：为工业母机换"芯"提速的机床痴迷人 ····················· 188
魏国华：造纸生产线上的电气自动化控制守护员 ················ 193
孙志辉：在花火中诠释电焊美学的舞者 ····························· 199
张合礼：一把焊枪铸造出高铁列车脊梁的焊接大师 ············· 206
冯新岩：把光明带给千家万户的"电网医生" ······················ 213
贾廷波：夜幕降临，他将"彩虹"送到千家万户 ·················· 218
温广勇：点石成丝，助力玻纤国产加速度 ·························· 225
李秋峰：千凿万刻，大国工匠 ·· 230
赵磊：在平凡的岗位做不平凡的事 ····································· 236
牛德成：励精图治、刻苦钻研的"山东好人" ····················· 240
张春荣：在奋斗中彰显巾帼风采 ··· 246

理论篇
解读齐鲁工匠精神

　　工匠精神作为人类意识的精华，展现着人类改造世界的非凡勇气，彰显着人类崇高的理性品格和对"民力即国力"命题的价值认同。在新的时代背景下，"工匠"二字不再局限于传统意义。齐鲁文化发展传承至今，经过创造性转化、创新性发展，齐鲁工匠精神被赋予了新的时代内涵，不仅代表着优秀的职业精神和职业道德，更积淀着齐鲁工匠们最深沉的精神追求，蕴含着从业者最崇高的价值理念，是民族精神、中国精神内涵的组成部分。

工匠精神的历史源流

《说文解字》中将"匠"解释为"匠,木工也。从匚,从斤。斤,所以作器也。""工匠"最初指代木工。《孟子·尽心上》记载"大匠不为拙工改废绳墨",即高明的木匠不因为拙劣的工人改变或者废弃规矩,这里的大匠是指有专门技术的人。后来工匠的涵盖范围不断扩大,像木匠、铁匠、瓦匠等手工艺人都被称为"工匠";《广韵·漾韵》记载"匠,工匠",这里的工匠就是指有某方面熟练技能、技艺高超的手艺人;到最后泛指各行各业的劳动者。随着工业社会的到来,工匠群体被逐渐引申为专门从事技术操作的工人,现在特指在某个领域有技艺专长、颇有造诣的专业性操作人员。

一、工匠精神的发展历程

工匠精神本质上是一种职业精神,是从业者的一种职业价值取向和行为规范。工匠精神的基本内涵包括敬业、精益、专注、创新等方面的内容。在时代的更迭与社会的变迁中,工匠精神的内涵也在变化发展,其发展历程主要经历了三个阶段:古代工匠精神、近代工匠精神与现代工匠精神。

(一)古代工匠精神的精神理念

古代工匠精神秉持一种"精工"与"传承"的精神理念。

1.《考工记》对工匠精神的"知""巧"刻画

自先秦始,在华夏大地上就出现了与造物工艺有关的实践活动,"工匠"(当时称为"手艺人")这类掌握了一定的手艺并以此谋生的人,开始步入了历史舞台。最晚至春秋战国时期,造物活动逐渐形成了特定的基础观念,并保存了珍贵的文字记载,其中尤以《考工记》对彼时器物制造和工艺起源之记述最详细和可考。在当时社会中,形成了"备物致用"的成器价值观,掌握创物之术之人(必为能工巧匠)被视为"济世圣人",他们可以通过双手创造出金刃、陶器、舟车等物,既能够为社会生活提供极大便利,也能将其用于战争和军事行动中,这就是所谓"知者创物,巧者述之",而"守之世"则"谓之工"。

同样值得注意的是,在先秦注重实效的社会观念下,能够创造出有用器物之人,皆被视为"圣人"或"知者",能够把造器之术保留并传承下来的人被呼作"百工"或"巧者"。由此可见,对于工匠精神的中国基因,有"一支"就起于"知"且守于"巧",并在"巧"中生"知",最终实现了"知""巧"相融。

(1)造物起源和"知"从何而来

在《考工记》中,"知"与"巧"通常指的是具备开创精神、具有智慧之人,以及"携带"规范技术且能够把成器之术"述之"或者"守之"之人。在历史上,人们对造物起源长期受到"圣人创物"等神圣观念的影响,而实际上,人类都是"以模仿求解放",在模仿之中进行产品的创造。更为重要的是,在这种"心手相印"中,不但体现了造物者之意志、愿望与心智,还彰显着人们为此作出的努力和想要抵达的目的,并在这一过程中实现了人类活动与自然、他人的协调和呼应。《考工记》将这种创物的智慧解释为人们对自然界中"形"的模仿,然后在人的主观能动性的"推动"下,使得造物行为有了"理"之规范、"德"之关照。最终,开启了人们对宇宙万物"道"之追求。由此可见,《考工记》中对造物之术的阐述蕴藏着极为深厚的哲学思想,体现的是人与自然、人与自我、人与社会的和谐关系,为工匠精神的"出世"奠定了思想基础。

（2）"巧"中生"知"和"知""巧"相融

在《考工记》中记载的"巧者"一般为遵循、掌握制造器物之法且拥有特定技巧的匠人。其中，"巧"是在"知"的引领下形成的，是对创物之术长期积累、重复、创新的结果，也就是说，人们在把积累的"造物"经验总结和归纳之后逐渐形成了规范化的技艺或者技能，然后按照章法行造物之事并以此把技艺之术传承于后世。在这种实践行为中，"巧"已经不单纯隶属于造物的范畴，而是具有了开创性思维的匠人能够凭借长期重复性实践操作积累和掌握丰富的、独特的、高超的技术、技巧，并最终达到了熟能生巧的工匠境界。

通过对《考工记》的研读我们能够获知，先秦"成器"之实践就已完成了对"知"和"巧"的分离，在原创性思想观念和制作方式分离的过程中，二者之间的关系与今天的设计者与工人的区别并不相同。在先秦时期，"知""巧"虽为彼此独立的两项，但在造物中却融合一处。在接下来的两千多年的时间里，工匠的制作技艺不断提升，制作流程不断变通，并在充分考虑损益的同时把创造性思维融入其中。如此一来，传统意义上的、重复性的"模仿"就带有了智慧的光辉，让"知"得以在"巧"中延续与发展，实现了"知"和"巧"的交融。由此可见，在我国传统匠技之术中，由于技术精湛得以世代传承的工艺手法源远流长。其中，不但蕴含着"知者"的原创智慧，也交融着"巧者"的经验累积与技巧集成，为造就中国独特的工匠文化与工匠精神提供了文化土壤。

2.《庄子》对工匠精神的"技""艺"解构

从古至今，中国工匠精神体现的都是与劳作有关的较高层次的精神状态——劳动者专注劳作、钻研技艺以得到精妙绝伦的产品，并在此过程中达到了心灵的愉悦与境界的提升。在前文的考证中得知，工匠精神的文化渊源和基因能够追溯到先秦时期，《考工记》对此进行了翔实、深入的阐述和记录。而在《庄子》中，针对工匠精神的"技"与"艺"以及二者的解构，也进行了淋漓尽致的表达——工匠精神视艺术精神为本体，它不计较主体和自身、对象和世界之间的对抗，不受制于功利的束缚，追求的是一种自由精神和道家最高的人格理想。

在对早期传世文献《庄子》进行考查之后就能够发现，"得道"之工匠已非从事某一行当的简单的劳动者，而是具有活泼的主体精神的"人"，这种真正意义上的工匠精神在《庄子》中得到了集中而深刻的展现。

（1）技合于道

在《庄子》中，"技术"是分开的两个概念的集合。其中既包括人为机巧的、违背物性本真的小技，也涉及探求本质、追求根源的大美。庄子崇尚"技合于道"，认为任何技巧都不应违背自然规律和物体本身的属性，任何政策措施都不应限制机械（机器）对人类生产生活的"辅助"。当然，庄子也意识到过多强调技术而不注重对精神的培养，势必会导致人（尤其匠人）的异化，对此庄子保持了"高度警惕"。

在他看来，技术的本真价值在于为生产、生活服务，要实现促进人的全面、自由发展的目的，这体现着《庄子》对人类命运的深刻关切，也表达着对人的价值的极大关注。更重要的是，在《庄子》的很多篇章中都表现了对工艺和技术之道的称颂之词，认为工艺之道是尊重物性、洞察世界规律、彰显人的力量的重要体现，在纯熟而高超的技艺中体现出的是人们在改造世界、创造生活中的"大美"。当工匠理性看待和理解造物的结构，就会实现感官与心、心与物的交融。更为重要的是，通过长期的、大量的技艺练习，工匠不但会技艺专精且心手相应，还会形成独特的技艺手法。比如，主体和对象之间的距离会逐渐缩短甚至消失，精熟的技术也会成为无意识、合规律的本能。这在庖丁"依乎天理，因其固然"中就能见其一斑，在工倕"指与物化"中亦能知其一二，上述所有都说明技艺超群且专注技艺创新的工匠往往能够做到忘知忘欲，最终达到熟能生巧、得心应手的境界。这不但彰显了人们对工艺创造和技艺传承的尊崇，也向人们"提供"了工匠精神的"原始形态"。

(2) 艺融于道

在庄子眼中，工匠对任何技术的应用、对任何规则的遵守，都与真正意义上的工艺之"道"背道而驰，都会让技术失去本应具有的独立价值。说到底，这些实践活动不过是求"道"之入门引导，距离真正的工匠精神还相去甚远。《庄子》中指出，真正意义上的技术之"道"既体现着形而上的普遍规律，也彰显着形而下的技术应用，在二者合而为一的过程中，体现的是对技术活动程序的遵循，是对技艺操作层面"道"的遵守。更为重要的是，《庄子》对于工匠精神以"以技进道，道在技中"作解——"技"为技术活动的外在体现，"道"为技术行为的内在形态。也就是说，技术之应用要符合自然物性、遵从人类生存之道。在技术层面上，唯有做到"艺融于道"，才能确保造物活动具有方法、目的、步骤、过程等含义，才能受到科学规则的全面支配。由此可知，《庄子》认为工匠在对技术精益求精时，势必会从感性、自发经验上升到理性、洞察普遍规律层面。这样一来，技艺实践隐喻成了日常经验，实现了艺与道的合一，这对我国工匠精神传承和创新具有重要的指导作用。

实际上，自宋代以后，中国工匠精神的基因不但一直传续，还得到了极大发展和弘扬，李约瑟在其著作《中国科学技术史》中指出，"每当人们梳理中国文献、查找具体的科技史料时，通常都能发现其焦点在宋代，无论是应用科学还是纯粹科学，均如此。"事实上，宋代的工匠精神对前朝的积淀进行了汲取，并将其发展到了极致。不论是土木工程还是航海技术，不论是印刷亦或火药、机械、纺织、冶金等，宋代在科技文化领域都取得了巨大成就，而这一切都与工匠精神直接相关。比如，有宋一朝，宋版书就具有极高的美学品位，其版式风格美观大方且活泼多样。尤其是当雕版印刷技术传到宋代之后，在匠人的努力下日臻完美，不论书写还是刻印，均"尤为精美"，其研究价值、收藏价值均不可低估。甚至今天的收藏界，还流传着"一页宋版，一两黄金"的说法。

值得一提的是，在中国整部科学史上，沈括的贡献极为卓绝，而这些科技成就都"拜工匠精神所赐"。比如，他借助地球磁场让铁片磁化，这一人工磁化技术即便在今天，依然能够体现出伟大的工匠精神所在。在北宋末年，李诚通过《营造法式》一书对建筑技术进行了总结。喻皓出版了中国首部《木经》，设计、主持建造了享誉一时的开宝寺木塔。宋代瓷器更是当时中国文化的象征，作为首个全球化商品的瓷器，发展到宋代达到了前所未有的高峰，当时与中国进行瓷器外销往来的国家达到了十五个之多（南宋赵汝《诸蕃志》）。在天文学领域，苏颂的《新仪象法要》、韩公廉的"水运仪象台"等都曾享誉世界。所有这些都凝结着宋代工匠的智慧，包含着锐意进取和潜心钻研的工匠精神。当然，到了元代，工匠的社会活动受到了限制，身份也被固定下来，在一定程度上限制了工匠精神基因的传承。至明末清初，工匠精神再一次焕发生机，基因得以延续。

二、近代工匠精神的演变

工匠精神作为国家意识形态的一部分，也随之经历了从20世纪初在半殖民地半封建环境下的被动退场，到新中国成立后在集体劳动建设中以新面貌回归，再到中国特色社会主义新时代创新发展的演进历程。

（一）走向现代化的前夜：中华工匠精神被动退场

由精益求精出发的中华工匠精神是从古代工匠的职业传统与行业规范中脱胎而来，但这一职业文化是古代工匠在深受封建制度压迫和不公的社会观念基础上被动发生的。因此，伴随着封建制度的衰落，中华工匠精神自近代以来渐渐退场。近代中国经历了主权分裂、政权更迭等危机，但总体上仍保持了处于连续的、曲折中不懈进步的近代化历程。有日本学者就曾较早指出："中国的近现代历史是具有连续性的、以建立国民国家为共同目标的政治空间。"对中国近代化进程的整理要有一条贯穿其中的主线，即一致地救亡图存的民族目标和建立民族国家的共同认同。但在这一共同认同之下，充斥着各利益集团的斗争和博弈。在19

世纪末晚清内外交困之际，由务实派领导的洋务运动开启了中国的军事近代化和经济近代化，客观上促进了中国民族资本主义的产生和发展，开辟了中国的近代化道路。但中华工匠精神却被动退场，原因如下：

其一是生产方式的冲击。以机器大生产为代表的追求效率的新式工业和严峻的战时经济环境，是促使以手工艺制造为文化语言的中华工匠精神消退的根本原因。在1860年至1949年间，近代工业布局的发展演变经历了三个阶段：从鸦片战争后到一战爆发前，通商口岸成为近代中国与世界经济的连接点；从一战爆发到全民族抗战爆发前，民族资本主义进入黄金发展期，民族资本涌入，新式工业开设工厂，极大地促进了工业生产力的提升；从全民族抗日战争爆发到解放战争结束，民族工业开始向大后方战略转移，轻重工业发展失衡，整体工业水平受到重挫。近代工业布局受到战时经济环境的极大影响，在反复的时局波折中保障工业生产是稳定战时经济的基本策略，以机器大生产为主的新式工业迅速成为主流，以手工业作为语言、以手工业工人为主体的中华工匠精神开始走向低谷。马克思揭示了机器大工业生产对劳动者的影响，"由于劳动资料转变为机器体系，活劳动转变为这个机器体系的单纯的活的附件，转变为了机器运转的手段"。在快速覆盖了大多数生产领域的近代新式工业布局中，伴随着对生产效率的追逐，凝聚匠心的一部分活劳动渐渐被机器生产所替代，同时，近代中国的产业工人群体也逐渐庞大起来。

其二是阶级力量的变化。官僚资产阶级压迫和抗日战争的全面爆发，是以工人为行动主体的中华工匠精神被动退场的直接原因。即使民国政府表面上十分重视民国工业发展中的劳工状况，但实际上是为了短暂地缓解劳资冲突，防止民众运动，最终目的还是为官僚资本主义、垄断资本主义扩大中国市场扫清障碍。共产国际早期领导人卡尔·拉狄克也开展过调研，他认为，在中国工人阶级这种劳动状况之下"一场风暴即将来临"。可见，民国时期的劳资关系已到了不容忽视的紧张程度。发展近代民族工业和获得民族资本家的支持是民国政府稳定政局的必要条件，但在近代中国工业的繁荣之下是底层工人群体的巨大生存压力。归根结底是被为官僚资本主义扩大市场、扫清障碍而服务的民国政府的纵容才长期存在的。后者在劳动者技能素质和社会保障上的有意遮蔽和模糊规划，是近代史中最重要的当代回顾与反思之一。

（二）新中国的现代化进程：无畏的劳动者重续工匠传统

纵观欧美发达国家的现代化经验，工业化是现代文明不可或缺的物质基础。在我国，工匠精神的历史性回归正是伴随着新中国的工业现代化开始而发生的，是出于工业现代化起步的现实需求、从国家建制和社会动员而开始的，它激发了全民的劳动热情，融入了社会主义意识形态，伴随着新中国的国家现代化进程不断深化而成型。工业现代化是新中国成立以来社会主义现代化建设的重要内容，其进程大致分为四个阶段。

从 1949 年至 1978 年，是新中国工业化的起步阶段，这一时期效仿苏联的工业发展模式，实行优先发展重工业的"赶超战略"和高度集中的计划经济。1953 年，国家提出了过渡时期的总路线和逐步实现国家工业化的目标。在新中国现代化建设的起步时期，强有力的社会动员手段十分必要。在 1950 年和 1956 年，国家先后两次开展全国劳动模范表彰活动。毛泽东对劳动模范作出了高度评价，他提出："劳动模范是全中华民族的模范人物，是推动各方面人民事业胜利前进的骨干，是人民政府的可靠支柱和人民政府联系广大群众的桥梁。"激发人民的劳动热情，培育敢想敢干、具有无畏精神的劳动者，使其在各自岗位上建功立业，成为 20 世纪 50 年代新中国现代化建设初期劳动动员与劳动教育的重要任务。受"文化大革命"影响，全国性的劳模评选停滞 17 年之后，1977 年至 1979 年，国家又连续五次召开大会表彰劳模。这一时期国家扩大了劳模评选、表彰和奖励的对象范围，开始将目光转向基础建设行业等众多领域的先进企业与生产者。这些模范人物所体现的敬业精神与精益求精的品格影响深远，成为当代追溯工匠精神职业品质的榜样根源和中国现代工匠精神的文化起点。

1979年至2002年是我国工业化快速发展并逐渐成形的中期阶段。党的十一届三中全会之后国家调整了工业化发展战略，改变了多年来的计划经济体制和优先发展重工业的发展思路，实行对外开放和多种所有制共同发展的新战略，以效率优先为取向的就业制度改革也顺势展开。1993年，在《中共中央关于建立社会主义市场经济体制若干问题的决定》中，国家首次使用了"劳动力市场"的概念，同年面向社会呼吁建立竞争公平、运行有序、调控有力、服务完善的现代劳动力市场。

这一时期国家通过大力培育劳动力市场，极大地缓解了改革开放之初国营企业下岗潮带来的就业压力，激发了劳动者的竞争意识和劳动热情。也正是从这一时期开始，农民工群体开始形成。改革开放之初受到城乡流动限制的政策影响，农村劳动力"离土不离乡"，绝大多数集中在乡镇企业打工。1992年以后，国家对农村劳动力流动政策开始从控制向鼓励、支持、引导有序流动转变，农民工流动范围渐渐扩大。到2001年，我国农民工总数达到1.2亿，农民工成为我国现代化建设中最庞大的劳动力群体之一。农民工群体的壮大，为中国特色社会主义现代化建设贡献了丰厚的人力资源，同时也为深化中国特色社会主义职业文化发展、发展新时代工匠精神奠定了重要的群众基础。

2003年至2015年是我国工业化发展进入新型工业化发展阶段。党的十六大根据中国工业化发展的新特点，在总结世界各国工业化发展经验教训的基础上提出走新型工业化道路。当代工人阶级的组成中既有企业中的产业工人，又有企业的产权所有者，还有农民工代表的新工人。在这一阶段，我国改革进入"攻坚期"，经济转型需求迫切，长期以经济增长为目标的粗放型经济难以为继，社会矛盾开始凸显。在这一矛盾局面下，精益求精成为中国制造业改变不合理现状、向优质制造目标发展的迫切追求，自2014年起，工匠精神开始真正得到社会关注。

在现阶段，即从"工业制造2025"计划以来的新型工业化阶段，我国现代化水平不断提升，向高质量发展转型的需求急迫。目前，全国技能劳动者达 1.65 亿，其中高技能人才 4501 万人。我国高技能人才队伍正在不断扩大，但仍然存在较大的市场缺口。培育高素质的劳动者已成为国家现代化建设的重要任务。2017 年的《政府工作报告》中提出，要大力弘扬工匠精神，厚植工匠文化，恪尽职业操守，崇尚精益求精，完善激励机制，培育众多"中国工匠"，打造更多享誉世界的"中国品牌"，推动中国经济发展进入质量时代；2019 年的《政府工作报告》提出了一系列系统培育工匠精神的具体化举措，提出实施职业技能提升行动，从失业保险基金结余中拿出 1000 亿元，用于 1500 万人次以上的职工技能提升和转岗转业培训，健全技术工人职业发展机制和政策。

习近平总书记指出，"劳动者素质对一个国家、一个民族发展至关重要，技术工人队伍是支撑中国制造、中国创造的重要基础。"从以工匠精神为主体的实际条件上来看，当代中国的主要劳动者群体具有平均学历显著提高、乐于接受新事物等历史性的变化，因此，以培育高素质劳动者为主要任务，弘扬和培育工匠精神的工作迎来绝佳的历史机遇。

工匠精神随着中国现代化进程的发展而不断增添新的内涵，它保留了深厚的中华工匠传统，从勤劳奋斗、精益求精的工匠传统重新出发，又吸纳了人类历史中劳动者的奋斗经验与思想结晶，凝聚成为社会主义现代化建设服务的创造性劳动的精神文明。在马克思的劳动休闲观里，能称为创造性活动的劳动才真正是人类的本质，只有这样的劳动活动才使得每个人有机会发挥与展示自己全部的能力，"只有在个人的全面发展与劳动者共同的社会生产能力成为他们的社会财富这一物质基础上，才能建立最终的自由个性"。对工匠精神的现实呼唤彰显着以人为本的根本要义。工匠精神及其激励政策为劳动者尤其是技能工人提供了稳定的生活保障和更高质量的物质激励，"名就是荣誉，利就是现实的物质利益回报，其中拥有产权是最大激励"。劳动者依靠勤劳奋斗掌握技能，提高自我的岗位竞争力，在社会劳动中获得自主发展的机会与创造幸福的能力，进而实现个人的全面发展。

三、新时代呼唤具有中国特色的工匠精神

2020年11月24日,全国劳动模范和先进工作者表彰大会在北京召开,习近平总书记在讲话中系统论述了劳模精神、劳动精神和工匠精神的深刻内涵和重要价值。习近平总书记高屋建瓴地概括的工匠精神16字内涵,正是以爱国主义为核心的民族精神和以改革创新为核心的时代精神的生动体现。工匠精神的主旨要义就是要传承弘扬"以爱国主义为核心的民族精神",奋力展现"以改革创新为核心的时代精神"。新时代弘扬工匠精神不能仅限于掌握一门炉火纯青的手工艺,而是要有专心如一的热爱、尽心竭力的付出、物我两忘的境界。一方面,要求我们能够传承优秀传统工艺,创新民族品牌,展示中国制造的高质量和高品质;另一方面,要求我们热爱且全身心投入工作领域,并在所从事领域的产品研发和加工过程中做到精益求精、一丝不苟、创造卓越。

2020年12月10日,习近平总书记在致首届全国职业技能大赛的贺信中强调"培养更多高技能人才和大国工匠"。从本质上来看,工匠精神是包含着敬业、专注、创新等优秀价值观念在内的对自身职业发展的精神追求。从"术"与"道"的关系上看,它是一种基于"术"却超越"术"的职业发展之"道",其随着个体与社会发展,逐渐内化为劳动者的职业精神。工匠精神综合反映了劳动者在个人职业生涯中的职业道德、职业能力和职业品质,是劳动者的一种长期职业价值取向和行为表现。在长期实践中,社会主义建设事业的各行各业都离不开工匠,工匠以"敬业、精益、专注、创新"的职业价值取向和行为表现,成为中国制造、中国创造的重要生产力,孕育了"执着专注、精益求精、一丝不苟、追求卓越的工匠精神"。创新创造始终是中华民族屹立于世界民族之林的重要法宝,无论是传统产业还是高新技术产业,也急需更多的高素质技术技能人才成为社会建设的主力军。劳动者特别是青年劳动者应积极投身技能成才、技能报国之路,以

坚定的理想信念、过硬的职业本领、卓越的职业追求，坚守平凡、不甘平庸、追求极致、乐于奉献，为实现"两个一百年"奋斗目标注入人才动力。

当工匠精神与中国特色社会主义道路相结合，与中国特有的国情和工程建设模式相融合，便在新时代的中华大地上得到了不同以往的创新发展和理念升华，创造性地形成了一种新时代中国特色的工匠精神。新时代中国特色工匠精神创新性地从传统的强调微观个体体验，注重工匠群体简单协作转变为强调宏观集体攻关，注重工程师群体与其他社会群体的整体协调；从简单的精益求精、分工协作上升为集体决策、大局优先；从片面的经济利益至上转变为经济与社会效益兼顾，人民利益至上。新时代中国特色工匠精神不再局限于工匠个体微观上的"匠心、匠德"，而升华成为属于国家和人民群众的一种宏观集体意义上的"民心、民德"。概而言之，新时代中国特色工匠精神就是一种集体利益优先、识大体顾大局、舍家为国无私奉献的家国精神；是一种同心同德、坚持不懈、团结攻关的集体精神；是一种以人为本、凝心聚力、实践优先的实干精神。新时代中国特色工匠精神是中国工程师和工程建设者创造的无形资产和宝贵财富，为中国特色社会主义现代化建设提供了不竭的精神动力。

新时代的工匠精神要在新的历史条件下丰富和发展工匠精神的传统内涵。具体表现如下：一是破旧立新、革故鼎新的创新精神。工匠制造器物的过程不同于标准化工艺下的大规模机器制造，"制造"意味着对其制造目的的再次创造。新时代工匠精神要求随着新时代的发展，应及时摒弃不合时宜的旧的观念理念，用新思想、新理念引领时代发展，将创新的火花与新时代的背景紧密融合，推进新时代各领域的与时俱进、与时偕行。二是敢于突破、不畏艰难的求索精神。随着新时代的不断向前推进，不可避免地会面临艰难险阻。新时代工匠精神要求在面临和面对新发展和新困难过程中，要不言苦、不言累、不气馁，积极探求新发现，要将新时代发展实践中面临的绊脚石看作进一步推进发展的时代契机，积极实现新领域的突破。三是坚持不懈、常抓常新的执着精神。对于新时代从事的工作领域，有些人可能会有职业倦怠甚至懈怠心理，新时代工匠精神要求能够用坚持力热爱自己的事业，用执着力坚守自己的事业，专注专一、全情投入，始终如一，不半途而废，不轻言气馁，执着追求，常抓不懈。四是精益求精、精雕细琢的卓越精神。精益求精不仅是在数量上的打磨和完善，而且是一种质量层次的提升，是一种对卓越的追求。新时代工匠精神要求对于从事的各项工作在按时保质保量完成的基础上，能够更进一步做精、做细、做优，用不满足的精神激励自己、严格要求自己，做好每一个细节，不放松每一个环节。

工匠精神的生成逻辑

一、西方工匠精神的历史生成逻辑

从西方词源学的角度来看,"工匠"在拉丁语中表示的是通过"体力劳动"将某种东西进行"聚拢、捏合或形塑",随着生产力的发展与劳动形式的改变,"体力劳动"逐步变成了"技能或技艺","工匠"成为"具有特殊制造技能"的手艺人或特定阶层。这说明"工匠"的产生与发展总是与劳动存在着密不可分的关系,也正是这个关系为我们考察工匠精神的形成逻辑提供了历史的视角。

(一)技艺经验:工匠精神生成的原点

人类的任何劳动都是对劳动力的消耗,是"脑力、肌肉、神经、手等的生产耗费",传统劳动更是人类体力的消耗,是对人类肉体的压迫。因此,统治者都不愿意承担体力劳动,只有工匠、奴隶等劳力阶层被迫承担,而统治者享受着衣食无忧的闲暇时光,也逐渐形成了厌恶体力劳动与鄙视工匠的社会风气或社会价值取向。如"劳心者治人,劳力者治于人""志于道,据于德,依于仁,游于艺""万般皆下品,惟有读书高"等观点成为我国古代文化的主流;以"思想至上"而闻名于世的古希腊哲学家,也常将工匠技艺贬低为"下贱的技艺",柏拉图就认为"手工技艺似乎又都是有点低贱的",即使那些在平民政体中掌握了一定权力的手工业者,依然还是属于"劳力阶级"或"技艺阶级","他们的灵魂已因从事下贱的技艺和职业而变得残废和畸形,正像他们的身体受到他们的技艺和职业损坏一样"。亚里士多德认为,"任何职业、工技或学课,凡可影响一个自由人的身体、灵魂或心理,使之降格而不复适合于善德的操修者,都属'卑陋'。"王公贵族等有闲阶级崇尚的就是脑力劳动,而从事"粗俗技艺"的工匠则受到了他们的鄙视与嘲讽,甚至还失去了应有的人身自由。

然而,传统社会文化价值观对工匠阶层的鄙夷与排斥,并不能抹杀工匠在人类文明史上的贡献。如希波达莫斯和亚里士多德在鄙视工匠的同时,还是认为工匠是希腊城邦阶层体系中不可或缺的组成部分;孔子虽有"君子不器"的说辞,但还是认为体力劳动分工在社会经济生活中具有必然性与必要性,并对大禹"躬稼"与"尽力乎沟洫"等劳动行为赞扬有加,可见,"经世致用"的思想对那些服务于现实生活的"雕虫小技"并没有绝对排斥,相反,中国古代技艺在一定程度上也得到了较大发展,甚至冶金、纺织、制瓷、造纸等工艺技术还领先于世界。科学史学家乔治·萨顿在《科学史·希腊黄金时代的古代科学》中指出,"那时和如今一样,最出色的专家既不是博学之士也不是语言大师,而是如铁匠、陶瓷制作者、木匠和皮革匠等这样的手艺人,这些人可能掌握了十分丰富的技艺经验与民间知识。"也正是这些通过长期累积起来的技艺与经验在手艺人的守护中得到不断传承与发展,成为工匠精神的起源。

(二)劳动观念变迁:**工匠精神生成的内生动力**

马克斯·韦伯在《新教伦理与资本主义精神》中指出,基督教最早产生于工匠群体,工匠就是融"日常生活"与"宗教活动"于一体,并在"生活世界"(公共生活与个人生活)中实现宗教意义的人。因此,工匠的身份具有社会性、职业性与宗教性三重特性,并且"某种确定而虔诚的工匠文化"就是以这种身份特性为中介得以呈现。宗教的重要贡献之一就是对世俗劳动和世俗活动赋予神圣的含义,"劳动"和"职业"成为上帝安排的任务,从而使人们从根本上改变了对劳动的歧视。可以说,宗教救赎了劳动,也救赎了手工业者,"社会对劳动、技术与工匠的态度由蔑视和谴责开朝向始褒扬方向倾斜或摇摆"。

伴随着中世纪之后宗教改革的加速，特别是马丁·路德和加尔文宗教改革，使劳动在宗教中获得了个性的意义，"职业劳动"成为上帝准许的唯一生存方式，也是个人道德活动的最高形式。对工匠而言，技艺劳作已经从原来迫于谋生需要而不得不忍受的惩罚变成了充满虔诚与敬畏的"自我救赎"。也正是基于此，工匠对于技艺活动更加尽心和精益求精，并将技艺水平的提升作为"对上帝的忠心"。由此，工匠们"专注技艺、笃行信道、忠于职业"的伦理精神已初步形成。西方工艺发展的历史表明，在工匠精神形成的初期，匠人总是将手工劳动看作是对上帝的颂扬和对自己的救赎，因此，手艺劳动就变成了匠人净化灵魂与精神修行的途径之一。

西方的宗教改革涤荡了社会鄙视工匠的浊流，"商人和工匠不再被阻挡在真正的宗教生活之外，因为他们的财富和技艺，职业团体的礼拜仪式也出现在意大利和法国所有的教堂里了"。同样，我国封建社会形成的"德政合一"的伦理体系要求技术发展与政治"大一统"相适应，所有那些为巩固政权或强化社会伦理服务的技术都能得到统治阶级的认可，如服务于"以农立国"的水利工程技术、抵御外族入侵的建筑技术、冶炼技术等都会受到保护与发展，这类工匠也因此逐步获得了一定的社会地位，被称为"能工巧匠"，他们也会将技艺提升作为对"天子"或"上天"的回报。在天人合一思想的统摄下，我国工匠逐渐形成了对天地人神的敬畏，并以此引领自己崇高的生活价值追求。

（三）行会制度：工匠精神生成的外在塑力

"制度是一系列被制定出来的规则、守法秩序和行为道德、伦理规范。"工匠精神就是一套秩序法则与道德伦理规范，它的形成与工匠群体从业的行会制度相关。我国"从周末至汉代这个时候起，手工业行会已有存在的事实了"。行会内部有细密的行规条约，除对行内生产经营的产品规格、质量标准、度量衡等进行规范外，还对行内学徒年限、学徒人数、学习内容等进行严格监督。如宋代苏州金箔业行会规定，师傅只能"三年授一徒"，一位叫董司的师傅由于多收了一个学徒，被强行制止未果后，被同行砍死；又如苏州染业行对不同工种人员的工资进行了细致的规定，要求"准加不准减"。行会还要求供奉行业祖师或保护神，在开张、拜师、出师或业务活动等节点，要"张灯进表，唱戏敬神"，以强化"师道精神"以及"技术信仰"。

在西方，城市中的手工业者行会起源于12世纪上半叶，行会的主要目的就是建立统一的技术标准，使工匠人尽可能免受技术发展的影响以及社会制度的过度压榨。而到了13世纪，所有工匠都被强行"入会"。行会规定师傅对"学徒"有绝对的管理或处置权，并制定"拜师修行制度"，要求学徒工从十二三岁就要跟随师傅学艺2—8年，之后还要花3—5年去各地"参师"，以进一步提升自己的技艺，技术得到认可后才可以升格为"师傅"，这些制度经过一代一代的薪火相传，演化为技艺相承的传统。

行会制度的另一个作用就是加速行业内的技术分工，使得"某些行业的生产过程区分为一系列简单的动作，近乎机械地不断重复"。技术分工带来工匠技艺水平与创造性智慧的迅速提升，伽利略赞叹在威尼斯人的兵工厂中，"手工艺人不断制造出各种仪器和机器，他们因为继承经验或利用自己的观察，在解释问题时变得高度熟练和非常聪明"。可见，行会制度催生的技术分工已经成为工匠精益求精的技术追求的外部动力之一。更有趣的是，技术分工带来的工匠的超越精神最终成为现代科学的源头之一，"现代科学既起源于巫师、僧侣或者哲学家的思辨，也起源于工匠的实际操作和传统知识"，因此，"工匠传统"自始至终就是技术科学的传统，也是现代科学的源流之一。

基于上述分析可以看出，社会劳动价值观的改变、技术经验的独特性与行会制度的发展，使工匠的价值与人身地位得到了肯定与尊重，工匠阶层得到了稳定，创造热情也得到了有效的激发。特别是中国传统的冶炼技术、造纸技术、中医技术、桑蚕技术等都是工匠创新创造的结果，成就了中华文明的辉煌；欧洲在中世纪勃兴的"技术革新运动"中优化的"风车、农具、纺车、高炉冶炼与钟表技术等都是工匠们经过数个世纪技术累积和传承的产物"。而当时的行会将这些技艺标准、工艺流程与质量规格逐步进行制度化与标准化，这一过程也就是工匠们"精益求精、以质取胜"的技术信仰与职业伦理被不断发扬光大的过程。通过行会制度对师傅授艺行为的制约，使师徒传承既包括有形的技艺相传，又包括工匠精神品质与伦理价值的传承，学徒在跟随师傅钻研技术、精修技艺后，还获得了不断超越的"造物"精神，有利于逐步养成刻苦求学、追求卓越的学风，更有利于"恭勤养德、以技治业"等职业伦理精神的体悟与内化。

二、我国新时代工匠精神的生成逻辑

（一）工匠精神提出的时代场域

作为一种重要的精神资源和巨大的精神力量，工匠精神是劳动者的一种职业价值取向和行为表现，高扬了劳动者在社会主义社会的主人翁地位，有着向更高、更强迈进的时代特色，在推进"质量强国"和"制造强国"的建设中不可或缺。党的十八大以来，在推进创新驱动发展、建设世界科技强国的发展征程上，党和政府之所以大力倡导工匠精神，实际上是由诸多因素合力作用的结果，其背后的原因是颇值得我们探究的。

其一，推进供给侧结构性改革的必然要求。党的十八大以来，随着中国经济进入新常态，质量作为经济社会发展的战略性问题，得到了党和政府以及全社会的高度重视，要求以"质"的提升带动"量"的提高，"高质量发展"由此成为经济社会发展的关键词。而根据供给侧结构性改革的理论与实践，包括科技在内的经济社会发展，无论是"质"的提升还是"量"的提高，又终究是由人来完成的，因为人才的质量决定着生产力的发展水平。因之，新时代对社会主义劳动者和大国工匠提出了更高的品质要求，使得我们比以往任何时候都更需要大量高素质的劳动者，要求我们先从匠人培养做起、从匠人精神的培养做起，并让其真正扎根在我们的精神价值和理想信念之中。

其二，推动从科技大国到科技强国转变的现实需要。当今，全球科技革命发展的主要特征是从"科学"到"技术"转化，如果我们跟不上科技革命发展的现代化步伐，新科技革命带来的机遇就会随之变成严峻的挑战。当下中国虽是一个科技大国，但是要想真正成为一个科技强国，还有一段很长的不断创新、不断发展和不断追赶的路要走。而如果我们把实现由科技大国向科技强国的跃升当作一个系统，大国工匠精神就好比是"软件"，一旦缺少软件的支撑，作为硬件的科学技术即便再先进也是难以发挥其应有效能的，因为任何科学技术的发展都不能取代劳动者的双手。所以，在科学技术转化为现实生产力的过程中，围绕新时代中国科技发展的重大战略需求，要聚合起人们饱满的劳动热情，着力攻破关键核心技术，从而抢占引领未来的科技战略制高点，一刻也离不开大国工匠精神的坚实支撑。

其三，追求卓越、崇尚质量已成为全社会的价值导向。走进质量时代，我们需要工匠精神。培养大国工匠与培育工匠精神是一个系统工程。近年来，我国经济发展最大的变化是由高速增长转向高质量发展，这就使得工匠精神的重要性日益凸显。可以说，工匠精神厚植的改革发展的新期许，体现的是一种对质量追求完美、对品质绝不妥协的精神，新时代只有拥有一大批秉持工匠精神的劳动者，才能演绎质量时代的精彩。

其四，职业诉求与产品诉求的耦合作用。说到底，工匠精神就是一种职业诉求和产品诉求。而所谓职业诉求，就是从业人员对敬业感和荣誉感的执着和坚守；至于所谓产品诉求，就是对产品完善、精美和极致的不断追求。其两者相互间的耦合作用体现在：一方面，从业人员之所以能享受社会对他们的职业认同以及工作本身带给他们的乐趣与荣耀，是基于其对整个产品链至臻完美的守望。另一方面，整个产品链之所以能至臻完美，是基于从业人员对待自己所从事工作的尽职尽能。也就是说，作为一种人文素养和精神品质，工匠精神是产品质量的软实力之所在，其不仅仅体现在产品生产的末端，还体现在产品生产的全过程。而对于正处于从工业大国向工业强国迈进关键时期的中国来说，为推进中国制造的"品质革命"，让产品始终引领时代、引领潮流、引领审美，现代企业对特而精、特而优文化和理念的注重，也在无形中形成了对工匠精神的呼唤，使得工匠精神的提倡成为全社会、全民族的价值导向和时代精神。

（二）工匠精神的内在价值逻辑

工匠精神作为一种内在的精神品质，因顺应新时代发展的潮流，展现劳动的荣光与价值，成为劳动者深厚的精神滋养，凸显出其特有的社会价值。

工匠精神有助于树立劳动光荣的社会风尚。伟大的时代造就了广阔的舞台，民族的复兴呼唤着大国工匠的涌现。可以说，工匠精神所弘扬的不仅是一种理念，还是一种信仰。作为广大劳动者在从事社会生产的劳动实践中锤炼形成的一种向上引领的精神资源，工匠精神涵养了崇尚劳动的社会氛围，激发了亿万民众用劳动托举起梦想的豪情，汇聚起了中华民族伟大复兴的磅礴力量。工匠精神与劳模精神是一脉相承的，两者之间有着相通的内在品格，在奋力夺取新时代中国特色社会主义伟大胜利的实践中，广大劳动者承担着新的光荣使命，要建设知识型、技能型和创新型劳动者大军，包括劳模精神、工匠精神在内的劳动精神，不仅是广大劳动者弥足珍贵的精神财富和中国精神富有活力的文化基因，而且是成就劳动者的深层次的逻辑因由，需要我们在全社会牢固树立起劳动最光荣、最崇高、最伟大和最美丽的观念。

工匠精神有助于激发劳动者的主动精神。一代人有一代人的使命。新时代，随着世情国情的变化以及我国结构性改革带来的正面效应和潜能的持续释放，劳动创造和劳动者在经济社会发展中的作用更加凸显。从国际情况来看，随着经济全球化的深入发展和知识经济时代的到来，一国劳动者的思维方式和工作态度对于国家竞争力的提升影响越来越大。从国内情况来看，要以高水平开放推动深层次改革、促进高质量发展，又必须着力破解"动力不足"这一发展中的难题。作为新时代的劳动者，面对当今中国正从科技大国向科技强国的转变，如何通过进一步全面深化改革做到再发力，进而为推进中国制造的"品质革命"提供坚实的根基和有力的支撑，这些都迫切需要用工匠精神添动力、增活力。

工匠精神有助于营造精益求精的敬业风气。技术的传承与创新需要讲究精雕细琢。工匠精神源于工匠又高于工匠，既是一种技能，也是一种品质。随着中国特色社会主义进入新时代，弘扬工匠精神，培育大国工匠，是建设质量强国和文化强国的需要。而"大国工匠"的气质，首先体现在追求完美和追求极致的理念上，执着、专注和精益求精是其核心要义。因之，作为一种职业精神，工匠精神所拥有的一丝不苟的工作品质，推动着劳动者追求卓越的匠心，进而在工作中做到精益求精，营造出尊重劳动、崇尚技能的社会风尚。随着我国经济从高速发展的阶段迈入高质量发展的阶段，要将"中国制造"升级为"中国精造"，实现中国产品向中国品牌的转变，用工匠精神塑造劳动者使其进一步焕发劳动热情、释放创造潜能是全社会的殷切期待。因为没有工匠精神，就难育大国工匠，没有大国工匠，就难有大国重器。

工匠精神有助于提高劳动者的创造积极性。伟大的时代呼唤伟大的精神。社会发展依靠科技创新，科技创新离不开对工匠精神的弘扬。创新不仅是事物发展的动力，而且也是工匠精神的生命之源。正由于此，让"中国制造"变为"中国创造"，关键在于树立创新发展的理念。而就创新、品质和工匠精神的相互关系而言，"创新是革命，品质是生命，品质源于工匠精神"。因之，新时代深化供给侧结构性改革，不仅需要坚持创新驱动发展，而且需要呼唤工匠精神以整合各种创新资源，以"质"的提升带动"量"的提高。站在新时代的历史节点，作为创新的基础和核心竞争优势的重要来源，工匠精神具有的强烈的时代意识与创新精神并行不悖，创新精神需要工匠精神作支撑，工匠精神需要以创新精神为动力，弘扬工匠精神是实施创新驱动发展战略的必然要求。可以说，以工匠精神推动创新发展，是实现中华民族伟大复兴的要求。

参考文献：

［1］戴显红.新时代工匠精神的生成逻辑与伦理启示［J］.中国高等教育，2022（05）：48-50.

［2］高远，吕甜甜.新时代工匠精神与大学生专业素养培育融通机制探析［J］.江苏高教，2021（04）：98-101.

［3］徐彦秋.工匠精神的中国基因与创新［J］.南京社会科学，2020（07）：150-156.

［4］刘自团，李齐，尤伟."工匠精神"的要素谱系、生成逻辑与培育路径［J］.东南学术，2020（04）：80-87.

［5］朱春艳，赖诗奇.工匠精神的历史流变与当代价值［J］.长白学刊，2020（03）：143-148.DOI：10.19649/j.cnki.cn22-1009/d.2020.03.021.

［6］万长松，孙启鸣.论新时代中国特色工匠精神及其哲学基础［J］.东北大学学报（社会科学版），2019，21（05）：456-461.

齐鲁工匠精神的内涵与特征

一、齐鲁工匠精神的内涵

齐鲁工匠精神,指齐鲁文化区工匠群体在产品制作、技艺运用和职业追求方面体现出的自我意识。齐鲁工匠精神的生命力来自其地方性的文化基因。工匠精神博大精深,是中国传统文化的重要组成部分之一。当代齐鲁工匠精神是众多地方性工匠精神中的佼佼者,因其具备精湛技术、高尚道德等品质而广受称赞。齐鲁工匠精神与山东地方性的文化基因具有高度一致性,如自强不息、厚德载物、睿智创新、勤劳勇敢等。

(一)自强不息的求索精神

自强不息是齐鲁文化的基本精神之一,它与工匠精神的内涵高度融合,这也是齐鲁工匠精神长盛不衰的重要密码。工匠对于自然世界的探索也包含着某些做人的道理,尤其是在各种技艺的求索过程中,逐渐养成了对人与自然的基本态度。如《周易》乾卦"天行健,君子以自强不息",它给予人们探索未知世界的顽强刚健精神。齐鲁工匠精神自诞生之初,就将自强不息的求索精神纳入其概念范畴,实际上中国古代优秀的匠人代表墨子在制造器物和探索人伦大义方面展现出了杰出的匠心品质。齐鲁工匠精神中包含齐文化与鲁文化的双重密码,以齐国经世致用的实用态度,积极探索器物制造等世俗领域,因而培养了一批独具匠心的技工；而鲁文化尽管在探索自然世界方面稍显保守，但在探索人的道德世界方面则呈现出奋发有为的匠人精神品质。因而齐鲁匠人精神包含对两个世界的自强不息式求索，对器物制造技艺的孜孜追求创造了齐鲁大地璀璨夺目的物质文明，而对道德世界的孜孜追求则奠定了齐鲁工匠精神的基本文化底蕴。可以说，齐鲁工匠精神既包含对自然奥秘的技术性探索，也包含对世道人心的缜密筹划。

（二）厚德载物的人道精神

古人对于匠人精神的理解包含某种精神层面的道德追求，如"地势坤，君子以厚德载物"等儒家格言警句中，包容万物的人道主义精神深刻影响着工匠群体的价值观取向，即通过对精湛技艺的追求而达到某种做人的道德境界。墨家作为先秦工匠的代表，其探究制造各种精密器物的目的并非为了战争，而是以大无畏的牺牲精神游走在各国的争霸战争之中，最终达到"戈止"而贵生的目的。可以说，古代齐鲁工匠精神包含人文精神，即在探索器物制造之技时，也在向人的内心探索生命的生存之道。尽管孔子对制造器物的"奇巧淫技"评价不高，但是他对于维持社会秩序的周礼和仁道表现出某种精益求精的工匠精神，即通过伦理道德秩序的技术性阐释来建构中国人的精神世界。

另外，齐鲁工匠精神中的厚德载物品质还包含兼容并包的开放特质，它通过简单类比方式游走在自然与社会之间，尤其是通过对自然之物的观察来洞悉世道人心，或者以世道人心引导人们探索"奇巧淫技"。这种兼容并包的精神品质使得齐鲁工匠精神包含某种生生不息的生命气息。实际上，齐鲁工匠精神定型于先秦百家争鸣的诸子时代，儒、道、墨、法、农、兵等思想汇聚齐鲁大地，共同形成自由思想与百家争鸣的文化格局，这些开放包容的文化品质深刻影响了齐鲁工匠精神的传承形态。

（三）聪明睿智的创新精神

齐鲁工匠精神包含着丰富的创新元素，尤其是面对复杂恶劣的自然生存环境，齐鲁人民以高超的创新能力来改善自身所居住的自然及社会环境。齐鲁工匠精神最早可追溯至史前东夷部落时代，现代考古证据表明，东夷人很早就掌握了农业、交通及冶铁等方面的生产技术，同时以工匠精神的专注力探索社会化的礼乐制度等，这都在不同程度上表现出应对自然和社会生存挑战所爆发出的惊人创造力。春秋战国时期，齐国和鲁国继承了东夷人的创造精神及文化遗产，分别在社会制度和科学技术方面取得了很多成就。孔子以恢复周礼作为自己的社会责任，以"仁"来创造性地解释周礼的合理性，传播其独特的礼乐思想。在科技方面，齐鲁匠人大师层出不穷，如鲁国的公输盘是一位自学成才的能工巧匠，它通过对自然事物的观察，发明了诸多适用的木匠工具，如通过对锯齿状植物叶子的观察，模仿发明了伐木用的锯子。此外，鲁班的工匠技艺也被广泛运用到战争之中，如发明攻城利器云梯。可以说，以鲁班为代表的齐鲁工匠在建筑、机械、交通等方面展现出了精湛的创新创造能力。

二、齐鲁工匠精神的特征

齐鲁工匠精神源自历史悠久、底蕴深厚的齐鲁文明。孔子在齐鲁大地上创建了自己的思想文化体系和儒家学派，深深地影响着齐鲁文化，后来不断涌现的新思想和新学派为齐鲁文化注入了新鲜活力，也为齐鲁文化增添了更多元素。它们让齐鲁文明形成了自己的特色，在中华大地上延续了三千多年，在这样灿烂丰富的文明中，造就了齐鲁人民高尚的品格和丰富的精神品质，齐鲁工匠精神就秉承了齐鲁人民丰富的精神品质和对工艺制造精益求精的态度。

齐鲁工匠精神的特征源自齐鲁文化的熏陶，主要体现在精益求精的敬业态度、守正出新的技术追求、朝乾夕惕的勤奋品质、尽性至诚的超越精神、辅车相依的文化底蕴五个方面。

（一）精益求精的敬业态度

齐鲁工匠一直延续着对生产工艺品精益求精的严谨态度和品质精神，具体体现在生产准备精细化、生产环节标准化、质量管理严格化三个方面。

1. 生产准备精细化

齐鲁工匠精神发源于丰富灿烂的齐鲁文明，在齐鲁文明中，齐鲁工匠对生产准备的要求涵盖天、地、材三个方面，具体表现为"天有时，地有气，材有美"，达到以后才能开始生产。顺应天时方面，管仲关于修建堤防时间选择的观点颇具代表性。管仲认为夏天施工影响百姓除草，秋天施工影响百姓收获，冬天日短夜长且土冻难成，都不是合适的时间，只有春天旧年农事已完，新年农事尚未开始，"利以作土功之事"。适应地气方面，采矿业较之于其他行业要求更为突出。"山上有赭者，其下有铁；上有铅者，其下有银。一曰：上有铅者，其下有鈆银；上有丹砂者，其下有鈆金；上有慈石者，其下有铜金。此山之见荣者也。"[1] 选择材料方面，木工之一的弓人对弓干的要求即可见一斑，一方面是对原材料种类的要求，"凡取干之道七，柘为上，檍次之，檿桑次之，橘次之，木瓜次之，荆次之，竹为下"；另一方面是对原材料质量的要求，"凡相干，欲赤黑而阳声，赤黑则乡心，阳声则远根"[2]。此外，对其他五种制弓材料——角、筋、胶、丝和漆的要求同样非常精细。齐鲁工匠在尊重自然规律的基础上，以追求完美、精专细作的态度为生产做准备，在生产材料、时间、空间上都严格控制。从齐鲁文明开始，齐鲁工匠们一直秉持着这种细致、严格的态度直至今日。

2. 生产环节标准化

标准化的追求源自法度意识，体现为操作的规范和严谨。在标准意识方面，儒家和墨家难得的意见一致。孟子认为："离娄之明，公输子之巧，不以规矩，不能成方圆。"墨子主张："立朝夕于员钧之上也，则虽有巧工，必不能得正焉。"标准操作方面，以造车为例，车的制作过程复杂，需要细致，在流程和结构方面都有着明确的数据要求，典型性很强。流程包括制轮、制舆和制輈三个环节。以制

---

[1] 李山.管子［M］.北京中华书局，2009.337

[2] 闻人军.考工记译注［M］.上海：上海古籍出版社，1993.132

辀为例，马不同，辀的标准也相应不同，辀弯曲过度，容易折断；弯曲不足，会导致车体上仰。结构既涉及整体，也包括局部。在整体结构上要考虑上下车的便捷和行车的便利，由下到上分为六等，而每个局部都有严格的标准，制造过程也不放过任何一个细枝末节。从齐鲁工匠造车的过程能够看出，齐鲁工匠在生产环节的考究，每个过程细致入微、环环相扣，只有这种专业、严谨的态度才造就了那么多精巧、艺术的匠品。

3. 质量管理严格化

春秋战国时期，齐鲁文化区对工匠生产质量的管理强调责任到人。一方面，政府会派专人监督产品质量。齐国陶器上的印文经常出现的"立事"，即为制陶作坊的检查者或指导者。质量达不到要求的工匠，除了自身会受到惩罚，管理者也要承担责任，如"凡试梓饮器，乡衡而实不尽，梓师罪之"[1]，不合格的产品，"不粥于市"。另一方面，工匠需要在完成的产品上刻上自己的名字，即物勒工名。此外，各个行业检测质量的方法也已完备，如轮子质量优良需要达到六个要求"可规、可万、可水、可县、可量、可权"[2]，检验长柄兵器质量需要"置而摇之，以眡其蜩也；炙诸墙，以眡其桡之均也；横而摇之，以眡其劲也"。齐鲁工匠对匠品质量严格把关，强调对自己的作品负责，这种对质量追求完美的态度从春秋战国延续至今，被齐鲁工匠世代传承。

（二）守正出新的技术追求

无论是三千多年前的齐鲁大地，还是如今的好客山东，齐鲁大地上的工匠们永远秉持着守正出新的技术追求，不断追求高超的技艺、极致的匠品，坚持实用为本、积极创新，用这种钻研的精神推动着工匠技艺的不断创新发展。

1. 实用为本

齐鲁工匠在技术方面的实用理念实际是源自统治者对于工商业的过度发展会

---

[1] 闻人军.考工记译注［M］.上海：上海古籍出版社，1993.128
[2] 闻人军.考工记译注［M］.上海：上海古籍出版社，1993.120-129

影响农业根本地位的担忧。现实利益的失衡会导致百姓竞相投身手工业,使得国家陷入贫困。为了控制手工业的发展,君主往往会被建议控制对奢侈品的需求,并以身作则,带动百姓更多地关注农事。比如,晏子就曾力劝齐景公停止兴建高台的大工程,甚至将为齐景公制作以黄金作鞋带,以白银、珍珠和美玉作装饰的鞋子的鲁国工匠驱逐出境。考虑到社会的稳定和自身的利益,不少工匠也对技术发展的实用原则表示认同。工匠出身的墨子多次强调技术发展不能增加无意义的成本支出,"凡为此物也,无不加用而为者,是故用财不费,民德不劳,其兴利多矣"。他将实用的原则与节用的思想结合起来,提出"凡足以奉给民用,则止。诸加费不加于民利者,圣王弗为"❶。墨子心中的巧是"利于人",拙是"不利于人"。工匠背景的墨家在技术发展上强调节用和实用,这一直影响着齐鲁工匠们对实用性的追求。工匠的工作不仅仅是完成一项工艺品,更要追求工艺品、工艺技术的便捷性和推广性,齐鲁工匠一直致力于创造人们需要的作品。

2. 积极创新

在历史上,齐鲁工匠在许多技术领域都作出了开创性的贡献:"金有六齐"是世界上最早的关于铸造青铜器物所用合金成分比例的明确记载;齐国使用骨螺染紫的独特技术启动了紫色从间色向正色的转变;"倒虹吸"技术的发明成功地解决了水利工程中交叉建筑造成的工程技术难题;水利灌溉渠道施工组织方面的"标准工段相连法"颇有运筹学价值;将面范和背范刻在一块陶范上是铸钱技术的重要改进和创新;1957年山东诸城出土的人形铜灯创造性地将常用于木器制作的榫卯结构应用于青铜器制作;1977年曲阜鲁国故城出土的大玉璧是战国玉璧中形制最大的一件;1995年临淄张庄出土的一套62件铜餐具组合在规模方面是迄今为止全国出土的最大一套。齐鲁文化区最有名的两位工匠——墨子和公输盘,更是各有突破。墨子将橐与桥(杠杆机关)相连,极大地提高了鼓风的效率;发明

---

❶ 方勇. 墨子[M]. 北京:中华书局, 2011.181-187

了辁车，四个轮子，后两轮高于前两轮，保证了车厢的平稳；提出了连弩车和轺车等的设计方案，用于战争防御。在齐鲁大地上，总会有工匠不畏困难、执着创新，他们改造技术，创新工艺，将一件件实用、精美的匠品带到人们面前，用他们的智慧和坚守改变人们的生活，这种积极创新的精神正在被一代代的工匠们坚守着。

（三）朝乾夕惕的勤奋品质

每一次技术的进步，每一件精巧的工艺品的完成，都离不开工匠夜以继日的付出。勤奋成为工匠的代名词，齐鲁工匠亦是如此，不惮劳苦、脚踏实地，缘技求道、钩深索隐是每一个齐鲁工匠的写照。

1. 不惮劳苦，脚踏实地

齐国发展成战国七雄之一，依靠的就是独立自主、艰苦奋斗。鲁国在强国环伺的环境中坚持保存和实施周礼的使命，本质上依靠的也是进取的意志和勤奋的精神。勤奋在齐鲁文化区是一种自上而下倡导的精神特质，甚至体现为自上而下积极参与手工生产。统治者将这种亲力亲为、与民同苦的行为视为教化百姓、引领民风的重要方式，他们认为勤奋是推广节俭、导人向善的前提和基础。以涑丝为例，工匠要将蚕丝放到草木灰水中浸泡七天，溶解丝胶，然后在白天将其放到太阳下暴晒，分解色素和丝胶，夜里又放到井内，将已分解的色素和丝胶融入水中，耗时七天七夜，昼夜忙碌不休。又以制弓为例，弓人对六种原材料均需反复加工，完成一张弓甚至需要三年之久。在这样的文化环境里，齐鲁工匠秉烛夜游，不忘其功，诠释了脚踏实地、吃苦耐劳的意志品质。

2. 缘技求道，钩深索隐

齐鲁工匠的勤奋精神不但体现在扎实完成每一个生产环节的要求，更体现在对技术之后的"道"的上下求索。求索艰难，且主体往往是工匠中的杰出者，读书和苦修是其主要方式。读书以墨子为代表。墨子南游卫国，车上带了很多书，弟子非常惊讶，认为读书不过是为了揣度是非曲直，无需如此用功。墨子告诉弟子，读书是为了消除不同意见的干扰，"数逆于精微"，了解"同归之物"的要义，深入掌握事物的本质。作为一名工匠，上没有国君授予的职事，下没有农民耕作的辛劳，应当利用一切可以利用的时间读书求道。苦修则以禽滑釐为代表。禽滑釐是墨子最为看重的弟子，在墨子身边默默学习多年，参加了一切可以参加的实践，以至于"手足胼胝，面目黎黑"。禽滑釐学习能力极强，后来成了一名防御工程专家，堪称一名出色的军事工匠，但他极少主动与墨子交流，因为他学习的终极目标不是墨子掌握的各项工程技术，而是墨子的道。墨子的道在他的言论中，更在他的行动当中。对于禽滑釐而言，记住墨子的言论比掌握墨子的技术更加容易，却也离道更远，所以他选择了最艰苦的一条路，长期跟随墨子左右，无条件完成墨子的差遣，理解墨子的决定，参加墨子的工作。当墨子主动邀请他在泰山之上席茅草饮薄酒问所欲之时，禽滑釐已经达到了能够与墨子进行高层次交流的水平，两人谈的是防御工程的各项技术，但旨归是一致的——内亲民和外约治，亦即非攻才是最好的防御。师徒二人以自己的方式为春秋战国时期齐鲁工匠勤奋求道的精神作出了光辉的演绎。

（四）尽性至诚的超越精神

齐鲁工匠对技艺的追求并不只停留在实用和美观上，他们通过总结经验、大胆创新，将许多技术提炼为理论，成为专项技术的参考。

1. 科学探索由经验上升到理论

春秋战国时期，齐鲁工匠在运用和发展技艺的过程中对许多科学原理进行了经验层面的探索。以青铜器冶铸为例，1966年临淄相家庄出土的鸭形尊体现了对力学平衡的精准把握；1992年临淄商王墓地出土的铜汲酒器体现了对大气压力的巧妙运用；栗氏量对釜底面积的测算已经触及到了数学领域的"勾股定理"和"内方尺而圜其外"。在经验探索的基础上，以墨子为代表的齐鲁工匠又对自然科学进行了纯粹的探讨。《墨子》中的《经上》《经下》《经说上》《经说下》《大取》《小取》，合称《墨经》，对数学、光学、力学等进行了集中研究，其中关于数学的有 25 条，关于光学的有 8 条，关于力学的有 9 条。关于数学的研究涵盖倍数、比例、直线、平行线、圆形、正方形、无穷分割等概念；关于物理的研究涵盖平动和转动、速度、原子、力与运动、重力的方向、曲线运动、合力和分力、浮力、应力、杠杆、光线、影、小孔成像、平面镜成像、凸面镜成像、凹面镜成像等问题。齐鲁工匠不仅创新技艺，在实践过程中也将许多科学原理进行实践探索，验证了很多科学论证，并形成书籍提炼理论，成为许多领域的标准和技术参照。

2. 人文关怀由行业上升到社会

杰出的工匠往往能够跳出自己的行业并加以审视，从而更好地确定自己在社会中的地位和价值。墨子对此进行了深入的思考，他意识到一个工匠再出色，能力也是有限的。一个人织布不如教一群人织布，教人织布不如教人以义。这种由行业上升到社会的人文关怀其实与工匠社会地位的提高有着深刻的关系。面对公输盘为楚国设计攻打宋国的云梯的情况，墨子"解带为城，以牒为械"，制止了战争的发生。鲁庄公打算将鲁桓公宗庙的柱子漆成红色，且在椽子上雕刻图案，匠师庆以过于奢华为由强烈反对。工师翰则以臭椿木比作朝廷里的奸佞之辈，力劝齐桓公举贤能远小人。围绕行业和社会问题发声，并非工匠的主业，效果也难达预期，但其中蕴含着不可忽视的同理心，能够帮助齐鲁工匠站在更高的角度上审视和推动所处行业的发展，意义深远。

3. 审美追求由火候上升到气韵

火候是工匠判断生产进度、实现完美制作的阶段性状态，对其的把握往往非常主观，带有一定的艺术性。"凡铸金之状，金与锡，黑浊之气竭，黄白次之；黄白之气竭，青白次之；青白之气竭，青气次之，然后可铸也"，是通过观察火焰的颜色来判断冶铸的火候；"挢干欲孰于火而无赢，挢角欲孰于火而无燂，引筋欲尽绝无伤其力,鬻胶欲孰而水火相得"[1],则是通过感受材料的变化来判断制弓的火候。这两种掌握火候的方法虽然操作难度很大,但毕竟可以通过努力达到。而梓庆通过斋戒七天将自己的本性与木料的天性结合起来进而完成生产的方法,以及轮扁得之于手而应之于心且无法通过言语传授的心法,则几乎属于寻常工匠难以达到的境界了。生产过程中身心的高度投入和火候的个性掌握在一定程度上赋予了不同产品不同的灵魂。基于此,优秀的工匠在制作艺术气息浓厚的产品时往往能够更加充分地发挥他们在火候方面的特殊能力,甚至使得产品在不经意间传达出独特的气韵。以曲阜鲁国故城遗址3号墓出土的圆雕黄玉马为例,它细节分明,栩栩如生,体现了工匠对圆雕和俏色两种技艺的娴熟运用,传达出一种难得的轻松活泼的韵味,可见当时的工匠以玉为简,以刀写意,在完成生产任务的过程中灵动表达瞬间的情怀,可以说是达到很高的工艺境界了。

(五)辅车相依的文化底蕴

齐鲁工匠精神是齐鲁文化区工匠们的精神凝结,在齐鲁文化中兴盛,也深深地影响着齐鲁文化。东夷文明为这片热土带来了超越周边地区的制度理论、先进技术和优秀文化,人民勤奋刻苦、豪爽豁达,生活安居乐业。稳定、繁荣的社会环境是齐鲁工匠存在和发展的肥沃土壤,齐鲁文化中的俯天仰地的人文情怀更成为齐鲁工匠充足的养料,滋养着齐鲁工匠让其精神焕发,生机勃勃。在这种氛围的渲染下,百姓的日常需求成为工匠们的追求,城市的发展建设成为工匠们的奋斗目标。齐鲁工匠们所坚守的理念、创造的技术也反哺到齐鲁文化中,集古代手工业者集体精神与智慧凝聚体现的鲁班文化正是齐鲁工匠对于齐鲁文化的影响。鲁班精湛的工艺、敬业的精神被后世推崇,"鲁班"更是成为工程建造者们的一种信仰崇拜,鲁班的技术和理论背后所蕴含的,则是鲁班所具有的"创新精神""务实精神""仁爱精神"与"担当精神",这同时也代表了"中华匠道"理

---

[1] 闻人军.考工记译注[M].上海:上海古籍出版社,1993.123-133

论内涵中"匠技之精"与"匠德之善",这些精神与"匠道"也深深地影响着齐鲁文化,成为齐鲁文化的重要符号。

三、齐鲁工匠精神的生成逻辑

(一)思想文化层面

齐鲁工匠精神起源于齐鲁文化,灿烂丰富的齐鲁文化为齐鲁工匠精神提供了肥沃的土壤。齐鲁文化是春秋战国时期与时俱进的先进文化,它符合当时和此后相当长历史时期中国社会的实际,是推动中国社会繁荣发展的强大力量。它所蕴含的超越历史、超越民族、超越国家的思想文化精华,对当代中国乃至当代世界的发展进步仍将发挥着积极的作用。齐鲁文化与时俱进的先进文化性质,正是齐鲁工匠精神的起源:

1. 紧密契合社会现实的理论才能造就独特的精神品质

齐鲁文化的思想家们从当时的社会现实出发,大胆标新立异,致力于理论创新。他们进行理论建构的最基本的趋向("形而上学"层面),可以概括为对天道、人道和天人关系的探索,其中最杰出的代表为孔子和老子。孔子最伟大的贡献,是继承了西周以来特别是春秋时期民本主义思潮的思想精华,并在此基础上确立了人的主体性地位,创建了关于"仁"的学说。他在发现人的本质基础上建立的伦理道德学说和在社会政治理论领域建立的"礼乐之治"学说,不仅成为儒家学派基本理论的滥觞,而且经其后学尤其是孟子、荀子发展充实后,到汉代成为中国封建社会大一统社会政治理论和文化制度的主干。孔子和儒家学说之所以被历代统治者所推崇,其根本原因就在于它在深层次上契合了中国封建社会的实际。

老子是齐鲁文化圈外学说体系最为完整的文化巨人,其思想理论对当时和后世都产生了重大影响。他在人道方面强调"无为"实"无不为",在天人关系方面要求人应顺应天道。老子学说博大精深，但落脚点仍在人道，究其根底是一种治国理民之术，因此有人将老子学说称为老子版的"内圣外王"之说。孔学"迂阔"，老子"空远"，与社会现实的关系尚且如此紧密，其他如管仲、晏子、孙子、墨子和稷下诸先生的学说理论与社会现实的关系就更毋庸详论了。这些贴近现实、近人道的社会理论，成为齐鲁人民安身立命、社会交往、为人处世的"准则"，并用这些"准则"延展出了齐鲁文化。齐鲁文化造就了齐鲁人民高尚的品格和丰富的精神品质：尊师重道的精神，进一步引申出"忠君"的爱国主义精神；荀子有"制天命而用之"思想，体现出处理人与自然之间关系时，顺应天道、把握规律的精神内核，同时又表达出发挥人主观能动性的哲学思想；在人与人相处中，孔子有"己欲立而立人，己欲达而达人"，体现出高尚的道德品质，也造就了齐鲁人民忠实、厚道、豪爽豁达的性格。齐鲁文化浓厚的历史底蕴，造就了齐鲁人性格中自强不息、崇尚气节、厚德仁民、爱国主义的精神特质。这种精神特质成为齐鲁工匠的精神来源之一。

2. 奋发有为、积极进取的精神成为齐鲁工匠精神迸发活力的源泉

齐鲁思想家尤其是儒学思想家们，在论述"人"时，一个最鲜明的特征就是主张教育人、培养人，使人"成人"，养成积极入世、自强不息、奋发有为的进取精神。所谓"内圣外王"，所谓"修、齐、治、平"，讲的都是人只要经过自身努力，养成健康的人格，就有可能成为君子、贤人、圣人、尧舜，就有可能"学而优则仕"，建功立业，治国平天下。《易》之"天行健，君子以自强不息"，以天道喻人道，鼓励人积极进取，奋发有为。孔子曰"成仁"，孟子论"取义""大丈夫""浩然正气"，至今读来仍令人荡气回肠。这些思想观点，是我们伟大民族精神的重要体现，也是齐鲁文化先进性的体现，激励着齐鲁工匠们为心中目标前赴后继、奋斗不止，这也是齐鲁工匠精神能够传承至今生生不息、兴旺发达的精神之源。

3. 经世致用的学术特点成为工匠精神的实践原则

儒家知识分子的最高境界和最远大的目标是"为天地立心，为生民立命，为往圣继绝学，为万世开太平"。继往开来的齐鲁思想家们力图在齐鲁大地上实现宏图大志，以拯救天下为己任的宽广胸怀和囊括天地、笑傲王侯的雄伟气概，开宗立派，创制立说，拯世救民，开创未来。孔、孟、荀儒家一派注重理论建构，其学被称为儒术，是经世致用的学问。管仲、晏子、孙子既是政治家、军事家，又是思想家，他们的学和用是紧密联系在一起的。墨子及其后学不仅创建了自己的理论体系，主张兼爱、非攻、节用等，而且身体力行。法家、黄老刑名是社会政治领域最直接的统治术。齐鲁思想家们通过他们的志趣、境界、价值指向来影响齐鲁文化，使其形成了经世致用的特点。这种经世致用的特点在齐鲁工匠身上也显露无遗，体现在工匠的眼界不仅仅在完成制造上，还将技艺传承、为人为学视为己任，将解决社会问题、促进社会稳定和谐发展视为目标，将经世致用的特点贯彻始终。

（二）生产技术层面

工匠是对技艺的传承，齐鲁大地上从古至今先进的生产技术成为齐鲁工匠精神得以发展的重要基石。东夷文化与同期周边地区文化相比，其发展水平还是相当高的。东夷族创造的文化，即东夷文化，既不是来源于中原和其他地区，也不是受中原和其他地区文化的影响、辐射、传播而产生的，它是山东土著民族东夷人自己辛勤劳动创造的土生土长的文化。东夷文明有着许多领先其他地区的先进技术，在齐鲁工匠严谨细致的传承中得以发展延续，这些技术也成为齐鲁工匠精神形成与发展的重要基石。

1. 制陶业

东夷人的制陶业在全国处于领先的地位。大汶口文化时期，已经产生了专门从事制陶器的手工业者。龙山文化时期，东夷人的制陶技术已经达到很高的水平。这个时期，东夷人已全面、准确、熟练地掌握了陶土的选择、处理、成型、装窑、烧制等一系列极为复杂的制作烧制过程。特别是始于大汶口文化而又大发展于龙山文化的薄如纸、明如镜、黑如漆的"蛋壳陶",更是驰名于中外。它的制作和烧制技术的奥秘,虽有不少人进行过研究,甚至做了一些模拟试验,但至今也未能真正解开。"蛋壳陶"制作之精美,技术之高超,在整个中华民族史前文化史上处于遥遥领先的地位,是那时的齐鲁工匠们刻苦钻研和追求完美的精神,让"蛋壳陶"达到了中华史前制陶技术的最高水平。

2. 铜器制造业

从大汶口文化烧制陶器的温度看,当时有可能已经掌握了铜器的冶炼技术。山东龙山文化时期,东夷已有了制铜业,已发现出土真正铜器的遗址有胶县三里河、临沂大范庄、诸城呈子、日照尧王城、栖霞杨家圈、长岛店子等6处遗址。发现的铜器或残片有:铜锥、残铜条、残铜片、铜器残片、铜渣等。岳石文化时期,发现铜器的遗址有牟平照格庄、益都郝家庄、泗水尹家城等3处。出土的铜器有铜锥、铜钻、铜刀、铜环、铜片等,全部是青铜,确证了岳石文化时期,东夷族已进入了青铜器阶段,相当于中原地区的夏朝,距今已有近四千年的历史。

3. 纺织业

东夷人的纺织业当始于北辛文化时期,已有七千多年的历史。大汶口文化时期,纺织业已相当发达。现已发现的有布纹遗迹的遗址有:泰安大汶口、曲阜南兴埠、西夏侯、邹县野店、滕县岗上村、长岛大钦岛北村三条沟等6处。其中,尤以曲阜西夏侯遗址出土的布纹遗迹的实物资料最为丰富,仅第一次发掘就出土印有布纹痕迹的陶器20余件。

随着生产技术的发展和推广,对工匠的需求增大,因此在很大程度上提高了工匠数量;同时,生产技术的创新对工匠的水平要求很高,也一定程度上推动了工匠对高超技艺的追求。齐鲁文明曾拥有超越地区的先进生产技术、蓬勃的社会生产力,这让齐鲁工匠精神更能得以汇聚和凝练。

参考文献：

[1] 赵靖. 齐鲁工匠精神内涵及其新时代发展 [EB/OL]. 中国社会科学网 http：//ex.cssn.cn/gd/gd_rwhd/gd_ktsb_1651/hygjjstjcygrdwjs/202009/t20200930_5191080.shtml

[2] 朱令军. 春秋战国时期齐鲁工匠精神的特征、内涵及成因 [J]. 青岛职业技术学院学报，2021，34（01）：79-86.

[3] 石超. 鲁班文化的历史原型研究——兼论其对新时代工匠精神弘扬之启示 [J]. 理论月刊，2021（04）：151-160.

[4] 闻人军. 考工记译注 [M]. 上海：上海古籍出版社，1993.

[5] 李山. 管子 [M]. 北京：中华书局，2009.

[6] 张光明，张晓. 中国冶铁发源地淄博铁山概论 [J]. 管子学刊，2012（02）：27-30.

[7] 方勇. 孟子 [M]. 北京：中华书局，2010.

[8] 逄振镐. 齐鲁文化研究 [M]. 济南：齐鲁书社，2010.

[9] 王崇杰. 鲁班文化研究论丛 [M]. 济南：山东人民出版社，2015.

[10] 万长松，孙启鸣. 论新时代中国特色工匠精神及其哲学基础 [J]. 东北大学学报（社会科学版），2019，21（05）：456-461.

[11] 刘自团，李齐，尤伟. "工匠精神"的要素谱系、生成逻辑与培育路径 [J]. 东南学术，2020（04）：80-87.

齐鲁工匠精神的时代价值

在新的时代背景下,"工匠"二字不再局限于传统意义。齐鲁文化发展传承至今,经过创造性转化、创新性发展,齐鲁工匠精神被赋予了新的时代内涵,不仅代表着优秀的职业精神和职业道德,更积淀着齐鲁工匠们最深沉的精神追求,蕴含着从业者最崇高的价值理念,是民族精神、中国精神内涵的组成部分。要在坚持和发展中国特色社会主义的历史进程中攻坚克难,必须弘扬和传承工匠精神;要建设富强、民主、文明、和谐、美丽的中国特色社会主义现代化强国,必须弘扬和传承工匠精神;要实现中华民族伟大复兴的中国梦,也必须弘扬和传承工匠精神。齐鲁工匠精神的传承和发展契合了当今时代发展的需要,具有重要的时代价值和广泛的社会意义。齐鲁工匠精神的时代价值是历史与现实的连接,是现在与未来的过渡,是通往过去的闸门,是开启未来的钥匙。

在机器大工业产生之前,手工业曾有着漫长的发展历史,在人类历史发展中有着极其重要的作用和价值。工匠精神产生于手工业时代,是手工业发展的精神凝聚和体现,是手工劳动者的精神遗产。第一次工业革命之后,机器化大生产取代了手工业生产,这是人类文明进步的标志。工业文明的发展给人类带来巨大变化和发展成就,让我们享受着琳琅满目的商品以及快捷现代化的生活。尽管机器化大生产带来诸多便利,但是不可否认,手工生产在人类历史发展进程中积淀下来的"齐鲁工匠精神"依然绽放出耀眼光彩,越来越成为现代制造业的灵魂。今天,我们倡导"齐鲁工匠精神",就是倡导其所代表的重要精神价值,这本质上与弘扬社会主义核心价值观是一致的。同时，齐鲁工匠精神也是个人职业发展的道德指引。

一、齐鲁工匠精神是建设质量强国的迫切需要

弘扬齐鲁工匠精神是实现中国梦的必然要求。国家富强、民族振兴、人民幸福是中华民族伟大复兴的中国梦思想。这一思想本质上反映了中华民族始终坚守和传承的一种信仰，而工匠精神即是从国家层面对这一信仰的务实追求。中国有着悠久的"匠文化"传统，工匠们伴随和见证着中国的百业兴旺和辉煌记录，工匠们凭借着高超的技艺和卓越的品格在冷漠的岁月中挥洒着自己的热忱，将自己的身与心、才与智无所保留地投入其作品之中，用自己的生命和辛劳为后人留下不胜枚举的惊世佳作。中国历史上的匠人创造了世界文明史上的奇迹，而这些历史奇迹都成了中华文化的精神符号，是中国梦内涵的组成部分。

今天的中国依然肩负着复兴中华文明的伟大历史使命，伟大精神勾勒伟大梦想，伟大精神助力伟大梦想，伟大梦想的实现离不开伟大精神的推动，失去了伟大精神的梦想将失去其灵魂，也就失去了其伟大之处。工匠精神对于我们此时的伟大梦想而言就是这样一种伟大的精神，是我们的国之利刃、强国之器。习近平总书记指出，一个国家、一个民族的强盛，总是以文化兴盛为支撑的，中华民族伟大复兴需要以中华文化发展繁荣为条件。今天的中国要实现新的发展，就要有新的理念，这种新理念的提出不仅是我们对现实形势的考量，更是我们对自身的深刻反省，更准确地说就是对自身文化观念的再挖掘。离开自身文化的认知，中国的发展理念就如同无根之水，无本之木，难以存活。文化的复兴和回归既是实现中国梦的内在要求，也是实现中国梦的着力点。山东是中华文明的重要发祥地和齐鲁文化的发源地，深入挖掘齐鲁工匠大师们的历史文化资源，对于加快推进新旧动能转换，建设科技强国和创新型国家，实现伟大的中国梦具有重要的理论

意义和实践价值。当前，在实现中国梦的伟大征程中，要继续大力传承、弘扬齐鲁工匠精神。

弘扬齐鲁工匠精神是杜绝粗制滥造，提升产品质量的必然要求。强国必须先强质。追求精益求精、质量至上的工匠精神是制造业的灵魂，必须把工匠精神作为强国战略的重要支柱。唯有如此，才能实现中国制造向中国创造的转变，中国速度向中国质量的转变，中国产品向中国品牌的转变，才能完成中国制造由大变强的战略任务。当前，我国虽然是装备制造业大国，但创新能力不足、产业结构水平低、资源消耗大、质量效益低，与世界"制造强国"相比，许多产业产品仍处于价值链中低端。这大大制约了我们的生产动能，而工匠精神的缺失，无疑是其中的重要原因。

制造强国必须首先是质量强国、品牌强国。传承"齐鲁工匠精神"，来一场中国制造的品质革命正好契合了这一时代需求。"工匠精神"强调产品的品质，强调的是一种精致文化，反映的是工匠的职业良心、信誉、忠诚、个性在产品上的特征。在未来的市场中，越是品质过硬、个性鲜明、性价比高的产品越能赢得市场，越能成为消费者的宠儿。"质量之魂，存于匠心"，未来，实现从"中国制造"向"中国创造"的转变，这就要求企业自觉将价值思维与价值创造融入企业生产、经营、管理活动中，精益求精，塑造和提升企业形象，推进品牌的国际化进程，加快提升品牌国际化运营能力。通过深挖齐鲁工匠精神的内涵，将齐鲁工匠精神融入齐鲁大地每个劳动者的血液，注入企业的灵魂，进而更好地体现齐鲁工匠精神的时代价值。推动"中国制造"的品质革命，以齐鲁工匠精神滋养劳动者的价值观，从更多关注劳动规模转向更多关注劳动质量，鼓励企业开展个性化定制、柔性化生产，增品种、提品质、创品牌，推动我国经济发展进入质量时代。

弘扬齐鲁工匠精神是实现"三个转变"的必然要求。没有工匠精神，就不可能打造出"中国制造"的新名片。习近平总书记关于中国制造提出"三个转变"：

一是推动中国制造向中国创造转变；二是实现中国速度向中国质量转变；三是做到中国产品向中国品牌转变。要实现这三个转变，就必须创造具有工匠精神的社会环境，需要建立培育工匠精神的制度，需要培养大批具备工匠精神的人才队伍。"制造业强国"目标的实现不仅离不开大国工匠人才的支撑，也离不开齐鲁工匠精神的引领，齐鲁工匠精神是中国从"制造大国"走向"制造强国"的精神支撑，是中国迈向制造强国的精神引擎，能为中国制造强筋壮骨，为中国品牌凝神铸魂，对中国制造转型升级、培养技能型人才、实现制造强国具有重要的推动意义，因此中国制造强国战略转型强烈呼唤齐鲁工匠精神的回归。

齐鲁工匠精神要求产品个性化、质量国际化，坚决抵制粗制滥造和山寨模仿。互联网时代，齐鲁工匠精神不仅体现了对产品精心打造、精工制作的追求，还要求不断吸纳前沿技术，创造出新成果。2020年，突如其来的疫情让很多领域都受到影响。中国制造也经历了不少波动。制造强国的实现，关键在于创新，在于先进制造业的发展，在于创新能力的提升，而齐鲁工匠精神的创新品格融入生产制造的所有环节，将助推创新驱动发展战略的实现，提高产品质量，加快建设制造强国。非常时期，更加凸显创新发展是利器。只有树立齐鲁工匠精神，凝心聚力实现高质量发展，才能助力中国制造突出重围。

二、齐鲁工匠精神是践行社会主义核心价值观的生动体现

中华民族历来有"敬业乐群""忠于职守"的传统。敬业是中国人的传统美德，也是社会主义核心价值观的基本要求之一。"工匠精神"是一种高层次的文化形态，昭示着我国从"制造大国"走向"制造强国"所具备的文化基因，被视为提升产品质量和制造水准的一剂良方。它不仅仅是个体层面对产品精雕细琢、精益求精、追求极致和尽善尽美的精神理念，而且是国家和社会层面所构建的一种生存理念和价值观念，其背后蕴含着中华传统文化的精髓。"齐鲁工匠精神"

是一种精神。耐心和专注，体现的是一种职业坚守精神。一个合格的"工匠"，总是对自己的产品精益求精、精雕细琢，追求极致、追求完美、追求更好，努力把品质从99%提升到99.99%，必须要有长期坚持的耐心和永久专注的恒心。"齐鲁工匠精神"是一种追求，它是齐鲁工匠们以质取胜的价值取向以及对自己所热爱的事业无比执着的职业追求。在工匠眼里，只有对质量的精益求精、对制造的一丝不苟、对完美极致的孜孜追求。他们不断雕琢自己的产品，不断改善自己的工艺，他们的工作就是他们一生的职业，就是他们人生态度的全部和志向追求之所在。

齐鲁工匠精神有利于推动形成良好社会风尚。我国还处于社会主义初级阶段，市场经济体制不完善，唯利是图的价值观仍然在一定范围内存在，假冒伪劣产品仍不时现身于各种市场，社会对中国制造的认可度不够高。但还有一部分人，一部分伟大的工匠，秉承着自己的信念，坚持着传统匠人思想，认真完成自己的工作，用心雕琢自己的每一份作品。大国工匠和齐鲁工匠们都具有浓郁的工匠精神，在伟大精神的支撑下，他们克服了常人难以想象的困难，做出了卓越的成绩，在平凡的岗位上创造出了不平凡的业绩，也造就了出彩的人生。齐鲁工匠精神不能简单理解为手工业者应该具有的精神品质，它应该是所有技术技能人才应该具有的，以产品或服务为媒介的，用心工作、精益求精、求实创新、追求卓越的精神品质。弘扬齐鲁工匠精神，用心服务社会和他人，打造优质产品和服务，有利于树立对中国制造的信心，有利于民族品牌的成长，有利于良好社会风尚的形成。

齐鲁工匠精神有利于推动形成优秀的职业道德文化。社会主义核心价值观个人层面的"敬业"和"诚信"，与工匠精神蕴含的职业理念和价值取向高度一致。工匠精神专注与一丝不苟的职业理念，是社会主义核心价值观个人层面"敬业"的具体化；工匠精神耐心与注重细节的价值取向，外化了社会主义核心价值观的"诚信"理念。好的工匠就是要专注于自己的工作，追求极致，不断超越自我，从而提升全社会各行业的敬业精神。齐鲁工匠精神是匠心的核心，"很多行业都还缺乏这样的匠心，缺乏对产品的精益求精和创新，缺乏对质量和品牌的持久锻造，因而也就缺失了在市场上的竞争力"。

在当前开展的全社会弘扬和培育社会主义核心价值观的活动中，应充分明确工匠精神的价值引领作用，弘扬历史上传承至今的齐鲁工匠精神。如果每个人都能以精益求精的态度对待并从事工作，那才能把中华民族伟大复兴的中国梦真正落到实处。同时，只有倡导工匠精神，才能克服社会中弥漫的浮躁心理，形成理性平和的社会心态，崇尚积极向上向善的价值追求，这与培育社会主义核心价值观的目标也是一致的。"功崇惟志，业广惟勤"，要实现中华民族伟大复兴的中国梦，需要千千万万的工匠，他们身上所体现的执着专一、勤奋严谨、责任担当不仅是工匠精神，更是中国精神之魂，它与社会主义核心价值观的要求是高度契合的。因此，工匠精神为社会主义核心价值观增添了新的时代内涵。

三、齐鲁工匠精神是贯彻新发展理念的必然要求

创新是一个民族进步的灵魂，是一个国家兴旺发达的不竭动力，也是中华民族最深沉的民族禀赋，彰显了齐鲁工匠精神的时代气息。齐鲁工匠精神始终闪耀着科技创新的时代光芒。传承齐鲁工匠精神，有利于将创新的发展新理念落实落细。进入21世纪以来，新一轮科技革命和产业变革正在重构全球创新版图，重塑全球经济结构。科技兴则民族兴，科技强则国家强。越是接近中华民族伟大复兴的目标，越是需要建设世界科技强国。科学技术从来没有像今天这样深刻影响着国家前途命运和人民生活福祉。在日趋激烈的全球综合国力竞争中，我们没有更多选择，非走自主创新道路不可。实践反复告诉我们，关键核心技术是要不来、买不来、讨不来的。

面向未来，增强自主创新能力，最重要的就是坚定不移走中国特色自主创新

道路，坚持自主创新、重点跨越、支撑发展、引领未来的方针，加快创新型国家建设步伐。当今世界，谁牵住了科技创新这个牛鼻子，谁走好了科技创新这步先手棋，谁就能占领先机，赢得优势。这些年来，我国重大科技创新成果竞相涌现，一些前沿方向开始进入并行、领跑阶段，但科技领域仍然存在一些亟待解决的突出问题。习近平总书记指出，核心技术是我们最大的命门，核心技术受制于人是我们最大的隐患。只有把关键核心技术掌握在自己手中，才能从根本上保障国家经济安全、国防安全和其他安全。只有以关键共性技术、前沿引领技术、现代工程技术、颠覆性技术创新为突破口，努力实现关键核心技术自主可控，才能把创新主动权、发展主动权牢牢掌握在自己手中。随着"中国制造2025"战略部署的实施和供给侧结构性改革的深入，我们亟须倡导在全社会传承齐鲁工匠精神，以此促进"中国制造2025"战略的推进，推动中华民族伟大复兴中国梦的实现。

齐鲁工匠精神不仅包含专注、精益求精等这些传统品质，也包括不断突破、追求创新的新时代内涵。从古至今，热忱于推陈出新、乐于创造的齐鲁工匠们一直是推动科技发展进步的主要力量。专注与精益求精是敢于创造、乐于创造的先决条件，日复一日的工作是创新的基础，追求完美是推动创新的动力。而没有创新能力的企业，是没有竞争力的。从以前的手工化生产，到现代化的机械制造，从之前低效率的生产制度，到如今新型的高效率经营模式，都是建立在不断地改造和创新的基础上的。尤其是在工业化、智能化的今天，鼓励创新、勇于创新也越来越被企业所重视，而这也是新时代赋予齐鲁工匠精神的新内涵。传承齐鲁工匠精神，推动创新，不仅仅是一个口号，也不能仅仅被写成一个企业的横幅条例，而是要我们每一位员工、每一家企业真正地去贯彻落实。培养齐鲁工匠精神，发扬创造精神，不仅仅是企业的生存之道，也是国家的发展之道。

四、齐鲁工匠精神有利于企业积蓄无形资产

齐鲁工匠精神作为我们最新的道德尺度和精神风貌，在引导全社会道德风向和促进经济健康运行方面起着重要作用。经济的健康运行离不开人们永不止步的拼搏精神，离不开人们持之以恒的创新精神，离不开人们时刻铭记的契约精神，离不开人们一丝不苟的责任意识，总之，经济的健康运行离不开这些高尚的品质。虽然法律在经济运行中也发挥着作用，但道德层面的力量也不容忽视，两者可以说是在不同机理和层次上发挥作用。法律其实更倾向于强制手段，是一种硬性的调节手段，这种硬性手段与精神层面这种软性手段所引起的效果和心理变化是截然不同的。马克思说："道德的基础是人类精神的自律。"

可见，道德通过对人类自律意识的启蒙，而引起的对道德主体的自我规范效果是不逊于法律的，正所谓法律是明显的道德，道德是隐藏的法律。齐鲁工匠精神就是对这些道德准则、道德意识的高度概括。齐鲁工匠精神完全可以直接作用于经济主体，促使它们形成正确的价值追求和行为准则，以实现对资源的优化配置。同时，齐鲁工匠精神还契合市场趋利性的特征，能满足市场主体压缩成本的要求。经济活动的参与者，无一例外都要付出交易费用，"交易费用就是指处理人与人之间交易关系所需要的成本，包括交易信息的获取费用，交易中的谈判费用、协调费用，以及和约的签订、实施和监督所需要的费用等"。尤其随着经济的发展，社会分工越来越细化和专业化，给交易双方带来的交易成本也越来越高，交易当中的不确定性因素也越来越多，为了有效降低交易成本，交易双方只有增加彼此的信任度，强化彼此的人格可靠性，才有可能降低交易费用，增加彼此的经济收益。在此互利互惠的过程中，齐鲁工匠精神能起到关键作用，它能使人们暂时让渡功利心，遏制不道德的各种负面思想，以保证交易的顺利完成。这样内在的思想意识强化作用是其他约束手段难以达到的，因此齐鲁工匠精神才更

显得难能可贵。

而且最重要的是在现代经济社会中，精神品质已经转型为一种无形资产，具备了创造价值的能力，甚至无形资产所带来的商业机遇和商业附加值要远胜于有形资产。比如良好的企业信誉，优质的产品服务，优秀的职业素养，高质量的职业素养，这些都是企业的无形资产和竞争资源。齐鲁工匠精神具有强大的打造和积蓄无形资产的能力，这种能力小到影响一个企业的发展，大到影响一个国家的国际形象，关乎一国在国际竞争中的地位，所以在新一轮经济较量和软实力的竞争中，我们要大力培育齐鲁工匠精神，以保证我们的竞争资格和优势。

在当代中国，全面传承和弘扬齐鲁工匠精神，不仅要让匠人在提高产品质量中发挥重要作用，还要以齐鲁工匠精神、鲁班文化等鼓励实业领域，引领世界高标准，打造世界名品牌。中国企业众多，其中不乏实力雄厚者，但是能在全球叫响品牌的却是凤毛麟角。为什么中国企业无法创造世界美誉？为什么中国企业不能做品牌的常青树？原因之一就是中国企业缺乏工匠精神。中国的近现代工业发展起步较晚，却发展迅速，而博大精深的传统手工业文明也为近现代中国工业的发展厚植了工匠文化，中国不乏百年老店，不乏金字招牌和老字号，只是与这些制造业强国相比，我们的齐鲁工匠精神传承得还不够。论工业品产量，中国是名副其实的"世界工厂"，但是论起"品质"，中国制造普遍的低附加值现象让我们的产品一直徘徊在中低端市场，这无疑让一个经济总量全球第二的大国异常尴尬。要想改变这种局面，增强企业的品牌竞争力，必须重新看待齐鲁工匠精神，努力培育齐鲁工匠精神，认真践行齐鲁工匠精神，这是每一个企业在新的经济背景下发展的大势所趋。

弘扬齐鲁工匠精神对于企业的发展、中国品牌国际形象的提升也有着举足轻重的作用。品牌是企业走出国门、打开国际市场的"敲门砖"，也是国家在国际市场竞争力的重要体现。虽然国内的品牌建设已经取得长足进步，可是在国际上让人拍案叫绝的品牌还不够多，这也是我国在国际上长期被贴上"制造大国、生产大国"标签的重要原因。而培养与弘扬齐鲁工匠精神，需要把这种精神融入我们企业生产的各个环节中去，做到精雕细琢，精益求精；需要把这种精神投入到我们劳动者的工作中去，做到恪尽职守，进而培养真正的大国工匠。只有这样，企业与员工才可以做到真正的高效高产高质，才能够不断地提升品牌形象，使得我国在国际市场保持竞争力，享有更多的荣誉。

五、齐鲁工匠精神有利于学校为社会培养工匠人才

高素质技术技能人才是中国由制造业大国向制造业强国转变的人才支撑，而职业院校承担着为国家和社会培养高素质技术技能人才的光荣使命，这种人才的培养亟需齐鲁工匠精神的引领。一是齐鲁工匠精神有利于职业院校形成凸显"工匠精神"的办学理念。在齐鲁工匠精神的引领下，职业院校需精准定位"工匠精神"所具备的敬业、专业、耐心、专注、执着、坚持、创新、创造等精神特质和价值追求的办学理念，更需要努力走出一条具有中国特色、山东特色的"齐鲁工匠"培养之路。二是齐鲁工匠精神有利于促进职业院校人才培养目标的实现。齐鲁工匠精神所注重的匠心、匠技，可以融入职业院校的人才培养目标之中，引领学生实现技能提高和素质培养的双提升。三是齐鲁工匠精神有利于进一步促进职业院校与企业的深度合作。齐鲁工匠精神所具备的精神内核恰恰是企业所期盼和需求的，这也是促使校企合作的关键点之一。齐鲁工匠精神引领职业院校走"提质培优、增值赋能、以质取胜"的道路，实现"教育链、人才链与创新链、产业链的有机衔接"，以实现国家对职业教育的殷切希望，进一步提升人才培养质量，为国培育更多青年工匠。

齐鲁工匠精神本身有非常大的教育引导价值，特别是在各种高等职业院校或者中等职业院校的教学中，都可以以这种齐鲁工匠精神鼓励更多的专业人才以更专心和认真的态度投入到工作中。因为在日常的工作中，不同的工作线条千头万

绪,不一定所有的工作都能够认真地完成好,但是无论这些工作的压力是否大,都应该坚持以齐鲁工匠精神投入其中,这也是齐鲁工匠精神发挥出的教育引导价值。因此在学校的教育过程中,要进一步加入齐鲁工匠精神的内容,把齐鲁工匠精神的传播和教育等方面融合到日常的生活里,发挥出齐鲁工匠精神应有的引导作用。在齐鲁工匠精神的传播与影响的过程中,还应该考虑到结合地区的实际情况,由于这种齐鲁工匠精神是在山东地区传播的,因此像山东地区的这些专业人才,特别是劳动模范和工作榜样,完全可以参与到引导教育价值的发挥机制中。例如,进一步整合这些优秀的人才,并且把这些人才在专业技术的传播以及在日常生活中的一些点滴故事等进行整合,使其成为培养与引导人才的重要范本。

新时代,社会对人才的要求越来越高,不仅需要具备高技能,而且还需要具备一丝不苟、爱岗敬业、精益求精的工作素质和态度。齐鲁工匠精神所包含的这种素养品格,恰恰是社会对人才的期盼。"追求卓越"的工匠精神,注重细节、精雕细磨的态度以及坚持不懈的毅力,可以为大学生注入精神营养剂,有利于学生形成良好的职业素养和职业品格。精益求精的高超技艺,可为大学生树立技能学习的标杆。对工匠精神的追求应成为大学生的最高价值指标,具备了这个标尺,大学生就有了奋斗和努力的方向;有了精准定位,才能展翅飞翔,实现大国工匠的梦想。齐鲁工匠精神所包含的创新创造精神将引领大学生不断突破。通过工匠精神的引领,激发大学生创新意识,增强大学生的创新责任感,激发大学生的创新潜能,提升大学生的创新能力,鼓励大学生积极参加创新实践,让大学生的人生价值不断得到升华。

六、齐鲁工匠精神有助于个人职业生涯发展和自我价值的实现

现代机器化生产模式固然极大地提高了社会生产率,但是它对工作者自由的

发展构成了威胁，因为它客观上阻碍了工作者"向内发展"。机器化生产希望拥有一批缺乏一技之长的雇佣工人，这样就可以降低成本，增加利润，使得以前那些具有一技之长兼具艺术气息的工匠被"肢解"成一个个只会进行简单操作的会说话的机器，工作者自身的价值因为机器自动化而被贬低。在这种生产方式中，普通工作者是被动的消极的，其创造性是被压抑的。而传统的工匠虽然也从事制作活动，但是那并不是一般人所认为的一项简单机械的日复一日的重复性体力劳动，而是一种持续性的创造过程，是一个不断对技艺、产品进行提升完善的过程。他们的制造活动是建立在自由精神基础之上的，"工匠可以随意左右自己的行动。因此，工匠可以从工作中学习，在劳动过程中使用并发展自己的能力及技能。"正是这种具有创造性特征的工匠精神造就了一批杰出人士。

工匠精神落在个人层面，就是一种认真精神、敬业精神，是一个人良好职业道德的体现。党的十九大报告强调，要建设知识型、技能型、创新型劳动者大军，弘扬劳模精神和工匠精神，营造劳动光荣的社会风尚和精益求精的敬业风气。因此，个人要实现职业生涯的良好发展，必须紧跟时代步伐，培养踏实的工作作风、精细的工作态度，以饱满的热情投入到每一项工作当中。越努力越幸运，一个拥有高尚职业操守和强烈工匠精神的人不仅能成就自我，还能创造价值。"工欲善其事，必先利其器"，但只有"利器"，未必能"善事"，要想"善事"，关键在用"利器"的人。弘扬工匠精神，用精益求精、追求卓越去激励人的发展，促进人的价值实现，从而推动"中国制造"完成"品质革命"。

工匠精神有助于工作者自我价值的实现。对于一个具有工匠精神的人而言，产品是工作者自由意志的表达。工作者对工作过程具有完全的控制权利，产品完全可以根据自己的意志自由构造，渗透在作品中的是自我想法的表露，体现了自我对世界的理解与认识，自我通过工作精神获得了客观化的表达。以工匠的态度来做事，工作就不再是一件不得不做的痛苦事情，而变成了一种忘我的投入。因为"靠的是他的手艺，他是自由的"。工作过程本身就是他生命活动的自主展开，整个生活就是一种"投入的人生状态"。工作本身就是生命的外在表达。自我的价值存在于自己双手所能控制的作品中，不依赖于其他外力，因此，工作者才能在工作过程中获得真正的满足感。

工匠精神有助于亲密情感的建立。一方面有助于促进同事间的情感交流，使人们在工作中感受到人性的温暖。在现代化的工业生产模式中，工人被分割在不同的车间，固定在不同的时空范围之内，同事之间不被允许自由交流，人们之间只有竞争，缺乏温情。而师傅向学徒传授手艺的过程中，朝夕相处，耳提面命，不仅传授的是技艺，还传授了做人的道理和坚韧、耐心、专注、精益求精的工匠精神。匠人的制作过程就是人与人之间的情感交流与行为感染的过程，在这一过程中，建立起了深厚的师生情谊，这是现代化的组织模式所无法替代的。

工匠精神建立了人与物的亲密关系。现代化的工业大生产为人们提供了丰富的产品，但是都是以标准化、单一化的形式存在，缺乏商品的独特性、人情味，就像是一块冰冷而缺乏个性的石头，感受不到制造物所带来的亲切感。在传统社会中，产品与匠人是自然贴近的。对于匠人而言，在从产品的构思到完成的整个过程中，残留着自己双手的痕迹，渗透着绞尽脑汁的思虑。产品不仅是商品更是艺术品，它的好坏代表着自己的声誉、尊严与道德品格。对于消费者而言，通过触摸产品能够真切地感受到手工的痕迹，通过观看产品的机巧可以想象到匠人的专注与坚守。每个产品都是独一无二的，它展现着匠人的个性，而精雕细琢展现的是人性的温暖。

七、齐鲁工匠精神促进人民生活质量的提升

工业化大生产提供了大量标准化、单一化的产品，国民的消费已经由数量型向品质型转变，供给侧必须适应需求侧的新要求。习近平总书记指出，供给侧结构性改革的根本目的是提高社会生产力水平，落实好以人民为中心的发展思想。

"要从生产领域加强优质供给,减少无效供给,扩大有效供给,提高供给结构适应性和灵活性,提高全要素生产率,使供给体系更好适应需求结构变化。"随着改革的纵深性发展,我国社会基本矛盾的改变,中国社会的转型和产业的升级也有了新的目标和要求。强国重工,民智国强,我们不仅要中国"质"造也要中国"智"造,我们不仅需要技术含量和创造力的提升,更需要产品质量和人民智慧的进化。首先,从产品方面来说,有些产品确实存在产能过剩的问题,但相当一部分的产品却是因为质量问题而苦无出路,举步维艰。制造业是构成现代经济的主体,要打造一流的产业链,打开高端市场的大门,抵制低端产品的冲击,我国制造业必须以强质为先,树立追求卓越、质量第一的工匠精神,实现中国产品向中国品牌的转变,完成打造制造强国的战略任务。

其次,从民智方面来说,产品质量的提升只能满足人民的物质需要,人民生活水平的提高还包括精神方面的供给。齐鲁工匠精神能在社会上引起强大共鸣,是因为它契合了现实需要。在物质经济飞速发展的时代,人们的金钱观发生了变化。急于求成的人越来越多,社会风气也日益浮躁。齐鲁工匠精神代表着踏实沉稳、精益求精,是对完美事物和高尚人格不懈追求的表现,也是树立崇尚劳动新风尚的内在要求。当前比制造业更需要强化的其实是国人的精神,而齐鲁工匠精神就是国人现在所亟需的精神之钙。它能够提醒人们静下心来钻研技艺,激发劳动者的劳动热情。人类社会的发展要求以人为本,仅有物质生活的质量提升,人不能成为完整意义上的人,也不能实现人类自由而全面的发展,齐鲁工匠精神的补充能充分挖掘"人的目的",使我们在进步中与社会达到和谐的统一,使我们能把劳动真正当作生活的必需和乐趣,使我们的内心能真正心怀天下,心系宇宙,有着虚怀若谷的大智慧、大情怀。世界和谐是我们的追求,和谐世界是我们的目的。齐鲁工匠精神就是这样一种朴实和普世的精神,是值得全世界去弘扬和遵循的一种精神。

"互联网+"的模式,使得工业化大生产背景下个性化定制、柔性化生产成为可能，消费者对高品质生活的追求需要齐鲁工匠精神的回归，也为齐鲁工匠精神的回归提供了土壤环境。所以，为了满足人民对美好生活品质的追求和向往，工匠精神是一种迫切需要，只有口袋、脑袋都充实起来，我们才能真正具备体会幸福、创造幸福、享受幸福的能力和资格。

齐鲁工匠精神作为我们的民族精神不仅历史价值丰富，现实价值也极为丰硕。清晰地认识与分析齐鲁工匠精神的当代价值，不仅有利于深入了解其历史文化意义，更有利于分析现实情况，便于解决现实发展中的深刻问题。弘扬齐鲁工匠精神，培养属于中国自己的大国工匠，是中国新时代的要求，是中国企业能长久发展的诉求，更是我们每一位参与到国家发展的建设者应必备的品质。传承精神，立足发展，让我们以更好的姿态投入到中华民族伟大复兴、实现中国梦的进程中去。

参考文献：

［1］肖群忠，刘永春.工匠精神及其当代价值［J］.湖南社会科学,2015(06)：6-10.

［2］王金芙."工匠精神"的当代价值与培育研究［D］.黑龙江大学,2018.

［3］孙中伦.班墨工匠精神的深厚内涵及其当代价值［J］.山东干部函授大学学报（理论学习）,2018（08）：35-39.

［4］李进.工匠精神的当代价值及培育路径研究［J］.中国职业技术教育,2016（27）：27-30.

［5］邢海宁.论工匠精神的当代价值［J］.工会博览,2021（36）：26-27.

［6］韩露，陈敏蛟，陈梦云.论中华传统工匠精神的时代价值及其培育路径［J］.湖北经济学院学报（人文社会科学版）,2021,18（04）：128-131.

［7］韩秀婷.齐鲁工匠精神的深厚内涵、时代价值及弘扬路径［J］.武汉职业技术学院学报,2022,21（04）：17-20.

［8］杨君.新时代工匠精神的本质追求与时代价值［J］.质量与市场,2020（10）：90-92.

技艺篇
传承齐鲁匠人老手艺

传统手工技艺是非物质文化遗产的重要组成部分，在口传心授的代代传承中形成了工匠精神。非遗的传承，不仅是技艺的传授，更是工匠精神的薪火相传。我国古籍对工匠和传统制作技艺早有记载，工匠一直被认为是农耕社会中手艺超群的人，他们以一技之长满足在特定生活范围内人们的需求。为此，工匠们在手工技艺领域不断雕琢自己的产品，不断改善工艺，对细节追求完美和极致。这种工匠文化的核心和精髓就是工匠精神。

不同的时代，工匠精神的含义略有差异。在古代，工匠精神通常用以指称手工艺人对技艺本身精益求精、一丝不苟、至善至美的价值追求和理念，是传统文化中人文精神的重要组成。到了现代，随着机器化生产与信息化时代的来临，人们对于产品的要求日益丰富且多元，工匠精神在继承传统的基础上也需要与时俱进地结合更多现代化元素，体现破旧立新、革故鼎新的创新精神。透过工匠精神的历史演变，我们可以将其基本内容概括为：对技艺孜孜以求、精益求精的"匠气"，对职业不忘初心、始终如一的"匠心"和对产品不断探索、推陈出新的"匠魂"。

非遗传承中的工匠精神是匠气、匠心和匠魂的凝聚，是自古以来工匠们对质量精益求精、对技术不断改进、为制作不遗余力的精神追求，是以德为先、德艺兼修的中华优秀文明成果的集中体现。但工匠精神并不是与生俱来的，从学徒到工匠再到工匠精神的形成，都需要长时间的学习、钻研、磨炼和实践，工匠精神的培养无不镌刻着学徒制的时代烙印。

济南·济南皮影戏

"一口叙说千古事,双手对舞百万兵。"这句诗形容的就是有着2000多年历史的民间艺术形式——中国皮影戏。小小几张皮影,一幅白色幕布,一束光源,琴鼓伴奏中,就能表现千古历史轶事,讲述人生百态。它被誉为"有声电影的鼻祖",2008年入选国家级非遗名录;2011年被联合国教科文组织列入"人类非遗代表作名录"。

皮影戏,又称"影子戏"或"灯影戏",是一种以兽皮或纸板做成的人物剪影来表演故事的民间戏剧。济南皮影造型独特,影人造型写意夸张,眼大身小,银幕显像清晰,特别是彩雕人物更显生动。济南皮影在影人雕刻、展演舞台、唱腔念白等方面具有鲜明的独特性,浓缩着济南历史人物、舞台艺术、绘画及民艺等地域文化,展现着济南人文特质与审美意识的百年变迁。

一、济南皮影的历史流变

济南皮影戏是历经百年传承发展形成的具有鲜明地域特征的济南剧种之一。在影人雕刻上,影人线条粗犷,造型写意夸张,花纹接近民间剪纸,纹式多种多样。在腔调上,初为"摩调",属于吟诵性演唱,表现形式单一,唱速舒缓,节奏平均,唱腔旋律缺少变化,其后吸收山东琴书、西河大鼓唱腔中的四平调、垛子板以及京剧中的"四喜头"鼓点,增强了艺术感染力。在舞台语言上,采用济南方言的念白，具有浓厚的生活气息，表演时常常加入插科打诨式的语句，诙谐幽默、淳朴夸张之感扑面而来。

同大多数民间艺术的溯源相仿，济南皮影戏的源头无法准确考证。据山东地方戏丛书《皮影戏·木偶戏》介绍，其源起主要有两种说法：一是主张源于倡义导行的寺庙演出，清代蒲松龄在《日用俗字》中有"撮猴挑影唱淫戏，傀儡场挤热腾熏"的描述，印证着清初济南府及附近区域的寺庙中皮影戏流行的盛况；二是认为源于滦州皮影。古时滦州包括河北省滦县及附近乐亭、唐山等地，滦州皮影盛于清代，辐射华北各地。至清后期，皮影戏的内容与形式日益丰富，成为人们喜闻乐见的民间戏曲形式，具有丰富人们娱乐生活、伦理教化、启蒙智慧、满足审美需求等诸多社会功能。民国初期，济南以"曲山艺海"的美誉而知名于世，又正处津浦铁路的南北之间，于是成为北方艺人南下发展的首选城市。各路戏曲和曲艺艺人聚集于济南，济南周边地区的戏曲班子和艺人也纷纷来"撂地"卖艺。

1917年，鲁南一带连年灾荒，邹县皮影艺人李克鳌带着家人和弟子北上，一路来到济南，在城内的东安市场、趵突泉、新市场一带演出，他是将皮影带到近代济南的第一人，济南皮影戏也是源此称为中国皮影戏的一个分支，后经第二代传人李福增、李福祥，第三代传人李兴堂、李兴时的传承和发展，逐渐演绎成带有鲜明济南烙印的皮影戏。

新中国成立后至20世纪60年代期间，济南皮影戏的发展集中体现在三个方面。

一是皮影戏的时代性改进。这一方面体现在融入时代主题的新剧创作，新剧《柳树井》《劝夫参军》《白毛女》，以及童话剧《东海小哨兵》《穿靴子的猫》等，均是具有浓郁时代气息的剧本；另一方面体现在"净口"的改进，受1951年戏曲改革工作的影响，济南皮影艺人们进行了"净口"的皮影戏改进，褪去了皮影戏中的迷信等封建因素，净化了皮影戏的舞台艺术。

二是专业性组织的成立。1955年初,由济南市文化局指导的向群皮影社成立,其属于集体所有性质的合作组织,李福增、李福祥、李兴堂、周茂珠、李兴时等皮影戏名角为该社成员,主要在人民商场、新市场、西市场等地演出。1958年,向群皮影社合入济南市曲艺团。1959年,济南市木偶皮影剧团成立,剧团内设皮影队,皮影演员有李兴堂、李兴时、周茂珠、李清亮等。

三是艺术交流日益增加。1955年11月,应南京市文化局邀请,向群皮影社的张子明、王连华、王长生等人赴南京夫子庙游乐场演出。1957年11月28日至12月3日,湖南省木偶皮影艺术剧团来山东剧院演出,与济南皮影戏演员进行了深入交流探讨。这一时期,济南皮影戏迎来了发展史上的第一个高峰,从李兴堂雕刻的托塔李天王、老员外、铁扇公主三件皮影影人被上海博物馆收藏一事,可见济南皮影戏的鼎盛。

历经"文革"的短暂沉寂,济南皮影戏于1978年重获新生,皮影戏艺人们又重新回归舞台。至20世纪末,新编剧种的增多、表演场地的扩大以及济南市皮影戏研究会的成立等,无不证明济南皮影戏再一次迈入快车道。纵观济南皮影戏发展的历史流变,历经了从社会底层至社会上层、从业余化到专业化、从粗糙到精细等层面的演变,其中不乏皮影戏艺人对皮影戏孜孜不倦地革新与创作,亦有来自社会各界的高度关注与支持,更有无法违逆的历史趋势的助推。这些暗藏着发展规律的潜流无一不为新时代济南皮影戏的保护传承奠定了初步基础。

二、济南皮影戏的艺术特色

(一)济南皮影戏的表演形式

济南皮影戏,"两人一台戏"。一人在幕后一边用手操纵皮影人物,一边用济南话来唱述故事;一人在旁配以山东琴书、西河大鼓等曲调,幽默诙谐的表演,加上引人入胜的故事,让幕布上的人物"举手投足皆是戏,一颦一笑若有声",

令观众拍案叫绝。影人操纵和演唱都由一个人完成，要求该演员既要双手熟练准确地操纵影人的动作，同时又要为各种舞台角色配音，表演难度比较大。但是，一个人操纵影人和演唱也有利于影人动作与配音的协调一致，减少了由于多人表演配合稍有不慎就易出现的影人动作与声音不同步的问题。正是由于这种一人操纵加演唱的表演方式，使济南皮影戏形成了声、画高度统一的表演特色。

（二）济南皮影戏的唱腔曲调

济南皮影戏在演出过程中，艺人们常常以"摩调"为基本曲调，然后进行发展变化，其变化既有在基本曲调上加装饰音的方法，也有改变曲调节奏的方法，长此以往，使由"摩调"派生出的皮影调得以不断地丰富与衍化。20世纪50年代，济南皮影戏大量吸收了其他戏曲中的曲调特点，如山东琴书、西河大鼓唱腔中的四平调、垛子板等。四平调具有句法灵活多变的特点，比较适合济南皮影戏的演唱特点。同时，还增加了许多具有明快、活泼色彩的曲调。这时期，在济南皮影戏新编剧目中，唱腔的曲调起伏逐渐加大，演唱者也更加注重了唱腔的旋律性。

（三）济南皮影戏的节奏板式

济南皮影戏的节奏板式，早期的"摩调"有板无眼，节奏近似于戏曲中的原板，后来，借鉴其他戏曲的表现手法，发展出了类似戏曲中快板、慢板、散板等多种节奏类型，在有的剧目里还出现了倒板、紧打慢唱的运用，使济南皮影戏唱腔的板式节奏趋于丰富，提高了其自身的艺术表现力。

（四）济南皮影戏的伴奏乐器

济南皮影戏的伴奏以打击乐为主，所使用的乐器是俗称"老三件"的鼓、梆子、钹。早期的济南皮影戏老调伴奏是使用鼓、木鱼、钹。后来，木鱼逐渐被梆子取代，梆子较木鱼声音更响亮。济南皮影艺人在选择这三件乐器时，要求鼓的声音丰满，梆子的声音清脆而有堂音，钹的声音明亮而华丽。

（五）济南皮影戏的画面展示

要达到良好的艺术效果，首先是皮影人物要造型生动、个性鲜明。但要在薄薄的牛皮上，手工镂刻形象的人物五官、衣饰，甚至一缕发丝都细致逼真，这很考验制作者的手艺。据悉，一个人物造型，仅仅绘制就需要一两天的时间，而一个完整的皮影，则需要精雕细刻几千刀。

最初济南皮影戏选用的都是旧鼓皮，这种材质便宜易得，但却不透明、无色彩，幕布上映出的人物多为黑色，再加上当时雕镂技艺并不成熟，其花纹较为粗犷，影响了皮影的逼真程度。经过几十年的创新和发展，雕镂技艺不断成熟，过往稍显简单的人物形象逐渐丰满起来，五官、四肢、衣袖、头饰更加逼真，更多戏曲人物的造型在艺人手中诞生，或帝王将相，或妖魔鬼怪，或才子佳人，或花鸟鱼虫……

当然，技术的革新离不开材料的改进。上等牛皮开始成为艺人们最重要的创作原材料，它鲜亮透明，且易于着色涂油。正是如此，济南皮影戏也迎来了五彩缤纷的时代。艺术的革新远不止于此。早先的皮影戏是源于街头，兴于市井。少则三五人，多则十来人，一阵叫好声后大家一哄而散。为便于操纵和掌握，当时的影人高度只有20厘米出头。演员双手操纵20多个影人却忙而不乱，得心应手。后来，皮影戏慢慢走向剧场，原本小巧的皮影必须变大，才能让更多观众同时欣赏。于是，影人逐渐增高，30厘米、50厘米、70厘米……

（六）济南皮影戏的唱词特点

济南皮影戏的演唱有一些基本的套路，在此基础上注重演员的临场发挥，用艺人的话说这种演唱方法就是"跑大梁子"。皮影艺人把各种剧情唱词分为"美人赋""盔甲赞""战辕门""看乘龙"等基本套路，根据演出需要选择要表演的套路，也可以调整所表演剧目的长度，可长可短。济南皮影戏虽然没有用书面形式传抄的完整剧本，但这并不等于没有剧本，艺人们靠记忆把各剧目剧情梗概和基本唱段了然于心，演出中随着剧情和情绪发展，临场把完整的唱词表演出来，唱词虽不一定做到格律严谨，但是也不可随意性太强，在唱词句数、句式、韵辙方面依然要遵循戏曲表演规律，保持皮影戏自身戏曲形式的基本特征，以区别于歌曲或其他表演艺术形式的演出。

济南皮影戏唱词多为不规则的长短句子，这一点与山东琴书的句式类似。早期济南皮影戏的曲调舒缓，唱词中有的句式有分句，有的没有分句，其行腔变化也较小。后来，随着唱腔的日益丰富，句式中分句运用明显增多，尤其是在抒情性的唱句中大都做分句处理，常见的是将一个唱句分为两个部分的唱法。济南皮影戏的唱词结构变化还有衬字和垛子句的形式。衬字是最常用的方法，常由主演者根据情绪变化随机运用，起到修饰唱词和衬托情绪的作用。垛子句由字数相等的排比句前后排列而成，词义层次递进，气势相贯，富有表现力。

（七）济南皮影戏的表演剧目

在表演剧目上，济南皮影戏艺人也不满足于老祖宗留下的"一亩三分地"。他们在呵护优秀传统的同时，结合新时代和济南特色，不仅改编了诸如《西游记》《哪吒闹海》等传统剧目，还创作出诸如《挑嫂》《新媳妇》《两块六》等一批现代皮影戏。济南皮影戏的剧目较丰富，既有连台本戏，也有单本戏和折子戏。按剧目题材可分为传统剧和现代剧，20世纪50年代以前以传统剧为主，济南皮影戏传统剧目的题材多出自古典小说或神话传说，如《封神榜》《西游记》《东游记》《后列国》《孙膑斗海潮》等，这些剧目多为连台本戏形式，每天晚上演出几个小时，一部戏常常可以连续演出一个多月。单本戏和折子戏多为连台本戏中的一部分，如《唐僧误陷盘丝洞》《猪八戒智激美猴王》等；也有的是由连台本戏中的路途段发展而来，如《猪八戒背媳妇》等。这些单本戏和折子戏虽然较短，但由于情节精彩且内容知名度高，所以常常作为重要剧目而频繁出现在皮影戏演出中。现代剧多为20世纪50年代以后新创作和移植的剧目，其中又可细分为新编历史剧、神话剧、寓言剧、童话剧、动画剧等多种类型，其代表剧目有《东海小哨兵》《渡口》《趵突泉的风采》等。

三、济南皮影戏在新时代的发展

济南皮影戏就是这样一步步地适应、发展、创新。2008年6月,济南皮影戏被列入国家第二批"非遗"名录扩展项目。2011年,包括济南皮影在内的中国皮影戏被联合国教科文组织列入"人类非物质文化遗产代表作名录"。2019年11月,《国家级非物质文化遗产代表性项目保护单位名单》公布,济南市文化馆(济南市非物质文化遗产保护中心)获得"皮影戏(济南皮影戏)"项目保护单位资格。从旧时的市井技艺到国家认证的优秀文化遗产,这项走过风风雨雨的古老技艺在新时代中能够继续流传,是一代代皮影艺人不断推陈出新的结果。

如今,新时代下,观众对民间艺术有了新的品味和要求。于是,济南皮影戏在国家级"非遗"济南皮影戏第五代传承人、年轻的"80后"李娟手中,有了更多新意。她不仅让影人的材料、雕刻和着色,布景的灯光等更具现代感,大小也增高到1米多,而且在皮影幕布上增添了更多的时尚元素。如,用英语演绎的国际范儿《趵突泉传说》、大型舞台剧《芙蓉仙子》、卡通剧《喜羊羊与灰太狼系列》等。在表现形式上,既有和动画相结合的卡通皮影,也有与现代舞台艺术相融合的皮影脱口秀,还将皮影演到《武媚娘传奇》等电视剧中……这为传统皮影戏延续了生命力,让皮影戏更加"活跃"了起来,并展现着自己的风采。

新时代下,济南皮影戏的保护传承受到政府、商界等社会各个层面的大力支持。在政府官方层面,济南市文化馆、济南市非物质文化遗产保护中心于2017年启动了"中国梦·非遗行"文化传承系列公益活动,将济南皮影戏作为重点推介项目;2018年6月,济南市文化广电新闻出版局启动了济南市知名非遗传承人公开招聘学员工程,济南皮影戏入选该工程,经面向社会公开招募、遴选后分别确定学员15人,由李娟担任授课教师。在商界层面,济南皮影戏频频以商演的方式出现在各类企业中,传承人李娟不仅参加了多个商演活动,更是创立济南皮影科学研究院有限公司，用来推广传播济南皮影戏。可以说，济南皮影戏在社会各界的高度支持下，积极参加各类演出活动，有力地推进了皮影戏的展示、宣传工作，扩大了皮影戏的社会知名度与影响力。

参考文献：

［1］王寿宴，王芹著；孙守刚编.山东地方戏丛书·皮影戏木偶戏［M］.济南：山东友谊出版社，2012.

［2］周爱华.山东地方戏曲小剧种研究［D］.山东师范大学，2018.

［3］蔡晓阳.新时代下中国影戏保护传承的实践探索——以济南皮影戏为例［J］.人文天下，2021（12）：20-26.

［4］王蕾.山东皮影戏传承人的生存状态研究［D］.山东大学，2014.

［5］于悦，慕寒烟.百年光影下的济南皮影戏［J］.走向世界，2018（34）：54-55.

［6］杨红丽.济南皮影戏传承与创新的产业模式研究［J］.艺术品鉴，2020（05）：5-6.

青岛·即墨花边

"即墨花边"也被称为"即墨镶边大套",也叫作手拿花边,是在青岛市即墨区延续了上百年的一种民间传统手工技艺,属于鲁绣之一。即墨花边作为民间工艺美术,具有丰富的文化内涵和艺术特征,承载着即墨人民几代人的记忆,是一种即墨地区不可或缺的传统技艺。即墨花边在即墨地区经过百年的发酵,融入了当地人民的劳动和手工艺智慧,融入了当地的地域,发展出独一无二的制作花边的技法,是中西艺术文化交流融合的见证。即墨地区从创建以来就是纺织产业发达的地方,被人们称为"千年商都"。即墨花边在发展的漫漫长路中加上民间手工艺术家对抽纱技术的优化,并且与即墨民间传统的"小扣锁"、刺绣等手工艺的优点与独特的技巧相融合,经过历史的变化与时间的进化变成了带有强烈"即墨风味"的艺术格调的手工织绣针法,形成了即墨花边所独有的艺术特色。2016年,即墨花边入选山东省第四批非物质文化遗产。

一、即墨花边历史渊源

即墨花边有着悠久的历史,《即墨县志》记载,明清时期,中国民间出现的网状花边就是用棉线和丝线编织而成的,与现在的勾针以及针结相类似,被民间称为"小扣锁""绣花"等。在我国民间,女性运用这种技艺所制作的纺织品,工艺精湛,图案多样。不过大部分的产品都用于自家日常使用,也存在少部分人靠此谋生。这种民间手工技艺的形式为即墨花边的发展打下了坚实的基础。

1888年，美国传教士乔治夫妇在登州创办的教会学校里传授花边技巧，1890年，教会学校整体迁往山东烟台，开始正规地招徒授艺，传授花边制作技巧。1904年，即墨人卢忠溪经牧师李士和介绍，来到烟台仁德洋行当花边工人。1918年，仁德洋行从意大利进口了一幅新款式花边，并将这套花边交给了卢忠溪研究并且创新。经过反复的创新研究，终于创造出了采用锁、编、织、缠等针法的绣织技法和工艺程序。

二、即墨花边技艺特色

（一）即墨花边的纹样特征

即墨花边纹样是结合即墨花边技艺的工艺特点、产品结构特点以及地域人文因素等创作而来，图案变化的基础是客观对象以及它的工艺特点。即墨花边纹样设计的纹理效果也是由工艺技法纹理上的疏密决定的。在纹样设计中，不仅要讲究图案的审美性也要结合产品本身来实现它自身的功能性和实用性。

在纹样的设计上，即墨花边多以花卉、动物、卷草纹为设计的主要图案，通过不同的底纹将它们连接成一幅完整的花边图形，给人一种自然的气息。欧洲的抽纱技艺在中国有着独特的发展与演变，无论在图案设计上还是版面排布上都融入了中国所特有的传统，人们对美好生活的殷切盼望全都在这些作品中淋漓尽致地展现出来，如元宝、十二生肖等纹样，特别是龙凤纹样，别有中国风味。

（二）即墨花边手工技艺特色

1. 单针单线编织

即墨花边是单线织绣花边的一种，它的原料是用不同股数的丝光线和亚麻线布，一针一线地编织，直到编织结束。它的工艺包括锁、编、织、缠、拉、露、镶等20多种，以及80多种针法，这些工艺全部都是通过小小的一根针来实现的。工具虽然简单，能够轻易寻得，也不受环境条件的约束，但是即墨花边用料考究、工艺特点明显，可以达到光、平、匀、齐、净这些独有的艺术效果。可以说，简易平凡的工具更加凸显了手艺人的高超技术。

2. 编织与手绣结合

一幅完整的花边作品，是由手工艺人把花边和绣好的布花拼接而成，让一种产品中同时拥有即墨花边手工艺与刺绣技法，让这两种技法完美地交融在一种产品之中，呈现出来虚实、明暗、浮沉的对比，让花边具有浮雕的效果。

3. 单面织绣

即墨花边的编织不用翻面，它与传统刺绣的绣法不同，传统刺绣是上下插针的，即墨花边是把图样铺平，只在一面就能完成全部的编织流程。

4. 无缝拼接

即墨花边因为它独特的编织技术，即使一幅作品是由许多小块作品拼接而成的，却也能很好地隐藏花边之间的接缝。因为花边作品可以无缝拼接，所以即墨花边的巨幅作品也能呈现出浑然一体的完美效果，不影响作品美观。

5. 中西合璧

即墨花边由欧洲的抽纱技术演化而来，并且颜色大部分是本色和漂白色，西方风味明显，后与中国本地传统针法、绣法相碰撞、结合，使中西文化艺术相融合，有着"抽纱瑰珍"的美誉。

三、即墨花边工艺特征

在山东艺术学院，笔者吴琛的硕士论文《即墨花边传统手工技艺的保护、传承与发展》中对即墨花边的制作过程已经进行了详细讲解，笔者在此基础上结合观看手工艺人的制作过程和笔者的亲自制作经验，对其进行一定的补充和说明。

第一步是花边设计，所需要的工具有硫酸纸、刺样机、印样机、镜子。使用镜子是因为即墨花边图案多为对称性图案，在设计过程中以即墨花边图案的对称线为对照线，将另一半的即墨花边图案通过镜子照射出来，以此来观察即墨花边的图案效果。这有利于花边图案的整改，能提高花边图案的绘制效率。

第二步是花边编织，所需要的工具是浦席牛皮纸、中号绣花针、多股棉线。因浦席的选择对硬度有一定要求，太硬，绣花针很难穿过，太软，容易将稿纸撕碎。所以可用四张 A4 打印纸代替浦席进行编织。而需要底布的绣花边所需要的工具有，绣花撑子、绣花线、丝带线、剪刀。底布绣花的线可以根据刺绣种类进行选择，例如丝带绣。

第三步是花边拼接，所需要的工具有剪刀、熨斗、缝纫机、绣花针。缝纫机用于外轮廓是直线型或圆线型花边和布料的拼接，而绣花针用于外轮廓是多条曲线型花边和布料的拼接。

即墨花边编织首先要固定画稿，用棉线将即墨花边中的图案用线钉进行固定，固定时根据即墨花边每个单独图案弯曲的程度进行固定。在打线钉时需要注意，即墨花边图案中线条的转弯处要进行固定，同时每个相同图案中线钉与线钉之间的距离要尽量相等，保证即墨花边成品的工整性。

即墨花边编织的不同针法对应不同的图案，如两个相同的花卉图案的针法工艺不一样，最终的编织成品也会呈现出不同的效果。通过编织可以总结针法工艺的使用规律，踏布、锁针用于线形图案，针网、密布用于面形图案，裹边用于外轮廓。

即墨花边的六边形图案通过改变底线的股数进行编织可成为灯笼扣（鱼鳞扣），作用是将两个单个花卉图案连接在一起，成为一件完整的即墨花边手工艺品。即墨花边因为不同的针法工艺产生不同的棉线厚度，因此造就了即墨花边中浮雕感和虚与实、主与次的独特艺术魅力。

四、即墨花边发展历程

基于"手拿花边"的优点,再结合我国民间艺人所创的"小扣锁""绣花"等技巧特色,对花边创作手法的不断创新,走针形式的不断扩展,图案样式的不断更新,使得即墨花边在发展的过程中不断地与各种织绣手法相互碰撞,彼此交融,最终形成了即墨地区特有的织绣手法。这种手工艺术因为开创于即墨地区,人们就把这门技术编织的花边叫作"即墨花边"。即墨花边形成后,在即墨地区以雨后春笋之势传播出去,甚至辐射到了周边地区,例如莱阳、海阳以及沽河两岸地区。尤其是在妇女文化中,即墨花边变成了一项极其重要的家庭副业,并且在1936年组织成立了"即墨花边同业工会"。新中国成立后,因为公私合营,许多花庄都合并在一起,1956年,青岛即墨花边厂创立。1972年,即墨花边被国家评为名牌免检出口品牌,1978年,被山东省轻工业局选为名牌产品,1979年,山东省政府把即墨花边产品列为山东省优质产品。1983年,即墨花边荣获中国"工艺美术品百花奖"金质奖杯。在最鼎盛时期,即墨妇女几乎人人会做,一度成为那里人们的重要经济来源。伴随着工艺的成熟,即墨花边也走向了巅峰。随着机械化大生产时代的发展,1998年,青岛即墨花边厂宣布破产,但是原分厂厂长、即墨花边的第三代传承人王军,不想放弃自己一直热爱的即墨花边,最后决定创办青岛国华工艺品有限公司,继续传承即墨花边的传统工艺,肩负起了非遗传承的重任。

即墨花边历经沧桑,上百年间经历了五代人的匠心传承,他们毕生的热情和心血都用来保护着这一珍贵的民间手工技艺。其中因为历史的原因,曾经出现过传承断裂期,随着工业时代的到来,手工劳作被机械生产代替,即墨花边工艺因为技法烦琐,耗费时间长,所以不能满足时代发展生产的需求,许多人不再从事即墨花边产品的制作,尤其是年轻人。因此即墨花边慢慢淡出人们的视线。但是一直到现在，传统的手工花边比机器生产的花边精美有加，传统工艺的花边仿佛带有圣洁的灵魂，让人们念念不忘，即墨花边也以顽强的生命力展现着它独特的魅力。博物馆的建成也为即墨花边的保护和传承起到了至关重要的作用，在那里珍藏着即墨花边精美的作品。在即墨古城，即墨花边与旅游业已经结合，还开办了一家即墨花边文创店。这一切积极的现状，源于国家对民间手工艺的重视。由此可见，即墨花边未来可期。

五、即墨花边传承人

目前，即墨花边主要是在山东省青岛市即墨区发展，在20世纪时期，第三代传承人王军先生是第一代传承人于德和先生的外孙，在当时，即墨花边技艺的主要传承方式停留在亲人之间。这是非物质文化遗产传承方式的典型代表——"世代相传"。到了21世纪，我国发布了《中华人民共和国文化遗产法》，并建立了非物质文化遗产名录，形成了国家、省、市、县四级不同层次的划分等相关政策，将非物质文化遗产的保护举措落实到细节，为即墨花边的传承作出了不可磨灭的贡献，也为第三代传承人王军先生进行传授提供了便利。即墨花边的传承模式逐渐转变为集中教育传承、师徒传承。

在自媒体时代，互联网与我们的生活息息相关，随着全球一体化进程的不断推进，工匠的手艺传承方式也应该打破传统的师徒相传模式，结合现代化的教育体系进行科学的传承。例如，即墨花边传承人开设讲堂，通过开展非物质文化遗产讲堂吸引更多人的关注，培养潜在的传承人。另外，互联网直播也是一个重要途径，通过开直播吸引全国各地有兴趣的人一起学习即墨花边技艺，把即墨花边技艺发扬光大。即墨花边技艺传承人要以更开放的方式，把技艺传授给更多热爱这一产业的青年，提高即墨花边的影响力。

即墨花边作为传统工艺美术品，有着其独特的地域特征和人文情怀，是即墨地区民俗文化演变的重要历史依据。近年来，随着习近平总书记指出"文化自信是更基本、更深沉、更持久的力量"，以国家为领导，全国各地手工艺人积极响应，共同开展非物质文化遗产的宣传活动。即墨花边作为即墨地区特有的文化产品，不仅在青岛即墨古城建立了展厅，同时在全国各地参加文化产品展览会，以此促进我国非物质文化遗产的可持续传播。

参考文献：

［1］顾雅兰.即墨花边的创新在服装设计中的应用研究［D］.青岛大学，2021.

［2］王旭，任雪玲.即墨花边的技艺特点与保护研究［J］.西部皮革，2021，43（05）：33-34.

［3］王旭.即墨花边艺术研究及其创新应用［D］.青岛大学，2021.

［4］吴琛.即墨花边传统手工技艺的保护、传承与发展［D］.山东艺术学院，2015.

淄博·博山琉璃

一、博山琉璃的简介

　　琉璃是我国五大名器和佛家七宝之一，是艺术花园中一朵争芳斗艳的奇葩。琉璃是中国古代文化与现代艺术的完美结合，是东方人的精致、细腻、含蓄的体现，是思想情感与艺术的融会。琉璃，又称流离，是中国传统建筑中的重要装饰构件，通常用于宫殿、庙宇、陵寝等重要建筑，也是艺术装饰的一种带色陶器。而博山琉璃正是中国琉璃的精华，因此博山也被称为"中国琉璃之乡"。

　　博山区是淄博市的一个辖区，坐落在山东省中部，有着丰富的地矿资源，为当地工矿陶琉业的创新发展，创造了得天独厚的自然条件。这个被称为"中国琉璃之乡"的地方，涌现出一批又一批高贵华丽、流光溢彩、变化瑰丽的琉璃艺术作品，这也正是博山琉璃制作者精益求精、追求完美、注重细节的体现，同时也是制作者思想情感和艺术的融会。博山有中国最早的古琉璃窑炉遗址，有全国最早的也是唯一的炉神庙，有中国第一家琉璃博物馆，有全国第一家平板玻璃厂。美国康宁公司博物馆收藏的古代琉璃藏品中，有16件来自博山，而且有一件被摆放在大厅的中央位置。

　　博山琉璃最早的生产文字记载可以追溯到唐代时期，那时候李亢曾在《独异志》中提到过琉璃，那时琉璃已经打开了市场，并且得到了当时人们的赞赏与厚爱。元代时期，博山琉璃有了自己的生产方式，并达到了一定的规模。明洪武年间，博山琉璃的用途更加广泛，自然产品的种类也随之增加，做琉璃的工人也多了起来，博山琉璃也得到了很好的发展。到了景泰年间，博山西冶街上的人们为了提高生产，新建起了4座大炉，那时候主要生产的是水响货和珐琅料。嘉靖年间前后，博山生产的琉璃产品更加广泛，并且种类也多种多样。万历年间，博山琉璃行业已经走向成熟，并且发展成为一个较大的产业。1617年，博山成立了国内第一个琉璃行业的组织——炉行醮会，自那时起博山琉璃便打开了外销，开辟了广阔的国内外市场，带动了博山琉璃的发展，博山也随之成为国内生产琉璃品的中心。清代，博山琉璃产品的种类更加多样，在形式上也结合了国外文化，销路不断地向外扩延。

道光年间，博山琉璃业进入鼎盛时期。咸丰年间，开始逐渐形成以博山为中心向各国各地销售的生产地。清同治年间，博山西冶街及其迤西一带琉璃产业迅速发展，家家户户掀起一阵琉璃风，同时博山也成为名副其实的"琉璃之乡"。光绪年间，博山制造出了内画产品，赢得了人们的赞叹。到了光绪末年的时候，琉璃产品销量更是不可思议，每年从济南销售出去的产品就接近7000担左右，人们也越来越钟情于使用琉璃产品。1910年，在南京举办的南洋劝业博览会上，博山送去的琉璃产品更是大放异彩，让很多人眼前一亮，经过多方的评审，博山送去的铺丝屏等琉璃产品获优等奖牌。1914年，山东省举办了第一届物品博览会，博山琉璃制作厂商们更是不会错过这样一个展示自己产品的机会，他们这次送去的铺丝料货等产品获得了最优褒奖金牌。

1937年，日寇侵占博山后，随之带来的是博山琉璃产业大幅度萎缩，从业人员也大幅度减少，博山琉璃业迅速陷入谷底。一直到新中国成立以后，博山琉璃业才有了新的发展，博山琉璃工艺品开始向世界各国进行展销，先后到法国、联邦德国、瑞士等国家进行推广，博山琉璃产业再一次兴盛起来，产品销往世界各地。

二、博山琉璃的工艺技术

琉璃是一种无规则结构的非晶态固体，它在高温下可以达到熔融状态。但琉璃并没有熔点，因此将固态的琉璃加热至熔体的过程是渐变的。因为这种特性，在使用琉璃进行创作时，可使用不同温度对琉璃作不同的加热处理，如吹制技法1200摄氏度、炉内铸造成型法650—900摄氏度、灯工工艺技法400—800摄氏度等。

烧制琉璃，需要经过数十道手工精心操作方能完成，稍有疏忽即可造成失败或者瑕疵。中国琉璃的制作技术始于西周，经过几千年古老相传，如今民间普遍采用的工艺有十几种之多。博山琉璃业在明代已有的基础上，从工艺技术、产品类型等方面又有了很大发展，其中最关键的一点是，烧出琉璃业的根本设备——炉，有了功能上的分化。这种分化虽然在明代可能已经出现，但是到了清代才最后完成、定型，并一直延续到现代。

琉璃生产需要炉，传统的炉型主要包括大炉技术、圆炉技术和米珠炉技术。传统大炉，是把各种原料熔炼为琉璃，可制成各种成品和半成品，这是琉璃生产的第一步。其半成品——各色料条，又是圆炉和米珠炉的原料。大炉腔中央放置坩埚，俗称"硝罐"，炉正面开炉门，坩埚由此放入炉中，并投入原料。坩埚四周加煤炭后将炉门砌死，只在坩埚口部稍高的地方留一个小孔，此孔为熔炼中继续投料和添加煤炭的地方。料熟后，从此口处取料生产。圆炉是用大炉生产出来的各色料条为原料，做进一步的加工制作，生产出一系列小型的用于装饰、陈设和实用的琉璃工艺制品。米珠炉，是专门生产"米珠"的。以上三种炉型是近百年，博山琉璃生产的基本炉型。除此之外，还有一种民国时期兴起的新式炉，因此炉由八只坩埚围绕圆心排列，每只坩埚内盛有一种颜色，像是八卦图，故得名"八卦炉"。现代生产，基本使用电熔炉，电熔炉用耐火砖和保温材料砌成，炉温在1400摄氏度左右。回温炉是琉璃烧制的辅助工具，在塑造过程中，可有针对性地进行回烧加温，便于进行更精细的塑造。退温炉是至关重要的，它是前期烧制得以呈现的保障。由于琉璃在1000多摄氏度的高温下热态塑形，若瞬间冷却即会发生炸裂而不能存活，因而需要将烧好的琉璃器放在降温炉中，经过四天慢慢降温冷却。

博山制作的琉璃主要分为古法琉璃和吹制琉璃两种，两种琉璃的制作方法各具特色。

古法琉璃相对于其他琉璃，制作方法上要复杂许多，做一件好的古法琉璃作品切记不要着急，其中的制作过程要经过十几道工序，做一件精致的古法琉璃作品更是需要一段相当漫长的日子，光是中间的制作过程就要半个月左右。而且都是纯手工制作，每一个细节的处理都要求相当精确，并且火候的把握要求也非常高，温度必须要达到指定温度。古法琉璃不只局限于一种颜色，可以由很多颜色构成，并且材质看起来较通透。在制作古法琉璃作品时，我总结了以下几个过程。

其一是设计平面稿，制作原型。将所要设计的作品刻画在平面稿上，然后再做其立体的原形样本，这样在做琉璃作品时就有了一个明确的参照。其二是制作硅胶模具。先在原型样品的外层涂上一层硅胶，再借用工具将石膏固定在最外层。其三是灌制蜡膜。向刚刚制作完成的模具中倒入热熔的蜡，等到它冷却成型后取出蜡膜，取蜡膜时一定要注意每个部位的细节，防止损坏。其四是修整蜡模。用材料将蜡膜中坏的地方或者有气泡的地方进行修补。其五是制作石膏模具。将耐火石膏缓缓倒入完整的蜡膜中，等待凝固后变成石膏模具，再用蒸汽的气体加温后逐渐脱蜡，这样石膏阴模就做成了。其六是进炉烧制。把做好的石膏模和玻璃料放入炉内，慢慢加温到1000摄氏度左右，一直等到水晶玻璃能够软化流入石膏模内成型。其七是拆石膏模。拆石膏模是一个非常细心的过程，必须要静下心来，等到温度冷却下来，慢慢拆开石膏模以取出琉璃作品。其八是研磨、抛光。将作品取出后，好好进行打磨、抛光，把琉璃固有的色彩通过不断地打磨、抛光展现出来，最终展现出琉璃晶莹的美感。

吹制琉璃相对于古法琉璃来说周期要少很多，制作时间短，有时候简单的吹制作品几个小时就能完成。主要用的工具有喷灯、铁砧、镊子、针、剪刀、不锈钢管、钳子等。吹制琉璃的制作工序有以下几个过程：

其一是挑料，先将琉璃管放入炉内加热，使其能够粘住琉璃液。其二是吹泡，将挑出的料在滚料板上滚成琉璃料团，将粘住琉璃的吹杆放在操作台上，从杆的另一端开始吹气，使其中间产生小泡，或者根据琉璃的流动性把它吹成料泡。其三是塑形，先用吹杆把琉璃吹成想要的大小，然后再用剪刀、钳子、铁砧等工具来规整自己想要的形状，达到自己想要的效果。其四是整理，退火后再对细节进行加工处理。

古法琉璃作品虽然制作时间长，工序繁琐，但也会收到其应有的回报，成型的古法琉璃作品相比于其他工艺制作出来的作品来说，色彩更加晶莹剔透，美奂绝伦。吹制琉璃虽然不及古法琉璃色彩这么鲜亮，但相对于古法琉璃来说制作时间短，可选择性大，易于人们接受。所以由此可以看出，古法琉璃和吹制琉璃各具特色，二者都是博山琉璃业的重要组成部分。

三、博山琉璃的艺术特征

（一）种类繁多的器物类型

博山琉璃的各品类器物在不同时期都很丰富，大到陈设、文房、生活等器皿，小到簪珥珠环等类饰品，可谓种类繁多。特别是以装饰摆件器皿最有代表性，也一直保持着中国传统的器物造型特征，如瓶、盂、杯、丞、壶、碗、尊、豆、觚、钵、炉、盒、罐、渣斗等。从整个器型的结构特征来看，线条流畅规整，并不见过于夸张怪诞的造型。除了乾隆朝代，稍显雍容繁复，清末后期，形质欠佳，其他时期大部分的琉璃器都保持了沉稳大气、古朴素净之风尚。

（二）精巧细致的工艺技法

博山琉璃工艺，就其有据可考的几百年的工艺历史来看，其精巧细致的工艺技法代表了中国近代琉璃发展的最高水平。在这些历代的产品中，几乎没有那种工艺是单一且一致的，大部分产品都需几种技法共施方可完成，并各具特色。

（三）富丽多样的色彩与质感

流光溢彩作为琉璃最显著独特的外貌特征，能够最直观地吸引观者。大众对色彩的好恶在不同的时期、地域、民族、个人之间都存在区别。它的形成受多重因素影响，如年龄、家庭、性别、个人修养、自然环境、宗教文化等。色彩能够折射出地域和民族特征，并反映人们的审美取向。因此，色彩对饰品风格的影响巨大。博山琉璃产品的色彩向来厚重、鲜亮，这与皇家典范密切相连。比如鸡油黄料，比如洒金星料，都属于富贵浓重的色彩。这些色彩在纯度、色相、明度上都极高，给人明快富丽、典雅庄重之感。在当代，琉璃在色彩上呈现出五彩缤纷、流光溢彩之感，相对活泼。琉璃料质具有透光性、透明性、可塑性和色彩的丰富性等一系列的材质特质，这种特质使得琉璃有着五彩斑斓的色彩流动性，特别是在光的折射下又赋予了琉璃的第二重生命。

（四）对陶瓷造型的模仿及自然物质的再造

具有三千多年发展历史的陶瓷器在华夏文明的传承中扮演了极其重要的角色，是中华文明史中一个重要组成部分，拥有极高的实用性和艺术性，备受世人推崇。同是作为硅酸盐矿物类原料的人造物质，琉璃在器型的塑造上受陶瓷器的影响，很多器型是对陶瓷造型的模仿和延伸。

琉璃在料性的色质上具有极强的可塑性，在博山琉璃的器物类型中，利用这一特性，对自然物质的模仿再造占了很大的比重，甚至可以达到以假乱真的效果。在这些对自然物质的再造中，以玉器为主，也多见珊瑚、玛瑙、松石等。

（五）古雅高贵的审美品味

在整个博山传统琉璃器物的风格特征上，作为皇家典范的重要组成部分，也因位于齐鲁文化的传承的重要地界上，博山琉璃呈现出古雅高贵的审美品味。在器物造型上不过分张扬，偏向传统；在色彩造诣上庄重典雅，华而不妖；在纹饰图案上，也是深深烙印着中国传统图样纹饰的标签。受地域环境和文化传承因素的影响，国外玻璃器崇尚造型变幻抽象、色彩艳丽花哨的艺术风格，这与传统的博山琉璃工艺器物形成了鲜明的对比。

（六）深厚的儒文化内涵

儒家文化是以儒家思想为指导的文化流派。儒家学说倡导血亲人伦、现世事功、修身存养、道德理性，其中心思想是孝、悌、忠、信、礼、义、廉、耻，其核心是"仁"，崇尚中庸之道。儒家学说经历代统治者的推崇，以及孔子后学的发展和传承，其内涵渗透进社会文化发展的方方面面。

中国先秦时期建立了包括青、赤、黄、黑、白的"五色体系"，反映了我国先民对色彩科学的认识和对色彩规律的把握。孔子提出"仁"的儒家核心思想，对于色彩的主张，把颜色中的五色定为"正色"，从"礼"的规范出发，最终实现"仁"的目的。色彩作为装饰生活的手段不可避免的被纳入封建礼教和等级的规范，被赋予尊卑贵贱等级，分别代表君、臣、民的上下关系。琉璃作为明清宫廷重器，在色彩的选择和表达中，注重素雅中和、亮而不艳、雅而不妖的色彩基调，这是深受儒家文化的影响。

四、博山琉璃的发展远望

博山琉璃产品竞争力强，市场广阔。博山琉璃发展迅速，优秀作品更是数不胜数。近年来数百件优秀琉璃作品获得国际大奖、国家大奖和省级大奖，上千件作品被国内外博物馆以及收藏家收藏。其中就像博山的琉璃烧制技艺成功入选国家级非物质遗产代表性项目，西冶工坊制作的"琉璃梅瓶"成功进入了钓鱼台国宾馆，深受大众喜爱的"博山琉璃插花摆件"也成功被摆放在了国宴桌上，每件琉璃作品都精致典雅，这些荣誉大大提高了博山琉璃的知名度，市场竞争力也随之增强。

博山琉璃产品在市场上的占比也非常高。博山琉璃产品主要分为两大类，第一类是琉璃工艺品，第二类是琉璃器皿，其中琉璃工艺品又包括十几个大类、近千个品种、上万种花色，无论从产业门类还是花色品种看，都是国内最多的。而且博山很多琉璃公司都与外面企业、公司合作，承接大型的广场装饰、浮雕等，博山琉璃以其精湛的工艺和独特的创意赢得了人们的认可。

博山琉璃市场运作规范。博山区大力扩展自己的产业，积极去北京、上海、武汉等地进行宣传活动，并且还成功注册了"博山琉璃"国家地理标志的商标。博山琉璃业发展至今形成了产品品种全、市场成熟度高、辐射面广的特点，政府等相关执法部门加大执法力度，对博山琉璃企业进行规范与整顿，对于一些不良竞争，不符合行业规范的企业进行大力整治，由此一来，使得博山琉璃业成为交易更加公平、信誉度更高、产品质量更好、自律性更强、诚信度更好的产业。同时政府也积极发挥着自己的引领作用，制定明确的行业规划，让琉璃产业的发展有了更加明确的目标。政府还进一步鼓励新产品、新工艺的开发利用，促进了琉璃产业的发展升级。

参考文献：

［1］宋暖.博山琉璃及其产业化保护研究［D］.山东大学，2011.

［2］张维康.流光溢彩变化瑰丽——浅析博山琉璃的艺术特色［J］.大众文艺，2017（12）：92-93.

［3］戚亚函.博山琉璃的工艺技法与艺术风格研究［D］.云南大学，2015.

［4］孙艺卓，施并塑.博山琉璃研究综述［J］.山东陶瓷，2022，45（03）：24-29.

［5］范川.博山琉璃的手工技艺研究［D］.中国艺术研究院，2015.

［6］李灵枝.博山琉璃工艺变迁研究［D］.昆明理工大学，2018.

［7］任才.重商·尚典·创新——齐鲁文化视域下的博山琉璃文化［J］.传承，2012（18）：62-63，75.

［8］李佳娣，陈晓明.淄博博山琉璃产业发展存在的问题及对策研究［J］.农村经济与科技，2020，31（11）：225-226.

［9］王萌.博山琉璃艺术的文化传承［J］.山东档案，2017（06）：48-49.

枣庄·伏里土陶

鲁南地区的历史文化源远流长，据历史记载及考古发现，早在7300年前人类就在这片土地上创造了光辉灿烂的北辛文化。这里是古代伟大的思想家墨子、明代大文学家贾三近的故乡，是"奚仲造车""毛遂自荐""凿壁借光"等历史典故的发生地，相传这里也是三皇五帝之一伏羲的故里。在鲁南地区深厚的历史文化滋养下，枣庄的民俗文化异彩纷呈，具有丰富的人文色彩。伏里土陶是鲁南地区较为著名的民间艺术之一，在漫长的历史发展中镌刻了时代的烙印，彰显了独特的艺术魅力。

一、伏里土陶历史渊源

伏里土陶是伏里村所独有的民间艺术作品，是中国民间土陶的一朵奇葩。伏里村位于山东省枣庄市山亭区西集镇，属古黄河下游的黄淮泰岱文化区。该地区广泛地流传着伏羲的传说，相传为"三皇"之首伏羲的故里。此地属暖温带大陆性气候，地质结构复杂，制陶所用的黑立土、红胶泥、白高岭土、红石资源丰富，而伏里村外的"黑风口"就产有此类资源，这就为伏里土陶的产生以及发展，提供了必要的物质基础。伏里土陶起源于5600年至4300年前的大汶口文化和龙山文化时期。该区大量土陶文物的出土（从新石期时代到夏商周时期，至明清各朝代均有），为伏里土陶的产生历史提供了事实依据，同时也说明了伏里土陶具有深厚的文化底蕴。伏里村具有土陶产生所必需的物质资源和文化资源，在这种背景之下，伏里土陶应运而生了。

　　伏里土陶在5600年的历程中，可谓跌宕起伏。在"文革"时期，伏里土陶曾一度停造，后经"伏里土陶传承人"甘志友挖掘、抢救、整理和创新，作品发展到了数万件，取得了很大的进步。在伏里，除了甘志友外，一大批的年轻伏里传承人（以甘言军、甘言地为代表），也在为伏里土陶的传承和发展默默地努力着。近年来，在国家和省、市的扶持下，伏里土陶已享誉海外，成为具有浓郁本土特色的民间艺术资源，被称为"鲁南民间美术一绝"，是"山东土陶艺术品当中独系发展起来的稀有艺术品种，传流于地面的稀有土陶文物"。

　　在山东省枣庄市山亭区西集镇伏里村，发现了拥有近6000年生产史的伏里土陶，它是源于大汶口文化的子陶器，在伏里村古遗址中，发现和挖掘了许多像瓮、盆、罐、鬶等陶制品及残片，印证了鲁南地域文化蕴涵着丰厚的艺术积淀。"伏里土陶根据用途可分为祭祀、赏玩、生活用品三大类，近100多个品种，目前能再生产的只有30余种。"像方鼎、香筒、香案、香炉等属于祭祀类的产品；蟾蜍、陶猪、陶羊等主要功能为欣赏和把玩。生活用品类包括灯台、阍缸、酒鬼汉纹罐等。其造型的原始性、独创性、实用性，赋予了伏里土陶独特的艺术魅力。在中国艺术研究院、中国美术馆、日本玩具博物馆里，我们都能看到伏里土陶的身影，它以古朴自然的艺术形象，被众人所喜爱。

　　伏里土陶不但在国内知名，而且还出口到美、日、法等26个国家和地区。专家们分析，"伏里土陶具有原始社会新石器时期的型制、浓郁的汉代风韵、南北朝特点和明清艺术的痕迹，是流传至今的珍贵稀有的土陶文物。"伏里土陶成长于淳朴的自然中，它唤起了我们回归自然的生活体验，我们仿佛看到了这样一幅画面：芬芳的泥土，淌流的溪水，繁茂的树林……让人流连忘返。作为非物质文化遗产的伏里土陶艺术，凝聚着朴实的鲁南人对生活的热爱。

二、伏里土陶艺术特色

陶是瓷的源，瓷是陶的流，源远流长的陶瓷，是古代华夏文明的起点。伏里土陶（又名"耍货"）的历史同样源远流长，经过几千年的传承和发展，已经有了数万件作品，200多个品种。伏里土陶的民间艺人依据作品的功能，把土陶分为祭祀、赏玩、生活三大类。祭祀类的主要有烧香用的圆鼎、方鼎、香筒、香榭等，赏玩类的有大站狮、蟾蜍、龟、兔、牛等，生活类的有盒缸、八角松枝盆、大小花冠、酒鬼等。在这三类中，最具代表性的作品有狮面炉、对狮、蟾蜍、汉纹罐。伏里土陶的种类繁多，功能齐全，既是实用品，又具有极高的艺术价值。

几千年的传承和发展，让伏里土陶形成了一种质朴、自然、荒诞、反真实的艺术造型和花纹饰缀特色。在造型上，伏里土陶有以下三个特征：一是伏里土陶的造型整体具有原始风味，纯真自然；二是造型多采用艺术化的表现手法和"似像非像，妙在是与不是之间"的艺术特色；三是伏里土陶的造型不仅鲜明地体现了当地的艺术特色和审美意味，而且还承载了本土文化和艺术内涵。

在装饰上，伏里土陶同样具有三个特征：一是装饰手法简括、明快、质朴；二是具有独特的花纹饰缀手法，并根据器物造型的不同，选用线条纹、乳钉纹、漩涡纹等，表现意味浓郁；三是采用具有本土文化理解的花纹和图案进行饰缀，其中多以菊、莲花纹为主，图案多以意寓美好的图案和传说故事图案为主。总体来说，伏里土陶具有原始社会新石器时期的器型、浓厚的汉代风韵、南北朝的特点和明清艺术的痕迹，是流传至今、珍贵稀有的地上"鲜活"土陶文物。最具有代表性的作品是大站狮和大蟾蜍。

守门和驮香烛的蹲狮，经过改造和发展成了受人喜爱的艺术观赏品——大站狮。大站狮是伏里土陶三大类中的祭祀类观赏品，在伏里土陶中具有代表性意义。狮头转向左侧，口微张，鼻子和眼睛成圆球形，两耳直立，表情丰富，怒而可亲，威而不凶。狮子的四只脚略微弯曲，稳稳地站着。身体成桶状，略短，后有一尾巴呈"S"形，成丝毛状，弯曲向上。而大蟾蜍的造型与它有"异曲同工"之妙，整体造型原始、纯真、憨态可掬，看上去"似蟾蜍而非蟾蜍，细看又是蟾蜍"。大蟾蜍的下半部分被人为大胆地简化，主要是想表现蟾蜍的上半部分。四脚简括、精练，体现了一种原始风貌。背部整体凹凸不平，以点状造型表现为主，眼睛圆睁，成圆球状，与大站狮的眼睛造型手法相一致，体现了伏里土陶的造型特征。背部有一如钱币的圆形，内有图案，图案一般为"月兔捣药"等关于月亮传说的图案，体现了土陶艺人对民间传说的理解，当属身边生活的一种外在心理表现形式。

伏里土陶在造型方面的特点：反真实、荒诞、"似像非像，妙在似与不似之间"。伏里土陶在装饰方面也有其独特的特点，装饰意味浓郁、淳厚、自然。例如大站狮的面部表情丰富，眉毛成弯曲形的条纹，眼睛用两个圆球形来表现，嘴巴两侧则选用对称的两条带状条纹装饰，很好地体现了面部表情的变化，显得生动、自然。前腿和身上以线条纹装饰，后腿下部分也以条纹进行装饰，而后腿上部选用菊花状的花纹，显得传神、自然、生动，如"画龙点睛，神来之笔"，意趣盎然。尾巴为卷曲的条状纹，很好地体现了大站狮尾巴的生动、毛发的蓬松，自然而亲切，增强了尾部极大的动感。背面装饰较少，以条状纹装饰为主。大站狮的整体装饰纹样以线条纹和菊花纹样为主，花纹装饰得体，饰缀繁而不杂，整体自然，主次分明，很好地体现了大站狮"憨态可掬、威而不怒、亲切自然"的精神风貌。而作品大蟾蜍的装饰同样浓厚、得体。装饰方面的表现全部集中在背部，而下半部分则无装饰表现。背部大部分以乳丁纹装饰表现为主，成圆球状，大小均匀。眼睛成圆球状，周围有两条带状装饰，似在表现蟾蜍的"眼皮"，使用"拟人化"的装饰表现手法，赋予了大蟾蜍极强的生命力。大站狮和大蟾蜍的整体装饰体现了伏里土陶的装饰手法和装饰特征，同样也反映了土陶艺人的精神世界和当地的文化特征以及民间艺术特征。

(一)造型：形简神具

伏里土陶是大汶口文化中期较为重要的民间艺术形式之一，它的进步和演变，都蕴含着人们的智慧。纵观大江南北，陶器在流传的几千年中，很少有像伏里土陶这样的陶器已形成了自身的体系。在造型、纹饰的装饰上（如回纹、漩涡纹、线条纹、乳丁纹、玄纹等）都与中国工艺史上的传统线条、工艺特色一脉相承。

现代的伏里土陶作品《大站狮》别致简洁的花纹缀饰，S型的狮子尾巴，弯弯的眉毛，极具特色的臃鼻。乍一看像狮子，但仔细看又不像，像虎，像狗，像豹，这正是大站狮独特的地方。形体简练概括，线条纹饰流畅，作品中不讲究造型的准确，结构的严谨，却洋溢出气定神闲的韵味，营造出了姿态含蓄的造型，可谓"形简神具"。此种造型也夺取了世人的眼球。伏里土陶曾参加过"山东省1982年民间工艺品展览会"，《大站狮》也在其中，大站狮的弯眉臃鼻，温顺不张扬，散发着质朴生动的韵味，得到了中外专家学者的高度认可。

伏里土陶艺术品中另一件典型的作品是《蟾蜍》。它是伏里土陶赏玩类作品里生产最多、品种最繁杂的一种。在鲁南地区，尤其是在山亭伏里村人们的心目中，蟾蜍的寓意为风调雨顺、大富大贵和健康长寿。它的造型毫不矫揉造作，形体简洁，具有浓郁的汉代风韵，从整体造型上看去，蟾蜍的身体像一个大疙瘩。造型中有很多特别之处，两眼圈的外围利用两个对称的玄纹装饰，腹下的两个后爪，用三个横线条和三个长线条进行装饰，在简练概括的塑造中表现出其内在的神韵。再从细节中观察，眼睛是疙瘩，前腿简化为疙瘩，浑身布满的又是紧凑的小疙瘩。这些疙瘩在民间叫作乳丁。乳丁即圆，"圆"者，道之体，宇宙之模型，自然之法则。"圆"作为一种人类文化中的核心形象，有着深刻的内涵，世界与宇宙的物质外形和运动轨迹可以表现为圆形，人类的思想、情感的满足也体现为圆形。它寓意着"和谐统一""含蓄温和"……也许在伏里人心里这种利用乳丁不规则的反复、简单概括的造型，是对健康快乐的生活、积极向上的人生观和价值观的一种向往，也是想利用圆文化来传递智慧、包容、和谐的正能量。

（二）色彩：质朴自然

在伏里，土陶材料的选用源于自然。它的制作工艺带有浓厚的地域性特征，这些毫不起眼的土陶制品正是通过这些天然的材料创作出来的。它虽然由泥土制作而成，却饱含着博大精深的文化历史沉淀。《老子》提出的"五色令人目盲，五音令人耳聋"的观点及庄子提及的"自然箫声"都表现出遵循自然、顺应自然的意识，是对无为而自然为之形态的阐释。火作为原始人类征服自然、战胜自然的有力武器，是陶器产生的媒介。土陶作品在窑火温度及气氛的变化中，增加了自身表面的自然肌理及色泽，也增添了神秘的色彩，是对自然形态很好的阐释。

伏里土陶作品表面色彩的质朴自然是由泥土的自身性质和烧制过程决定的。大部分土陶均利用不同的泥土烧制，形成了自身的色泽。伏里土陶以陶质、颜色来分，可分为红陶、灰陶、黑陶、白陶。陶土的成分对陶器的烧制和颜色有一定的影响，一般陶土中含有铁化合物，可降低陶坯的烧制温度，在氧化的空气中呈现红色，在原来的环境中烧成灰色。泥与火的交融，使得烧制的陶器色彩自然而朴实。

庄子的哲学中强调要保持自然的天性，用自然现象来领悟人生修身养性的道理，指引人生的解脱之道。保持自然的天性这句话用在民间的美术作品中较为合适。有很多人认为难登大雅之堂的民间作品俗到极点，但笔者认为，有时俗到极致也会变为雅，这种俗是随意而不矫揉造作的表现，是创作者用心创作的真实体现。正如徐渭所说："点石成金者，越俗越雅，越淡薄越滋味，越不扭捏动人越自动人。"看似矛盾的"俗"与"雅"，"淡薄"与"滋味"实则归为统一。可以说，散发出的自然淳朴的气息正是民间伏里土陶独特的地方。

（三）表达：以形传意

伏里民间土陶艺术依靠泥、火等媒介对作品的体积感、质感等进行表达，描绘创作者的主观感受和自身的文化韵味。民间艺术品是民间艺人们在继承前人留下的宝贵遗产及制作工艺的基础上，将民间艺术创新传承，是一种动态的、历史的文化积淀。民间的很多作品是民间传人表达自己内心思想情感的一种媒介，它的粗拙、朴实，流露出人们对美好生活的向往，也可谓之"以形传意"。

陶鬶作为龙山文化遗址中的典型代表作品，它造型美观，具有鲜明的原始性特色，在伏里村也有出土记载。《中华国粹大辞典》中描写道："鬶由流、颈、腹、把手、袋足及实足根几部分组成，全形如一站立昂首之鸟，所以有学者认为，此物与古代东夷人鸟图腾崇拜有关。"由此可见，陶鬶造型的灵感来自鸟兽，它与罐、鼎、壶、杯有所不同，它以三个丰满的乳状袋足代替鬶腹，更加追求形体结构的多样性。伏里的陶鬶作品外形线条流畅，形似雄鹰的造型寓意着一种对自然形象中美的追求，体现出人们精湛的工艺及驾驭自然的能力。

民间美术中典型的饰缀花纹，如门钉纹、漩涡纹、线条纹、古老的动植物图腾、人物图案、天象、树叶、荷花、日、月等，均体现出伏里土陶描绘对象的多样性。这些精美的纹样不仅能够给人们带来丰富的视觉体验，而且具有十分丰富的艺术文化内涵。伏里土陶将艺术作品的"形神"在审美主体与审美客体相统一的前提下，对外物的美感进行了内在本质的表达。伏里土陶以自然形象为载体，突出表达了土陶艺术的精髓，将实用与审美高度结合，正好能够体现先人们追求自然天成的美学境界，以及注重以意蕴之美诠释土陶人制陶的灵魂。

三、伏里土陶发展现状

在鲁南地区深厚的历史文化滋养下，伏里土陶艺术具有较广阔的发展空间，同时也具有一定的局限性。它在时代的发展中受到政治、经济、自然、地理等因素的影响，导致其发展处于不稳定的状态，在一定程度上缺乏深刻内涵及高雅的格调。但它仍然体现了中华民族的传统精神以及乡土情结，具有一定的研究及推广价值。

伏里土陶的发掘抢救工作已有四十多年。由于陶器的造型独特，器皿的形制较大，技艺要求比较高，每年制陶的数量只有 3000—5000 件，加之产品销售途径及对象的不固定性，且发展受到经济、政治、文化等因素的影响，伏里土陶的发展面临巨大的压力和挑战。伏里土陶的发展是民间艺术文化发展的一个缩影，在今后的发展中需要依托本民族文化的社会背景，保持和传承原有的文化特色，保留其无可替代的传统制作技艺。同时也要努力地探索适宜本区域文化发展的有效途径及方法，创新性地挖掘民间伏里土陶艺术的应用领域，将区域传统的、民族的特色产品展现给公众（例如，将蟾蜍、陶羊、孩儿枕等土陶作品发展为旅游业的畅销产品，这已为江北水乡特色旅游业带来了一定的经济效益），让更多的人在游览中欣赏鲁南历史文化滋养下的民间文化，从而提高鲁南地区地域文化的知名度，使更多的人关注和保护枣庄的伏里土陶艺术，积极地传承与创新属于民族的艺术文化。

参考文献：

［1］黄辉.伏里土陶的造型与装饰特征［J］.美与时代（中），2015（02）：63-64.

［2］胡晨晨.区域文化视阈下的伏里土陶艺术［J］.枣庄学院学报，2018，35（03）：112-114.

［3］宋倩，李若辉.伏里土陶的艺术特色及文创产品开发设计策略［J］.汉字文化，2021（07）：177-178.

［4］王婷.伏里土陶的传承与发展［J］.文化月刊，2018（12）：42.

东营·广饶齐笔

一、广饶齐笔简介

中国的毛笔文化源远流长，四大名笔各有所长。浙江湖笔以羊毫制笔，毛细锋嫩，质地纯净；安徽宣笔以兔毛为原料，称为紫毫。笔锋短小犀锐，劲健有力；河北衡笔则以坚韧耐用，含墨量大为特点。与其他三类名笔相比，齐笔以它独特的工艺特色，将狼毫笔不断改革创新，从而独树一帜。

文房四宝，笔居首位。"蒙恬造笔"的说法在古书《博物志》和《古今注》中都有记载，蒙恬造笔的故事也在流传中日益丰富。相传秦朝（公元前221年—公元前206年）蒙恬在外作战时，亟需向朝廷写奏折求援。情急之下，他割下一缕马尾捆在木棒上蘸着锅灰写了一份奏折，于是就有了毛笔。当然，随着考古的新发现，毛笔产生的年代可能会提前，但在齐鲁大地上，齐毛笔至少为我们记录了2000多年的灿烂文化。

2000多年后，齐毛笔不仅依旧传承着博大精深的孔孟文明，渲染着淳厚朴实的文化氛围，同时也作为一种民间工艺，养育着一方水土。广饶作为山东唯一制作齐笔的地方，它的名字同样被古时文人墨客寄予了挥之不去的遐想。

齐笔制笔业盛于清道光年间，当时，大王镇的毛笔制作坊已有数百家。民国时期，制作齐笔的工匠中，涌现出了一批手艺高超的名手，如北卧石村的黄化京、李璩村的傅义三、傅学仁，张淡村的郭凤采，韩庄村的韩干臣等。其中韩干臣制作的"十八学士登瀛洲"笔颇受欢迎。新中国成立后，齐笔得到了较快发展。1983年西营毛笔厂的成立，揭开了齐笔发展的新篇章，2003年大王镇成立了山东齐笔文化有限公司，并在国家工商局注册了"齐笔"商标，让齐笔生产抱团打天下。之后，又先后成立了"齐笔研发基地""克玖笔庄""仁和笔庄""西营毛笔厂""东营中齐文化用品有限公司""中华齐笔"等，从此，齐毛笔不仅依旧传承着博大精深的孔孟文明，同时也作为一种民间工艺，养育着一方水土。

广饶县的制笔工艺一直采用一家一户的作坊式生产模式。过去的育兴笔庄、文山堂、文成堂都是名噪一时的老字号，规模最大时有工匠学徒几百人。如今在这里，人们仍然延续着制笔的传统，几乎家家都出笔工，专门制笔的人家有六七百户，更有不少是几十代传下来的制笔世家。制作工艺师徒相传，不断创新，已经失传的茅龙笔就是经过于保民和当地笔工合力研究出来的。

好的毛笔注重"四德"，即"尖、齐、圆、健"。笔毫聚拢时末端尖，则较易传神；笔尖压平后毫端齐，则运笔力均。"圆"说的是笔毫圆满充足，运笔时可以圆转如意；"健"则指笔的弹力。齐笔到今天仍能不负盛名，得益于它从选料开始就严格按照"四德"的要求进行制作。毛笔的选料十分广泛，甚至可以用千奇百怪来形容。兔毛、猪毛、羊毛、狼毛、鸡毛、鼠毛，甚至连人的胡须都可以制笔。古书《岭表录异》中记载，有一个笔匠找不到动物毛制笔，就割下自己的胡子做了一支笔，做出来的笔非常好用，当地的太守便下令家家户户的老人把胡子割下来做捐税。如今虽然不用胡须制笔，但缺少毛料的情况仍然存在。

齐笔选料严谨，工艺精湛，从选料到成笔，要经过浸、拔、梳、并、连、剔等150多道工序，每个步骤都是手工活，有很高的技术要求。笔工们把从选择毛料到制成笔头的过程称为"水盆"，主要是因为其中大部分的工序都需要在放有石灰的水中完成。笔工们裸露的手臂长期遭受着石灰水的侵蚀，因此每一支毛笔中都饱含着制笔工人的心血和汗水。正是由于制笔艺人们在各道工序上的严格谨慎和不断创新，使齐笔有了锋颖尖锐、丰硕圆满、修削整齐、健劲有力的特点，以刚柔相济、得心应手而享誉古今。今天，齐笔的品牌已经走出国门，远销到东南亚地区，为传承书法艺术和华夏文明作出了积极的贡献。2000年来，一代又一代的制笔工匠用他们的智慧和勤勉，铸造了齐笔的辉煌。它将作为一份重要的文化遗产被永远地传承下去。

中国齐笔是广饶县大王镇西营一带盛产的毛笔的统称。齐笔历史悠久，早在2000多年前就有了"齐国笔乡"的美称。齐笔制作考究，从选料到成品要经过100多道工序。齐笔丰颖尖锐、丰硕圆满、修削整齐、软硬适度、健劲有力，美观耐用，具有尖、齐、圆、健之四德。规格品种已发展到100多个，年产量600万支。山东东营广饶大王镇大张淡村一带，素有"齐国笔乡"之美称，在这片鲁中平原的普通村落里，中华齐笔文化从这里诞生，正是这片沃土丰壤孕育了华夏文化宝库中的奇葩——齐笔，书写了"齐笔之乡"的大半个天空，承载着2000多年的中华文化。中华齐笔，因其"毛颖之技甲天下""紫毫之价如金贵"而与浙江湖笔、安徽宣笔、河北衡笔，一同被誉为当代中国的"四大名笔"。

二、广饶齐笔的制作工艺

齐笔生产历史悠久，有自己独特的制作工艺。齐笔选料严格，笔头原料以山羊毛、兔毛、马尾等为主，富有弹性，便于就地取材；齐笔笔杆使用竹片、硬质木材、紫檀、红木、景泰蓝等，整体给人高贵、优雅之感。齐笔工艺繁复，制成需要150多道工序，环节复杂，成笔的标准也全靠艺人长年累月积累的经验来把握，难以使用文字承载传授，长期以来主要依靠民间手工艺人师徒传承。

主要制作方法就是先做成毛笔头中心的"笔柱"，也称"笔胎"；再在笔柱上覆上一层薄薄的披毛，把笔柱紧紧抱住。然后对笔头进行"掐头、圆头、覆头、平头"等精心制作后，再将做好的笔头经过按头、修笔、捋菜等工序，才能将一支齐笔的雏形初步完成。从选料到成笔，要经过浸、拔、梳、并、连、剔等工序，每个步骤都是手工活，技术要求很高。齐笔成品要求达到笔锋尖锐、整齐，才能较好地体现"四德"——"尖、齐、圆、健"。

尖——指笔毫聚拢时，末端要尖锐。笔尖则写字时锋棱易出，较易传神。选购新笔时，毫毛有胶聚合，很容易分辨；在检查旧笔时，可先将笔润湿，待毫毛聚拢，便可分辨尖秃。

齐——指笔尖润开压平后，毫尖平齐。毫若齐则压平时长短相等，中无空隙，运笔时"万毫齐力"。因为需把笔完全润开，因此在选购时检查这一点比较难。

圆——指笔毫圆满如枣核之形，表示毫毛充足的意思。如毫毛充足则书写时笔力完足，反之则身瘦，缺乏笔力。笔锋圆满，运笔自能圆转如意。

健——将笔毫重压后提起，随即恢复原状。笔有弹力，则能运用自如。一般而言，兔毫、狼毫弹力较羊毫强，书写起来坚挺峻拔。评判此点时，可在润开后将笔重按再提起，锋直则健。

总而言之，"四德"即锋颖尖锐，丰硕圆满，修削整齐，健劲有力。

与其他三笔不同的是，齐笔采用狼毫材质，选料更为严谨，工艺更为精湛。

"一支好笔选材是关键，工艺技术更为重要。"郭明昌说道，"从选料到成笔，要经过浸、拔、梳、并、连、剔、修、刻字等150多道工序，每一个步骤都是手工制造，每一支笔中都倾注着工匠的心血与汗水。"

三、广饶齐笔在新时代的发展

21世纪初，齐笔的现状令人忧思，不少制笔户开始种大棚、外出务工，小青年都不愿学这一祖传手艺，齐笔制作后继乏人。现在，齐笔故乡已经认识到这一问题，非常重视这一传统手工业的发展。2003年，广饶县大王镇政府为改变齐笔不景气的现状，保护这一传统文化产业，进一步整合了齐笔生产资源，成立了山东齐笔文化有限公司，并在国家工商局注册了"齐笔"商标。从此，齐笔生产有了崭新的局面，由单干到抱团打天下，步入了产业化发展的轨道。加盟齐笔公司的家庭作坊已达三十余户，工人二百多人，这些人大都是世代制作毛笔家庭的后人，在毛笔制作方面有着很深的传承。每天公司负责集中购材料、搞订单、跑业务，工人们负责包工包量完成生产任务，解决了制笔工匠们当年单干时为销售发愁、独木难支的问题。据了解，这种"农户+企业"的毛笔生产形式，在继承传统的基础上，适应了时代需要，推陈出新，不断开发新品种，生产材料由原来的普通羊毫、普通狼毫发展到现在的十几个系列，生产范围由原来单纯的书画用笔发展到工业用笔、医药用笔，开发出了胎毛笔，推出了象牙雕、木雕、竹雕、骨雕、景泰蓝等高精古玩雕艺毛笔，兼具很高的观赏和收藏价值。开发出的珍品狼毫礼品套笔、文房四宝综合礼品笔已成为高级文化礼品，以其高档、风雅、精致，深受广大消费者青睐，价格由几百元到数千元不等。在山东省文化产业博览会上，齐笔更是大受青睐，与来自台湾的客商签订了350万元的订货合同。现在，会齐笔的笔工达到了1000多人，年产齐笔可达600多万支，齐笔除销往全国各地外，还漂洋过海，远销美国、法国、德国、巴西、芬兰、日本、新加坡等国。

现在的齐笔，在传统制笔工艺的基础上，开发出集书法、篆刻、雕镂等艺术于一体，兼具使用、玩赏、收藏、馈赠价值的精品系列套装，例如象牙镶嵌宝石、黄金、狼毫套笔，景泰蓝狼毫套笔，檀香木、红木、紫檀、黄檀木、鸡翅木、老红木等高档珍贵礼品笔。这些笔加以精美包装，更显齐笔风采，已销往日韩、欧美、东南亚及全国各地。齐笔展厅特备了"红丝石砚台""紫金石砚台""徐公砚""歙砚"、名家字画、"牙雕工艺品""观赏石"、文房四宝精品盒、"红木雕刻""孙子兵法"木简等。

中国齐笔集团生产的真品狼毫"礼品套装"成为中国一绝，制作的"狼毫""白云""东方明月"等系列产品荣获部优、省优称号，产品远销日、韩及欧美等国。截至目前，广饶齐笔已销往韩国、日本、新加坡、波兰、美国、塞尔维亚等国家。从2022年1月至9月，广饶县齐笔销售量达到180万支，销售额达3800万元，占到全国齐笔消费市场的35%。

2022年8月25日，由文化和旅游部、山东省政府主办的第七届中国非物质文化遗产博览会在济南开幕。作为东营市非遗项目的代表之一，齐笔亮相本届非遗博览会，并受到游客的广泛好评。东营市"广饶齐笔制作技艺"省级传承人郭明昌应邀参加了"新时代　新成就"党的十八大以来全国非遗保护成果展和"欣欣向荣"大运河沿线非遗展两个展示活动，在山东省展厅和非遗文创双展厅设置了"广饶齐笔制作技艺"专门展示区，呈现了鲁北地区毛笔制作的高超水平，受到与会专家的关注和称赞。

"出门一担笔，进门一担皮"是早年间齐笔制作工匠的真实写照。

据《广饶县志》记载，广饶齐笔的极盛时期为清道光年间，当时广饶县的大张淡村、北张淡村、卧石村等，是齐笔制作最为发达的村庄，在这些村庄中，几乎家家户户皆制笔。"记得当时每个村子都有毛笔厂，产业人数以千计。"广饶齐笔代表性人物郭明昌深情回忆，"早在20世纪60年代中后期，广饶齐笔就已经畅销海外。"

"我从14岁跟着外祖父学毛笔，那个时候就靠制笔养家糊口，后来便对这门手艺情有独钟，就想一直做下去。"郭明昌说道。年近七旬的郭明昌，从1969年至今，已经与毛笔结缘50余载，对毛笔，更是有着不可诉说的情感。

20世纪90年代，毛笔制作行业受到巨大冲击，加之使用毛笔的人也越来越少，大部分制笔手艺人选择弃笔经商时，郭明昌却依旧坚守这门手艺并传承至今。

"是毛笔给了我生活，我要守住这门手艺，老一辈把它传给了我们，到了我们这一代，绝对不能断！"郭明昌说道。坚持的目的是不能丢下这门手艺，而更多的则是因为热爱。后来，在齐笔制作萧条的日子里，郭明昌依旧在农闲时与妻子共同制笔，切磋技艺。

作为山东省非物质文化遗产，齐笔在众人的努力下，获得了新的生机和活力，而郭明昌和所有齐笔制作手艺人最盼望的，正是将这门手艺更好地传承下去，让更多的人不断关注齐笔、使用齐笔、宣传齐笔文化、学习制笔技艺，使齐笔制作技艺这一古老的非物质文化遗产不断提高知名度并得到更好地传承与保护。今天，齐笔的品牌已经走出国门，为传承书法艺术和华夏文明作出了积极的贡献。2000年以来，一代又一代的制笔工匠用他们的智慧和勤勉，铸造了齐笔的辉煌。它将作为一份重要的文化遗产被永远地传承下去。

参考文献：

［1］王克春.漫话齐笔［J］.民俗研究，1991（03）：84-86.

［2］东营市文化馆:《东营市非物质文化遗产介绍——广饶齐笔制作技艺》，齐鲁晚报东营在线，2021.04.

［3］张景伦.千年齐笔［J］.走向世界，2006（03）：86-87.

［4］大众网·海报新闻:《匠人匠心传承齐笔技艺150多道工序只为手中一杆笔》，2022-09-02.

烟台·掖县滑石雕刻

掖县滑石雕刻历史悠久，作品之多，繁不可考，其以布有各种纹理的"奇纹石"为创作载体，为其他任何品系的石料所不及，被国内外众多的美石爱好者誉为"莱州玉"，成就了莱州玉雕，誉满天下。掖县滑石雕刻艺术在中国石雕刻工艺品中占据重要地位，体现了较高的美学价值，在造型上达到了形神兼备；内涵上是玉器吉祥文化的遗泽；格局上讲究因材施艺，巧取俏色；人文上，立足传统雕刻技法，并注入新的现代设计理念与思想，将"目识心记，以形写神"的创作方法融入掖县滑石的自然"造化"之中，体现了创新。掖县滑石雕刻可谓是大自然赐予人类的瑰宝。2008年6月，掖县滑石雕刻艺术被载入第二批国家级非物质文化遗产名录。

一、掖县滑石雕刻历史渊源

在中国，玉是个很包容的概念。一切美丽的石头都可称之为玉，很多石材原本并非软玉，但都在用玉石的方式加工、品鉴。掖县滑石就是种著名的非玉之玉。掖县滑石也叫莱州玉，是一种以绿泥石为主要组成的彩石，因其色彩绿中泛黄且晶莹透明如冻状，常被称为"绿冻石"，又因其质软似滑石，也被误称为"绿滑石"，俗称滑石雕刻的莱州玉雕，使用的便是莱州玉。这种传承了2000多载的手工技艺在中国滑石雕刻工艺品中占据了极其重要的地位，更是北派滑石雕刻工艺的源流。

讲起莱州玉雕的起源，最起码要追溯到在莱州市蒜园子村遗址中那块至少已有4000年历史的石雕片。据《掖县志》载："宋政和七年（1117年），朝廷取莱郡纹石、贡牛黄、海藻、牡蛎、石器（雕刻工艺品）。"在发掘的墓葬中也发现了许多滑石雕刻随葬品，有北齐河清三年（公元563年）的佛造像，精美绝伦。到了清末，县城周围大部分村庄兴起了以雕刻小型摆件为业的滑石雕刻艺人，经营方式多为家庭作坊式。民国时期，由于战乱频发，掖县滑石雕刻业急剧颓萎，雕刻作坊只剩两家，各有工匠一二人，年耗原料不过5000多公斤。掖县滑石雕刻的重新兴起是在新中国成立后。滑石雕刻成为当时县城周围村庄最具影响力和规模最大的产业，出现了"祖辈相传、妇孺皆能""家家有巧工，户户出佳品"及"夫制巨作、妇雕花鸟、夫制儿女小刻"的繁荣景象。

掖县滑石雕刻艺术拥有悠久的发展历史，在胶东民间工艺品中占据十分重要的地位，是我国优秀传统文化的重要组成部分。一件成功的掖县滑石雕刻艺术作品不仅融入了丰富的"莱州玉"材料，也注入了滑石雕刻创作者的思想情感、设计构思以及文化底蕴，其在某种程度上也是胶东地区历史文化的重要体现。20世纪60年代到80年代，莱州玉雕出口西欧、北美、东南亚等40多个国家和地区，还曾被当作国礼赠送外国元首。鼎盛时期的莱州玉雕，在国内外享有极高的声誉，莱州也成为长江以北最重要的玉雕工艺品产地和出口基地，与黄金、盐业等共同成为当地经济发展的支柱产业。而近几年，随着人们对于工艺品鉴赏、收藏需求的不断攀升，莱州玉雕似乎也迎来了春天。

二、掖县滑石雕刻文化内涵

掖县滑石雕刻继承了中华优秀传统文化，凸显出了文化内涵。中国传统文化的优秀内涵正是文化自信的牢固根基，因其反映了中华民族有史以来的精神理念，是民族历史上各种思想文化、观念形态的总体表现，所以要继承与传承源远流长的中华优秀传统文化。中国传统吉祥图案是广泛流行于民间、最具中华民族文化特色的劳动人民智慧的结晶，是顺应先人们对美好生活向往而创作出来的艺术形式，其作为中国传统文化的象征性图案和标志性符号经千年传承，揭示着古典中国文化的精髓。所谓"图必有意，意必吉祥"，中国传统吉祥图案传承着中华民族的审美文化特征。传统吉祥图案的内涵寓意凝结着人们的美好祈愿，是最具价值传承的部分。

吉祥图案作为我国历史文化传统中的一种文艺表现形式，其文化内涵反映着人的精神和思想方面的内容，具体来说：一是图案所包含的内涵寓意，二是吉祥文化。传统吉祥图案之所以被传承和发展，正是因为其有着深厚的文化价值。掖县滑石雕刻艺术中进行吉祥图案再创新设计，旨在继承传统文化，重点突出吉祥图案的文化内涵，从视觉上展现吉祥寓意；保有一定的吉祥图案特征，且不完全丢失吉祥图案特点，这本身就是一种传统文化的继承方式。

我国古代莱州玉雕艺人在雕刻创作时十分注重内涵寓意，凡是吉祥图案都带有一定的吉祥寓意。形是"意"的反映，每一个图案所包含的内涵寓意都是不同的，但它们的共同点在于都是真善美的一种体现，都是人们行为意识的反映。在近代，艺人们更加注重"意"的传达。如掖县滑石雕刻第五代传承人王哲达的作品《载福》，作品选用莱州优质毛公石墨青为原料，据其原料的天然似帆之形与黑色沉稳之特点，重点注重"意"的表达，以画龙点睛的手法精雕出两只蝙蝠的头部与双翅动态线，精磨出光，使其渐而虚化融于正体，与原料的自然形态形成对比；一大一小两只蝙蝠聚拢更显整体构图的虚实变化和疏密对比，配以船形底座，寓意载福之舟，福海无边。作品将祥云与蝙蝠两种图形进行创新，将内涵表现与"意"的传达作为创作重点，讲求"意在笔先"，雕刻图案设计之前首先明确图案的内涵寓意，通过形与形的结合丰富雕刻图案的寓意，充分发挥内涵寓意的作用，使雕刻图案展现了人们美好的憧憬和善良的祝福，满足了人们的心理诉求，引起了人们的情感共鸣。

三、掖县滑石雕刻制作工艺

对于一个传统的莱州玉匠来说，制作一件精美的作品需要经过选料、设计、雕刻、精加工四大步骤。主要使用的原产地石料包括绿冻石、黑角石、豹纹石、黄花石、竹叶石、泥瑠石、条纹石、鸡肝石、莱石及毛公石等品种，然后将其切割成一块块四方四正的籽料。作为北派滑石雕刻工艺的发祥地，掖县滑石雕刻具有其独特的设计风格，作品题材多以生活中的动物、花鸟、鱼虫和佛教、传统神话中的人物及情节为主。作品种类大致分为炉瓶（含盒）、人物、动物、花鸟、山水、钮章、文具、器皿八大类共有120多个品种，2000多个花样。因石料千差万别，所以民间美术工艺师们大都有因材定型、因材施刀的技艺，同类不同态、同品不同型、同型不同神，作品极少雷同，因此妙不可言。

"雕技"是掖县滑石雕刻的关键，使用的虽大都是锤、凿、铲、锉、刀、钻锅之类简单实用的传统雕刻工具，却有着"圆、立、镂、透、衬、浮、线、巧，对比、分层、呼应、均衡、穿插"达13种技法。雕刻过程中，工艺师根据石料的特性，逐步形成了其造型圆浑、敦厚、生动、概括，刀法简练、流畅而张扬的艺术风格，有"绝凡尘、琢一品"之说。"上光""打蜡"是掖县滑石雕刻的重要环节，这一工序起到了润色、提神作用，为滑石雕刻的成品增添了无穷的活力和光彩。早期艺人们并不知运用此工艺，所雕作品大都经水洗风干后完成，作品色彩暗淡无华。后来，经历几代工艺师反复试验、琢磨，发现了石蜡的特殊作用，采用融蜡上光法对滑石雕刻进行最后一道工序加工，起到了画龙点睛之效。

四、掖县滑石雕刻之美

（一）外形美

掖县滑石雕刻功夫深不深，观其外形便知。好的滑石雕刻评价标准之一便是能否达到神形兼备、出神入化的至高境界。而神形兼备首先要达到形准——与创作对象的形体特征相吻合。

出自先秦著作的《考工记》中曾提到："天有时，地有气，材有美，工有巧，合此四者，然后可以为良。"此话指出了天时、地气、材美、工巧四要素合一，才能创作出精良作品。其中，工巧即技艺好，其属于主观因素，创作者技术的娴熟大多通过后天的训练来达成，适当的形体表现往往通过创作者对是否符合客观规律常识把控来分辨。除外，滑石雕刻还需圆润且不硌手。如"掖县滑石雕刻"第五代传承人王石麟雕刻的绿冻石作品——《太师少师》——用简练大气的刀法雕刻出具有饱满、充实之美的狮子形象，古朴之间洋溢着时代气息。作品将狮子端正坐卧、龇牙咧嘴、回首张望、嬉戏玩球的形象，雕刻得相当生动、传神。融江南古狮精巧之韵、北方古狮雄浑的艺术特点，以莱州石刻刀法洗练、明快、流畅的传统技艺雕琢而成。据笔者调研，该作品石料取之于20世纪60年代的国营老矿深层，近年已断采。作品取传统的寓意，代代相携、荫子惠孙的吉祥体裁。整个作品基于材料的特点，不拘泥于古法与单一形式，较好地做到了依势造形，繁简结合，塑造出了生动逼真的形象，进而表现出了其内在的精神。以形传神的作品，不仅通过创作者的直觉把握所创作对象的本质特征，还是创作者对于社会生活的能动反映和艺术创造的产物。

艺术化再现生活中所见形象，其闪烁着莱州玉雕艺人智慧的光芒，是最真挚的情感流露，作品的外形之美不经意间被留下，最终表现为主观因素消融在客观形象之中，并在修饰中绽放。

（二）内涵美

"花如解笑还多事，石不能言最可人"，出自诗人陆游在《闲居自述》一诗中的慨叹。花如果能听懂人言，闲事就会很多；石块招人喜爱，是因为不会巧语虚言，关键在于它的自然美。它所蕴含的意境与亘古之美是任何别的艺术品所无法替代的。

笔者认为掖县滑石雕刻艺术，就是将美变成了永久记忆。莱州玉的纹理、形状、质地更是美的本身。寥寥数刀，削去莱州玉多余的部分，使其内在的优美形象毕现，在内涵上可谓是玉器吉祥文化的遗泽。如王石麟的作品——《巧色雕·福禄流长》，取材于泥瑙石绿格黄色块丰富多变之特点，以石料自然形态与天然色彩，利用浮雕、线雕相结合，与衬底打毛点的工艺雕成五福捧寿，寓意多福多寿。以右侧的一线淡绿色线雕成顺山势而下的正泉，寓意福寿流长的美好愿望。又如王石麟的另一作品——《巧色雕·带子鱼瓶》，选自黑白相生的天然石料，据其色块分布与形体自然神似，设计雕刻而成，更好地体现了莱州石雕的圆浑、厚重、简练明快的艺术风格。笔者看来，把技法发挥到极致便是对工艺的至高追求，而一件艺术作品追求思想内涵亦不可或缺，也是让其成为一代人又一代人认同艺术的条件之一。掖县滑石雕刻的优秀作品均饱含着内涵与智慧，里面有着创作者丰富的想象力和创造力，也正是其内涵美所在。"石"以载道，先有文化，再有滑石雕刻艺术。莱州玉雕艺人均赋予创造物一定的寓意和内涵，在创作中将图案和吉祥语完美结合；以吉祥图案传承吉祥文化，也是传统文化、胶东地域文化的一种形式载体。掖县滑石雕刻产品的图案是对传统文化的继承，吉祥文化与文化内涵通过雕刻图案得以展现。

（三）格局美

掖县滑石雕刻艺术依据当地材料、花色、品种繁多的优势，毕其才华，穷其智慧，相互借鉴，传承发展，无论表现形式还是创作题材，都有了重要突破，形成了地域特色鲜明的艺术风格。在具体的作品创作中体现出大的格局观，基于美学法则，在变化中寻求统一，做到了主次分明，有聚有散，使观者有着较好的视觉感受。如王哲达的作品——《青莲》，利用北山青材料的颜色青黑、沉稳、料色均匀的特点，用精雕、精抛光的表现手法表现荷花，使作品的视觉重点突出，与自然石质形态的荷叶形成一个明显的明暗对比，用图案形式的荷叶与写实的荷花来表现作品布局的疏密对比和造型的均衡关系。配以规整、高比例的水花纹底座，充分展示了莲花的高雅、尊贵以及出淤泥而不染的清纯庄重，表现了"青"与"清"的关联之美。造型上做到有主有次，滑石雕刻作品各部位都雕刻有不同纹样的装饰内容，繁简有度，达到了和谐统一又富于变化。

此外，还有其他传承人的优秀作品在造型、题材、技艺及俏色等方面实现了各种飞跃发展和突破，有匠心独运的镂空雕、立体多维的浮雕等，追求卓越的莱州玉雕艺人运用精湛的雕刻技术，将创作灵感思维准确美好地呈现于"莱州玉"这一创作载体上，使掖县滑石雕刻能够得到美学趣味的升华，也体现出大的格局美。半个世纪过去了，极具胶东地域特色的原生态民间工艺品掖县滑石雕刻，已销往世界40多个国家和地区，备受海内外收藏家的热捧和青睐。

（四）人文美

掖县滑石雕刻作品有着自身的发展规律，其在特定历史背景下产生了其特有的历史文化特征。同时，也只有在继承古法的基础上继续创新才会稳步前进。而创新往往是在欣赏、熟知、理解以往莱州玉雕艺人的作品后，通过发散思维，解构重构，寻求新的表现手法，表达新意，借古开今。新一代莱州玉雕艺人们不仅要在创作过程中不被古人的传统雕刻手法所束缚，也要在汲取传统创作技法的基础上，基于创作时的历史文化背景，注入自己的设计思想与设计理念，做到中得心源，才是创造力之源泉。如王哲达的作品——《载福》，作品在突出材料的天然质感的同时，逐渐加入一些更具现代设计感的理念和简练的造型与线条，较好地实现了传统文化、传统气韵与现代美学相融合，充满创新性和独具匠心的艺术品位，颇具人文美。

掖县滑石雕刻根据莱州石料苍劲、浑厚和颜色沉稳的特性，历经一代又一代艺人的呕心沥血，逐渐形成了造型敦厚、古朴，粗犷张扬中不失沉稳、细腻，敦厚、圆浑中又现柔技艳蕾，概括生动，刀法简练、明快、流畅的艺术风格，并兼收牙雕、玉雕、青田石雕、寿山石雕等众家之长。掖县滑石雕刻以对比强烈、个性鲜明、刚柔相济的表现形式之特点，在雕刻业界独树一帜，彰显着莱州玉雕艺人的胆识和远见，更体现了其"志归完璞"的艺术理想和"石尽其美"的创新精神。近年来，掖县滑石雕刻第五代传承人王石麟的巧色雕系列作品在国内外产生了广泛影响，其创作从"资源型"转向"魅力型"，这说明只有将艺术的价值定位在其产生的文化魅力上，才能求得稳步前进，长久发展。

　　参考文献：

　　[1]王莹莹，王哲达.探析掖县滑石雕刻艺术创作之美[J].流行色，2020(02)：22-23.

　　[2]刘艳，王莹莹.掖县滑石雕刻图案的创新设计理念探析[J].大观，2020(02)：27-28.

　　[3]王遥驰.掖县滑石雕刻：琢一品的非玉之玉[J].走向世界，2016(36)：54-57.

潍坊·杨家埠木版年画

一、杨家埠木版年画的简介

所谓民间年画，就是中国民间装饰新年环境，增强节日气氛，希冀吉祥如意的绘画形式。它们一般出自民间画工之手，是中国画的一种重要形式。文化艺术作为一种人类有意识的观念形态，是现实生活在人们头脑中的反映。在民间木版年画出现前，中国绘画已有极高的成就，但是它们多为少数人占有。民间年画的诞生，直接是为满足广大群众的审美要求，可以让群众布置自己的生活环境，即便是神像年画，拜祭之余也能获得艺术上的享受。

由于历史上的阶级偏见，民间年画不登大雅之堂。但是，它作为真正的、大众化的艺术，为绘画内容的扩大，更加深入地表现人民的现实生活，反映人民的情志和思想开辟了广阔的道路。所以，在对外开放、对内搞活的今天，西方艺术涌入中国，传统艺术受到冲击，今后中国绘画到何处去，尚未做出定论的时候，深入地对中国民间木版年画进行研究不无好处。

民间木版年画是艺人为着美化节日环境创造的产品，它的发生与发展与"过年"密切相关。最早的年画是门神，继之是神像年画（神马），这为当时人们的信仰需要所决定。同时，民间木版年画是中国古代的民间艺术，它与中国古代绘画一脉相承，具有"成教化，助人伦，穷神变，测幽微与六籍同功"（张彦远

《叙画之源流》）的作用，从而"图画天地，品类群生"（王延寿《文考赋画》），题材内容极为广阔，体裁形式多种多样，它贴满农民家院的各个角落，倏然产生过年的气氛，使农民获得了较大的满足。

山东古代文化灿烂辉煌，民间艺术丰富多彩，潍坊风筝、剪纸、泥玩具、布玩具、嵌银、核雕、抽纱、刺绣，无不载誉四海。明清两代，山东民间艺术蓬勃发展，其中民间木版年画成为一颗明珠，生产规模大，艺术造诣高，产地遍布全省各州各县，并分东西两大系统。西部近十县的年画生产中心为东昌府，因为靠近河南省，受开封年画的影响较大；东部、中部、北部、南部三十余县的木版年画发源地为杨家埠。

杨家埠村坐落在山东省潍坊市东北方向十五公里处，自古以来以盛产木版年画而名扬四海，饮誉中外。杨家埠木版年画始于明朝末年，繁荣于清代，迄今已有四百多年的历史。杨家埠木版年画乡土气息浓厚，制作工艺别具特色，与天津杨柳青、苏州桃花坞并称中国木刻版画三大产地。清代乾隆年间，是杨家埠年画发展的鼎盛时期，当时的杨家埠村已有"画店百家，画种上千，画版数万"之说，年画销售量每年高达数千万张，除满足当地民间需要外，还远销江苏、安徽、山西、河南、河北、东北三省和内蒙古等地，曾以品种多、规模大、销售范围广而与天津杨柳青、苏州桃花坞年画三足鼎立，成为名噪一时的中国民间三大画市之一。

杨家埠年画表现内容丰富多彩，有神像类、门神类、美人条、金童子、花鸟山水、戏剧人物、神话传说等，同时也有反映民间生活、针砭时弊之作，但喜庆吉祥是杨家埠年画的主题。诸如吉祥如意、欢乐新年、恭喜发财、富贵荣华、年年有余、安乐升平等，像亲人的祝福、似好友的问候，构成了农民新春祥和欢乐、企盼富贵平安的特点。

杨家埠木版年画体裁形式新颖多样，从大门上的武门神，影壁墙上的福字灯，房门上的美人条、金童子，到房间内的中堂画、灶王画、炕头画，再到窗户两旁的月光画、窗户周围的窗旁画、窗顶画,乃至院内牛棚禽圈上的栏门坎,大车、粮囤上也都有张贴的专用年画。真可谓无所不及,无处不有。把一个农家院落里里外外打扮得焕然一新,喜气洋洋。

杨家埠木版年画作为中国黄河流域地道的农民画,植根于民间,土生土长,集中了劳动人民的艺术才能和勤劳智慧,凝结了广大劳动人民淳朴的思想感情和对美好生活的强烈愿望,长期以来形成了鲜明的艺术特点。在表现手法上,它通过概括、象征、寓意和浪漫主义手法来体现主题。其构图完整、饱满、匀称,造型夸张、粗壮、朴实;线条流畅;色彩艳丽、火爆,对比强烈,富有装饰性和浓厚的生活气息。它充分体现了我国北方农民粗犷、奔放、豪爽、勤劳、幽默、爱憎分明的性格特征和高尚的道德情操,是典型的"山东大汉"。也正是这种独到的性格特点,使杨家埠木版年画备受中外来宾和专家学者们的厚爱。

二、杨家埠木版年画的形式分类及艺术内涵

木版年画按照杨家埠传统分类方法,主要有以下几种:

(一)门画类

门神、福神、财神,又称作门画,主要内容为将军守护大门,福神仙子、财神爷送财等,纸幅的大小不等,以备大小不同的门使用,大多贴在院内屋门。门神有武门神和文门神之分,武门神(将军型)最大的叫"武顶号",高100厘米,宽53厘米;大号武门神,高53厘米,宽33厘米;小号武门神,高38~44厘米,宽24~28厘米。武门神类年画贴于宅舍庭院的临街大门。文财神(朝官式),主要是贴在堂屋门上的,它的构图也像武门神一样适合门板的整体性。人物表情和颜悦色,似有接福迎祥之乐,满堂笑语之声。

(二)炕头画类

"炕的周围墙壁上贴的年画,通称炕头画,主要形式有横批、竖批、方贡

笺、毛方子（斗方）、炕围子等。"横批分大横批、小横批两种。这类年画多数题写顺口溜一类的诗歌，文图结合，能看能讲，如《男十忙》《女十忙》《申三万打鱼》等。竖批，这类炕头画品种较少，主要代表作品有《摇钱树》《判子》《张仙射狗》等。方贡笺，最初用"贡笺纸"三截印，因此得名。规格比大横批大些，多数是祥瑞吉利的娃娃图，其次是小说戏文故事画，如《年年发财》《八仙庆寿》《文王白子》等。

毛方子在炕头画中是数量最多、销量最大的一种。题材内容只有胖娃娃一种，所以民间称其为"胖孩子"。它按中国人成双成对的传统观念，一幅分为两幅，形式基本对称。这类年画最初用棉性强、拉力大、手抄方形毛边纸印刷，故称"毛方子"。这种年画一般贴于新婚夫妇房间炕头的墙上。洋纸传入后这种年画又改用八开纸印刷，又称"小方子"。作品有《金玉满堂》《榴开白子》《年年有余》《香园寿桃》等。炕围子一般是贴于沿炕的三面墙上，一来作装饰，二来防止粗糙的墙皮磨损被面。

（三）窗饰类

这是装饰窗子周围的年画，有窗顶、窗旁、月光。月光是贴在窗子两边的年画，因窗子两边的墙面背光，贴月光以求光明。月光的形式是一幅分为两幅，左右图基本对称，每图又分为上下两部分，上为匾额形状，下为圆形。窗饰类年画的画面多以花卉为主，用农民喜欢的四季花把窗子周围装饰得十分美丽，并寓意四季如春，富贵连年。

（四）中堂类

中堂类"又叫轴画、轴子，多为财神、菩萨、寿星、家堂等，作为过年、逢节、寿辰、婚娶、缉私、祈祷用"。中堂的"画心"为整开纸大，另加"天头""地脚""两边"，还有配轴，两幅一套，挂于中堂两边，规格随中堂大小而异。

（五）条屏类

条屏，分四条屏、八条屏、十二条屏不等，多为四季花鸟、戏文故事，内容多连续。托裱装轴后，多为私塾学堂、富裕农户以及地方官吏使用。作品如《白蛇传》《博古四条屏》《花瓶》等。

（六）神像类

神像类有灶王、金增财神、天地全神等。灶王有二层灶、三层灶两种形式，按大小又分五种。金增财神分大金增、小金增两种。天地全神有大全神、小全神、天地神三种。

（七）福字灯

过年时多贴"福"字。在农村过年时，都在门内影壁墙上贴大红福字，可谓"有福人家""洪福盈门"，形式为斜方形。福字灯是在四周糊上红纸，前面糊上年画"福字灯"图，内可用蜡烛照明。

杨家埠木版年画，体现出古老中国社会各阶层人民对天地诸神的朦胧思索，体现出人们对劳动的歌颂与崇拜，对美好事物的崇敬与向往，体现出人们对现实生活生动活泼的丰富想象，以及劳动人民自强不息的创造精神和朴素明晰的审美意向。

木版年画的功能与内涵是多样的。有祖先崇拜、自然崇拜、宗教信仰的成分，也有教化、传播和装饰美化的意义。木版年画往往是在广大民间进行道德伦理规范、生活知识教育、文化艺术传播的重要工具。木版年画所涉及的历史、宗教、神话、传说、小说、生产、建筑、风光、戏曲、自然、游戏、节庆和社会生活之广阔，可谓无所不包。

杨家埠年画构图完整、饱满、匀称，造型夸张、粗壮、朴实，线条简练、挺拔、流畅；在人物、道具、景物的取舍与安排上有很大的随意性，但讲求画面饱满、均衡、整体，强调装饰效果，具有较强的主观意象性。"满"是杨家埠木版年画的一种规矩，但是他们在"美人条""金童子"那矩形画面上留下了大片空白。不难看出他们的创作，是按实际的审美需要来经营位置的，由内容决定形式。

杨家埠木版年画的构图是主观地加以装饰性与图案化了，在对称的构图形式中呼应变化，强调装饰意味，无论上下或左右对称，都给人以丰满、统一、和谐的美感。一般表现出成双成对的传统观念，在平铺散落的布局中尽量减少空白，见缝插针，添枝加叶，画面布局饱满使得气氛热闹，以达到欢庆、祥和的目的。画面的形象自然地组成一定的外形，或成方形，或成圆形，在变化的外形中呈现装饰性与图案化的效果。

"满"是杨家埠年画构图的重要特征之一，之所以探讨这一特征，是因为这种构图符合人们的审美观。民间艺术反映的是求全求美的完美性造型以及构图，所以从画幅的构图上表现出来的典型特征就是"满"，意即圆满、美好。这也符合民间百姓对事物完整以及圆满的理想化的审美心理定向。

杨家埠木版年画以特有的民族色彩观为基础，多根据主观需要设色，强调浓艳，喜庆气氛浓厚。杨家埠木版年画的色彩与其他美术形式有着许多区别，它既不同于日本浮世绘版画的色彩，也不同于西方套色版画的色彩，它是在本民族的审美习惯中长期沉积发展起来的一种不同于任何画种的色彩体系。杨家埠木版年画的色彩是以人为中心展开的，其蕴涵着一种极具人类主观意识的评判模式。其用色特征便在于主观情绪化的运用色彩、对比鲜明单纯的色彩处理以及色块相间工艺限制的独特色彩面貌。

三、杨家埠木版年画的传承与发展

杨家埠木版年画作为黄河流域地道的农民画，植根于民间，集中体现了劳动人民的艺术才能和勤劳智慧，长期以来形成了鲜明的艺术特点。1951年和1952年，华东局文化部与山东省文化局先后两次派人对杨家埠年画进行全面调查，先后创作了22幅年画，对继承发展杨家埠年画提供了新的经验。之后，不少专业美术工作者倾心于杨家埠年画的创作。在传统工艺基础上吸收了历史和现代的制作方法，将杨家埠年画提高升华，并对其进行挖掘、整理、创新，创作了大量新画。1952年，杨家埠木版年画印制780万张。1979年，原潍县政府成立了杨家埠木版年画研究所，专门对杨家埠木版年画进行挖掘整理、研究创新。十一届三中全会以后，杨家埠木版年画出现了新的发展势头。每年生产年画1000多万张，远销世界80多个国家和地区。1980年春节，天津杨柳青、寒亭杨家埠、苏州桃花坞在潍坊市十笏园举办三地年画联展，为广大美术工作者和观众提供了观摩、学习的机会。

随着时代的发展，一些传统文化的生存面临着考验，民间木版年画也不例外。"中华民族民间文化的破坏，已经成为一个危机，到了非重视不可的地步。"中国文联副主席、中国民协主席冯骥才曾经这样评价。

"由于木版年画大都是师教徒学的方式，全靠师傅口传心授，一招一式耳提面命地教，以相当脆弱的方式代代相传。目前许多老艺人已是垂暮之年，加之后继无人，一旦他们离开人世，这些传承了几十代甚至上百代的民间'绝活儿'结局令人担忧。"山东潍坊市民间文艺家协会主席文红光认为。

自2003年以来，潍坊市民间艺术家协会在中国民协的指导和帮助下，对杨家埠木版年画的制作技艺、销售及相关的行业习俗与口传口诀进行了全方位的普查和抢救，并在此基础上编纂完成了《中国木版年画集成·杨家埠卷》。2004年4月，文化部公布杨家埠木版年画为中华民族民间文化保护工程第二批试点项目之一，并正式签署了《试点项目任务书》，为杨家埠木版年画的保护和发展带来了新的机遇。2006年5月20日，杨家埠木版年画被文化部列入首批"国家级非物质文化遗产保护名录"。

"近几年来，潍坊市民间文艺家协会以杨家埠木版年画和风筝为重点，依托丰厚的文化底蕴，借助潍坊国际风筝节的拉动，从做好木版年画挖掘保护、办好杨家埠风筝年画艺术节等方面入手,精心打造'民俗文化'品牌。"文红光介绍说。

如今,杨家埠木版年画的生产地主要以西杨家埠村为主,并辐射周边村庄。西杨家埠村曾有"家家会点染,户户善丹青"的美誉。目前该村仍有近百户从事年画印刷,年产年画1500余万张,远销省内外和几十个国家与地区。

非物质文化遗产时代的到来,为杨家埠这个传统的手艺村带来了新的气象。国家和政府对木版年画的保护和推广持续加大力度,从之前单一的对外宣传木版年画,转向对民间艺人本身及其创作、传承等整体性的保护和推广。"民间文化杰出传承人"的荣誉也使艺人们认识到自身的价值和责任,加快完成了对自我的文化自觉和身份自觉。

参考文献:

[1]宫昌华.杨家埠木版年画研究[D].河北大学,2004.

[2]郑金兰.杨家埠年画研究[M].人民美术出版社,1990.

[3]毕凤霞.略论杨家埠木版年画的形式分类与艺术内涵[J].聊城大学学报(社会科学版).2007.03.031.122-123.

[4]冯骥才.中国木版年画的价值及普查的意义——《中国木版年画集成》总序[J].民间文化论坛,2005(01):53-58.

[5]李蔚倩.试析杨家埠木版年画的形式特征[D].山东师范大学,2009.

[6]王先明.继承与流变——改革开放以来杨家埠木版年画研究[D].中央美术学院,2016.

[7]曹晓飞.杨家埠木版年画考[D].福建师范大学,2005.

[8]田伟.试论民间传统文化的传承与保护——以山东"杨家埠木版年画"为例[J].潍坊学院学报,2008(03):24-26.

[9]王教庆,韦凯.杨家埠木版年画的色彩美感[J].西安工程科技学院学报,2005(04):429-432.

［10］朱向鑫.杨家埠木版年画艺术特色研究［D］.云南师范大学，2011.

［11］姜建勋.乡土之韵——浅析杨家埠木版年画的艺术特色［J］.美术教育研究，2015（09）：12-13.

济宁·曲阜楷木雕刻

曲阜楷木雕刻是国家级非物质文化遗产，也是曲阜独有的传统手工艺术，为曲阜"三宝"（楷雕、碑帖、尼山砚）之一。历史悠久，内涵丰富，技艺精湛，品种繁多，具有鲜明的民族特色和独特的艺术魅力。

一、曲阜楷木雕刻历史渊源

曲阜楷木雕刻有源远流长的历史。古时候孔子的徒弟子贡为了表达对尊师的敬意与怀念，自己搜集寻找曲阜当地特有的楷木，在没有雕刻功底的情况下，苦练技法与刀工，最终刻成了尊师孔子与师母亓官氏的两座圆雕坐像，这被看作曲阜楷木雕刻的起源。随着历史的演进，曲阜楷木雕刻技术也不断地发展与成熟。因为楷木雕的造型生动形象，同时鉴于曲阜老百姓急于表达对圣人孔子的思念，楷木雕逐渐成为曲阜一种独特的民间艺术门类。曲阜百姓每家每户都摆着孔子像，有些刀法、绘画功底较好的手艺人，逐渐把曲阜楷木雕刻变成了自己谋生的一种手段。

《孔府档案》记载："六十七代衍圣公孔毓圻向康熙皇帝进贡楷雕如意、寿杖、象棋等。"这说明当时的楷木雕艺术品成了贡品，雕刻技艺也已经相当成熟了，也具有非常浓厚的地域特色了。咸丰年间，随着技艺不断进步，在曲阜民间已经形成了以徐氏、颜氏、李氏、孔氏四大家族为代表的楷木雕艺术群体。光绪十七年，慈禧寿辰，颜士仁三子颜锡忠奉皇命刻寿杖一把、如意两把，作为山东巡抚进献慈禧的寿礼。1911年，曲阜楷木雕刻作品"百子如意"在法国巴黎万国博览会上展出，代表着中国文化的曲阜楷木雕刻最终获得金牌最高奖。由于之后时代的动荡，类似曲阜楷木雕刻这种源自民间的工艺没有得到充分的保护，但在中华人民共和国成立之后，基于党对中国传统文化的重视、人民生活水平的提高和对美的追求层次的上升，曲阜楷木雕刻这项传统的民间工艺又回到了人们的视野中。1984年，国家对外事务部门把楷木雕刻"八仙如意"作为高层领导人出访的礼品，由此可以看出楷木雕刻开始代表着国家文化走出国门。曲阜楷木雕刻已经发展成了一种尊贵高雅的象征。到如今，曲阜的街头出现了很多不同的楷木雕作坊，大体一看好像差别不大，可是细细品味不同的作品之后，却又能感受到每个手艺人的不同的感情。

二、曲阜楷木雕刻制作工艺

"楷"这个字我们通常都读作kai（三声），而只有到了曲阜，也只有用在曲阜特有的木雕艺术时，"楷"便读作了jie（一声）。这是因为楷木雕刻的原材料楷木就读作jie（一声）。木雕设计的关键是以木为本，楷木出自孔子如今的纪念之地孔林之中。因为时间久远，已经没有历史考证楷木是从何处带到曲阜来的，有人想把楷木放到别的地方去种植，即使是气候温和适合植物生长的南方，楷木也没有像在曲阜孔林里长得那样浓密茂盛。有曲阜当地人打趣道，这是因为别的地方都没有曲阜那种深厚的文化底蕴，树木不光靠阳光和水分，还靠"底蕴"生长。当然这都是玩笑话，不过这也体现了曲阜老百姓对孔子的尊重与爱戴以及对于儒家文化的仰慕与自豪。楷木主要分为红黄两色，颜色淡雅又不失大气，雕刻出的艺术品高端尊雅又不显得夸张做作，也对应上了儒文化谦逊的特点。并且，楷木在其材料质地方面也非常适合进行雕刻创作。楷木的硬度相比于其他木质并不低，而之所以能够进行雕刻是因为楷木外部坚韧，内部的纹理部分却相对较软，如果顺着内部木材纹理雕刻则非常轻松，用刀具进行作业时也是很容易"立刀"而不"粘刀"。并且楷木内部的纹理蜿蜒曲折，年轮的痕迹较深，一层层之间区分鲜明，因此即使是一些雕刻完成后已经上漆的孔子像、如意，也能看见几道纹路，与孔子像的衣褶、如意上雕刻的荷花层层叠叠，彰显了传统雕刻的精美细致。

楷木雕刻的工具主要有4种刀具。

（一）斜刀

斜刀的刀刃大约有45度，其作用就在于将作品的角落和镂空缝隙处剔除角光。斜刀在雕刻人物的眼角处时极为方便好用。

（二）平刀

平刀刀面既平又直，主要用于将雕刻品的表面磨净，使其光滑无痕。大型的平刀，雕刻在作品上，显得刚劲有力，好似有生命般栩栩如生。

（三）中钢刀

中钢刀刀刃为三角形，最尖锐之处在于刀刃中角上，下压力量越大，雕刻出的线条越粗。此刀主要用于雕刻较细的纹理，例如发丝、柳絮等。

（四）圆刀

圆刀有着圆弧形的刀刃，因此也多用于圆形的雕刻。圆刀横向切面比较省力，并且雕刻出来的线条充满探索性。其他木雕辅助工具主要有木锉、斧头、敲锤、锯子等，通常用于砍削木料以及圆雕的细胚的雕刻。

曲阜楷木雕刻是曲阜楷木雕刻艺人在长期的生活实践中创造的艺术，具有鲜明的民族特色和艺术魅力。在曲阜楷木雕刻2400多年的历史中，经世代艺人的发展与创造，其制作过程大体可分为选料、下料、设计、切、削、净地、锉梗、开相、修细、磨光、上蜡等工序。在整个操作过程中，因为大部分楷木纹理较为细腻，操刀时需刀、锉并用。在工具与匠人技艺结合之下，楷木雕刻的技法主要分为圆雕、浮雕、透雕和镂空雕四类。这也使得楷木雕刻艺术逐渐形成了自己特有的艺术风格———古朴简约、雕刻精细、形神兼备。

民间艺术是劳动人民在长期的生产实践中创造的，不同的地理环境、民间文化影响着当地的民间艺术，曲阜楷木雕刻亦是，绝大多数曲阜楷木雕刻的装饰图案和纹样就极具自身的特点。在曲阜楷木雕刻中，采用了许多具有吉祥寓意的图案和纹饰，例如龙、凤凰、鹿、蝙蝠、缠枝纹、祥云纹等，这些能够代表吉祥寓意的图案和纹饰充分体现了劳动人民对于生活的热爱以及寄予生活的美好愿望。

三、曲阜楷木雕刻代表人物

颜景新，男，1935 年 6 月出生于山东曲阜，字慕蘧，号楷饕。他出生于楷雕世家，幼承庭训，酷爱雕刻艺术，曲阜颜氏楷木雕刻第五代嫡传人，山东省工艺美术大师，国家级非物质文化遗产项目传承人，是曲阜颜氏楷雕重要传承者，也是曲阜楷雕工艺的重要代表人物之一。

颜氏楷雕起源于清朝咸丰年间。颜景新的高祖颜士仁是清咸丰年间曲阜楷雕四家之一，著名楷雕艺人。其曾祖颜锡忠在清光绪年间为宫廷、孔府、孔庙雕刻大型木雕和贡品，以工精气韵入神见长。光绪十七年，慈禧太后寿辰，山东巡抚张曜命其作寿杖一支、如意二支，以作寿仪。太后见之，称为绝技，大加赞赏。其祖父颜振轩是颜氏楷雕第三代传人，也是颜景新的第一位师傅。由于父亲早逝，他 11 岁就随其祖父学习楷雕艺术。

颜景新在继承传统的同时，努力把西洋美术和楷雕艺术相结合，融会贯通，推陈出新。取书法、绘画、篆刻等门类艺术与楷雕传统艺术融为一体，在长期的实践和探索中逐渐形成了自己独特的艺术风格。在精通传统工艺技法如意、楷杖的同时，还雕刻了许多栩栩如生的楷木圆雕人物作品。楷木雕刻这一源远流长的艺术，在他手中得到继承、发展和创新。其作品多次在国内外参展并获奖，还被许多国际友人争相收藏。颜景新楷雕技法独树一帜,自成一体,他的作品生动而逼真,不达完美之境不罢休。他创作的"福、禄、寿三星如意",人物形象鲜活,神态各异,线条细如发丝纵横连贯而不中断,是曲阜楷雕艺术的珍品,曾作为国礼赠送给英国首相撒切尔夫人。

如今,颜景新老先生已经过了古稀之年,但是仍在思索、整理和总结曲阜楷雕艺术的源流和技艺传统,这是前人没有做过的事情,他要把这门艺术从自己手中传下去,发扬光大。

四、曲阜楷木雕刻发展进程

由于人民群众的审美观念、思维方式、信仰观念、价值观念,以及传统生活方式、文化与自然生态之间关系的改变,或者说传统民间文化生态环境的改变,民艺的生存延续必然受到影响和冲击。同样,曲阜楷木雕刻也同样受到了当今时代的各种各样的冲击。

随着时代的变迁,曲阜引以为豪的曲阜手工艺品厂,也因为经济的发展和国家政策的改变而关闭生产。环境的改变使得对曲阜楷木雕感兴趣的人越来越少,同时,市场上也出现了很多机器雕,机器雕与手工雕并存是曲阜木雕市场的现状。机器雕刻出来的作品虽说精美无瑕,但就是因为这样完美无缺而使得整件作品缺少了艺术品的那种"民间味"。民间工艺者应意识到这些问题,因此,潜心钻研,将学院雕刻技巧和民间工艺韵味精心糅合,形成全新的艺术风格,才是当下该做的。同时也要吸收各种类型雕刻的精华,使得刀法越来越细腻、审美愈来愈高尚,作品的"民间味"也愈来愈浓厚,不断丰富和提高在木雕技艺上的艺术修养。

曲阜楷木雕刻在整座城市的大街小巷十分常见,虽然经历了时代的变迁,但是那里仍然不缺少像颜先生这样具有匠人精神的手艺人。只是随着现代生活的大规模入侵，曲阜楷木雕刻工艺不像古时候那样耀眼夺目了。在国家经济稳中有进的情况下，人们的视野与政府部门的政策应该转移到传统文化的保护与传承上面来。在中国，对于传统工艺的保护与研究已经迫在眉睫，这也应是我们新时代新青年努力学习和工作的目标。

参考文献：

[1]高飞.曲阜楷木雕刻艺术及其发展探析[J].大观（论坛）,2021(05):7-8.

[2]苏晓宇.曲阜楷木雕刻艺术及其美学寓意研究[J].美术大观,2018(06):68-69.

[3]洪毅.曲阜楷雕工艺的发展现状探究[J].大众文艺,2012(14):177-178.

泰安·泰山皮影戏

一、泰山皮影戏的简介

皮影作为中国民间古老而又颇具特色的一种民间戏曲艺术，将一些关于民间的传说故事形象化地展现在民众面前。魏立群在《中国皮影艺术史》中提到"中国影戏就是以黄河文化为母体而产生，并与各地域文化相融合而发展的"。从中我们不难发现皮影是伴随着中国文化的不断进化而产生发展的，并逐步演变为颇具地方特色的表现形式。民间皮影形成于古代黄河流域的中原地区，北宋时期的汴京不仅成为中国皮影戏最为繁盛的地区，还是各地皮影戏广为流传的发端地区。北宋末年战乱横行、百姓流离失所，一些艺人为躲避战乱自愿或被迫地向全国各地分散，这使得皮影流派分散为三大流派：一是由华北、东北为主的北方流派；二是陕西、甘肃一带的西部流派；三是包括山东、湖北、湖南在内的中南部流派。它们都是以中原为中心呈散射状分布传播的，在发展过程中与当地的方言、戏曲以及民俗文化紧密相连，最终形成了各自的区域性特征。

泰山皮影戏是山东皮影戏的重要代表之一，从明代开始，其表演活动就非常频繁。清末民初至今，已有六代人传承了这一优秀的民间艺术。泰山皮影戏声腔种类丰富，它不仅继承了早期山东皮影的"摩调"，还广泛吸收泰安当地流行的其他民间戏曲唱腔，形成了独具特色的声腔体系。泰山皮影戏的人物形象造型多借鉴泰山民间剪纸和传统戏曲脸谱，逐步形成了带有鲜明地域特点的脸谱系列。泰山皮影戏属典型的口传民间艺术，演出没有剧本，演员完全靠记忆表演发挥。演出剧目极为丰富，尤以《泰山石敢当》系列剧最为著名。

泰山皮影艺人在传承中保留了传统的皮影雕刻、表演技艺和口传剧本，并在此基础上加以创新和发展，如著名表演艺人范正安广泛吸收西河大鼓、山东四板书、十不闲等表演技艺，独创出一种能够同时操纵、演唱和伴奏的皮影戏表演技艺，成为当今中国皮影戏的一绝。泰山皮影戏是泰山文化的重要组成部分，它融泰安民间美术、音乐、戏曲为一体，在民俗及地方历史文化等的研究中具有重要的参考价值。

二、泰山皮影戏的艺术特征

中国皮影的表演方式类型繁多，但一般都需要多人进行合作演出，皮影界流传"七紧、八松、九消停"的谚语，意思是在表演皮影戏时，通常需要八个人通力合作，如果是七个人的话整个后台就比较紧张了，如果有九个人的话，那就有人闲着。相比较其他皮影戏而言，西部皮影以雕刻见长，北部皮影拥有最美的唱腔，东部皮影，也就是泰山皮影戏的表演方式最为独特。

皮影戏的古老绝活——"十不闲"，就是说"一个人得全身忙，脚上的乐器有八样，手里有皮影，再加上唱，加起来是十样，所以叫'十不闲'"。一个人身兼数职独自完成一整台戏的演出，这就需要表演者有相当深厚的表演功底。"十不闲"有1700多年的历史，据文化和旅游部统计，目前这项绝技在中国只有泰山皮影的第6代传承人范正安先生一人完整地继承和保留下来。泰山皮影戏在演出中对于唱念和伴奏乐器方面也是不同于其他表演艺术形式的。"其唱主要是以'鼓吹戏'、山东琴书为主，伴奏乐器以河西大鼓为主。"独具特色的唱念与伴奏形式也为泰山皮影戏带来了独特的魅力。泰山皮影戏充分体现了其作为山东地方小剧种的审美特征,"色彩大红大绿、表演自由灵活、伴奏大敲大打"。

（一）造型装饰

皮影从造型风格上来看,也分为了北部、西部和中南部三个区域。泰山皮影属于山东皮影的一种,造型装饰方面也具有中南部皮影流派的特点。泰山皮影以驴皮作为主要的制作材料,特别是"山东黑驴皮",一般是选用四至六岁的母驴皮,如果没有的话也会使用两岁左右的黄牛牛皮。它们的优点是韧性强、结实且透光性好。经过处理的驴皮,若是比较薄,一般就手绘造型再进行上色,绘制的花纹较为繁琐复杂,主要用于欣赏。而较厚的皮子则采用平面雕刻的方式进行制作,期间用镂线分色,再进行平涂分填,经过多次烘染、联结装竿后,再进行试演整调以达到最佳的效果。这种较厚皮子雕刻出的影人一般造型质朴简单,常用于表演中的舞动打斗,与观赏性的制品形成了鲜明的对比。

皮影人物造型遵循"五分头,七分相"的统一特征,将正侧面的头部与半侧面的身子接合,是民间追求全面、整体的表现。而且在皮影制作中对眼睛的刻画十分重视,艺人们认为眼眉平稳者象征忠厚勇敢；圆眼睛、豹子眼代表性格暴躁凶狠,等等,以此来反映人物的性格特征。如石敢当的眼眉就是平的,圆眼睛则一般代表了妖鬼的角色。此外,泰山皮影不同之处还在于对面部的刻画倾向写实,贴近生活,便于观赏者理解接受。

（二）唱腔取材

无论是唱腔还是取材,泰山皮影都扎根于山东的地方戏剧特色和泰山传统的民间传说故事等素材。从唱腔来看,泰山皮影在其中融合了山东琴书、大鼓以及坠子等特点,并根据各色人物特点来对应不同的唱腔曲调。同时在念白中结合泰安的特色方言,这种口语化的表达往往在"赶庙会"时更能吸引民众,更贴近生活,更通俗易懂。

它的剧目内容多取材于关于泰山的一些传说和民间故事。"哪吒的枪,二郎神的狗,铁扇公主出场扭,猪八戒舞动大铁耙,孙悟空不停地翻筋斗"这几句打油诗可以说是对山东民间皮影戏取材的总括。《西游记》《封神演义》是山东皮影常见的演出内容，但与其他地区不同的是，泰山皮影的压轴曲目是依托于泰山文化下相关的故事传说，尤其是石敢当系列更是重中之重，如《石敢当龙角山除狼》《石敢当奈河避邪》《石敢当王庄装媳妇》等。这些继承并发扬改良后的剧目成为诉说泰山民俗文化的最佳载体。

（三）表演传承

泰山皮影戏的演出形式与其他地区是一样的，都是演员在影幕后操作影人，加之灯光、音乐等的配合进行表演。泰山皮影所用的影人一般高33厘米左右，体型大胆夸张，栩栩如生，而且衣着行当与戏曲人物相似，形象逼真。泰山皮影不同于其他皮影的就是"十不闲"绝活，这种技艺把操作、说唱和伴奏集于一体，是皮影表演中一种独特的绝活，是泰山皮影的典型特点。这种所谓"十不闲"指的是在表演皮影戏的过程中，一个人在同一时间段内调动全身，即脚上伴奏、手里操作皮影、口中演唱表演，独自完成一场戏的表演，这种表演方式对表演者的功底有着严格的要求。这种表演形式突破了以往传统的方式，并且经过范正安先生的继承改良后，成为泰山皮影最重要的特征。

泰山皮影发展到现在，经过范正安先生的不断创新改良，同样结合了现代人的口味，取材也更加多样化，像将一些明星偶像制作成皮影加上泰安方言进行表演。不仅如此，针对每个时间段也会推出不同的表演剧目，如儿童节，泰山皮影馆就推出了儿童专场，将《武松打虎新传》《蛙鹤龟》等经典剧目中的内容、造型改编为易于让孩子理解接受的新形象，受到了很多家长和孩子的喜爱。此外一些学校也将泰山皮影列为选修课，通过向学生普及的方式进行宣传。

（四）民俗文化特色

皮影作为中国民俗文化中重要的组成部分，充分结合了当地的社会背景、市井娱乐，在岁时节令、庙会市集等民间文化聚合之处依凭自身的独特魅力占据着难以替代的地位。泰山的民俗文化是泰山人口头、行为以及观念的反映。泰山皮影的题材，主要就是来自泰山的文化，如有关泰山的宗教、民俗、名人、文学创作等，而其中最主要的当属泰山的民俗文化，这样的题材往往贴近民众的生活，对泰山皮影的进一步发展起到了一定的促进作用。

此外，泰山的香社活动、石敢当信仰，还有封禅大典等丰富的活动内容，也为泰山皮影的发展提供了传播途径，艺人们制作了大量以泰山众多神话故事为主的表演节目并流传至今，成为弘扬当地民间传统文化的表现形式之一。泰山皮影所演唱的剧目一般是没有剧本的，全靠大脑的储存记忆、艺人口传心授或言传身教的方式进行传承，所以表演者一般会有储备唱词的训练以及即兴发挥的表演风格。唱腔念白也会根据人物的特征与所处环境进行单独设计，加之融入当地的方言俚语，力图完美展现每个人物性格形象的同时，拉近与民众间的距离。

泰山皮影与当地传统民俗活动融合得十分紧密，过去表演者流动性强，会在各地进行表演，而现在主要是在馆内进行。一般只在春节前后、农历的三月初三、九月初九这些时间段在庙会内进行表演，直到"赶庙会"结束。在其他岁时节令中也常会去娘娘庙、斗母宫、王母池进行表演，用生动的影人向民众诉说关于泰山的民俗文化。此外，每到大年三十，艺人会将影人供奉在桌上，上香进贡，以求得神灵的庇佑。

三、泰山皮影戏的传承与发展

伴随着社会的发展，目前皮影戏在剧目题材方面和舞台呈现方面有着创新之处。在演出中，不仅有《蛙鹤龟》《石敢当大战饿狼精》等传统经典剧目的表演，也有结合当下创作的新剧目，例如《时间都去哪了》《海草舞》等。这些对于吸引观众起到了良好的作用。但这些新创作的剧目往往传承性不高，剧目经常被束之高阁，仅仅流于表面。同时，随着各种新媒体技术的飞速发展，皮影戏有些固定的表现形式已经有些落后和单调，所以舞台呈现的创新也非常重要。

目前泰山皮影戏的演出场所还是小剧场模式，也可以借鉴现代舞台的布景技术，为皮影戏表演设置丰富的演出背景和演出语境，以此丰富皮影艺术的表现手段。在皮影戏演出中，可以将动画、数字舞台美术等多媒体技术运用于皮影戏舞台的表演中，以多媒体技术拓展泰山皮影戏表现内容的深度和广度；也可以将现代的舞台、音响、舞美、灯光、特技等先进技术和皮影戏演出相结合，将新的时尚元素融入传统皮影戏，使其视听效果更具有感染力，更能吸引现代观众。总之，要把泰山皮影戏表演剧目与表演形式进行创新发展，增强其观赏性与生活气息。在立足实际的条件下，进一步跟上时代的脚步。

目前，泰山皮影戏在传承人上面临着传承后继乏力的问题。这不仅仅是泰山皮影戏存在的问题，也是当下传统文化的通病——都面临着传承无人的尴尬处境。在泰山皮影戏之前的发展历程中，一直遵循着口耳相传的形式，在老艺人去世后，失传了很多技艺和经典剧目，本不充实的剧目变得更加单调和僵化，这对泰山皮影戏的传承造成重大冲击。虽然现在也有年轻人去学习，想要传承，但皮影戏的练就并不在一朝一夕，很多年轻人求利心切，便不会完全投入，经常是半途而废。而且皮影戏并不像有的表演艺术，有从小培养学习的学校，皮影戏的学生往往是"半路出家"，也就更加容易放弃。所以，人才培养模式的转变是泰山皮影戏在传承中亟须解决的问题。针对这一问题，一方面，可以通过现代科技手段的介入优化这一传承模式，让专家、学者与传承人进行面对面交流，了解以后对其进行专业的整理，给予皮影艺人理论性的指导，引导皮影艺人能够使理论和实践相结合，将皮影戏的演出形式和技巧提升到一定的专业高度。另一方面，仅有的传承人要做好师徒传承这一过程，敢于倾囊传授，鼓励人才发展，另外要保证团队人员充足，使人员具有高素质，使其队伍不断发展壮大。

得益于各级政府的高度重视和社会各界的密切关注，泰山皮影戏在 2006 年被列入山东省非物质文化遗产名录，2007 年被列入国家非物质文化遗产名录。近年来，泰山皮影也应邀参加了各级政府和机构组织的许多演出。2007 年参加了由省委宣传部组织、省社科联承办的"齐鲁文化论坛"。2007年6月参加了由国家世纪坛举办的"中国非物质文化遗产成果展",相关人员还受到国家领导人的亲切接见。2007年9月,在庆祝新中国成立58周年和党的十七大胜利召开之际,泰山皮影戏在国家大剧院为十七大代表汇报演出,取得了良好的效果,受到与会人员的一致好评。为了增进海峡两岸的文化交流,泰山皮影戏也参加了2009年10月在省社科联组织的"齐鲁文化进台湾"活动,以及2009年11月由国家文化部组织的"海峡两岸第一届文化交流"活动,对两岸的文化发展起到了良好的推动作用,进一步增进了两岸人民的感情。2010年,泰山皮影戏作为中华文明的艺术瑰宝被邀请到上海世博会进行演出,在国际舞台上展现了中华文明的独特魅力,受到了社会各界的一致好评。此外,泰山皮影还参加了各级部门的公益性宣传活动、对外交流活动等。

从2007年10月开始,泰山皮影陆续走进校园。范正安应邀先后到北京大学、清华大学、河北师范大学、鲁东大学、青岛海洋大学、聊城大学、中国石油大学、山东科技大学、山东农业大学等几十所高等院校展示演出,弘扬了民族文化,普及了民间艺术,受到广大群众和师生的热烈欢迎和高度评价。

在自身发展的同时,泰山皮影也积极关注社会公益事业,关爱弱势群体,使其也能加入到发展我国非物质文化遗产的道路上去,如免费组织福利院的孩子和敬老院的老人到剧场观看演出,每逢节假日还组织演职人员赴养老院、福利院为孤寡老人和孤儿们进行慰问演出,极大地丰富了孤寡老人和孩子们的业务生活,取得了良好的社会效益。

参考文献:

[1]宗民.新时代背景下泰山皮影戏的传承发展[J].人文天下,2020:43-46.

[2]徐妍婕.泰山皮影戏艺术研究[D].天津音乐学院,2015.

[3]张逸凡.泰山皮影的艺术特色及文化内涵[J].中国民族博览,2016(10):

26-27.

［4］朱振华.城市语境中的泰山皮影戏研究［D］.山东艺术学院，2011.

［5］周丽君.探究泰山皮影戏的艺术特征［D］.曲阜师范大学，2015.

［6］孟晓慧.浅论泰山皮影戏的生存现状及发展策略［J］.人文天下，2015（24）：49-52.

威海·威海锡镶技艺

威海锡镶是英国租借威海时期肇始于民间的传统工艺，已有一百多年的历史。它是将锡纹样镶嵌在紫砂壶或陶瓷器皿表面的装饰艺术形态，纹样生动，极富有变化，形式种类多样，具有独特的艺术魅力。在20世纪80年代曾获得工艺美术百花奖等殊荣，是地方性传统民间艺术文化传承的载体。锡镶珍贵之处不仅仅在于其物态，"而是'物'后面所承载的历史记忆及中国文化的精神"。2008年12月，锡镶制作工艺被列为威海市非物质文化遗产名录。

一、威海锡镶工艺历史渊源

甲午战争后，英国决定租借威海卫和香港新界。1898年7月1日，中英《租威海卫专条》在北京签字。英国租后将其变成在远东的疗养度假基地，来威海的驻华外交使节及外籍客商和游客的增多，使旅游业得到发展，也推动了旅游工艺品的产生和发展。镶有中国吉祥图案、具有典型民族特色的锡镶工艺品受到外籍人士的欢迎，威海锡镶业在那个特殊的时期达到了鼎盛状态。早在"17世纪下半叶起，英国人就试图自行生产瓷器，但因为不懂技术和缺乏适用的材料，生产出来的东西不像瓷器，倒像中国的宜兴紫砂陶。18世纪欧洲又经历了中国热，由于欧洲人仿制的瓷器长期达不到中国瓷器的质量，所以来自中国的瓷器被视为珍品，许多人用贵金属为中国瓷器镶边，一则使之更显珍贵，同时也有防止因磕碰而损坏的作用"。而锡镶的艺术形态中包镶上下口也是与其不谋而合的。所以英国商人到威海后对中国陶瓷格外青睐,当看到了"和成"锡铺里带锡嘴的旧紫砂茶壶后十分中意。

英国经历过不同风格的艺术运动,他们看到两种不同质地的材料异质同构之后,感觉既别致又实用,还可以观赏,于是要求批量购买。此后,"和成"锡铺开始批量生产镶锡壶嘴的紫砂茶壶,产品供不应求。锡镶工艺还广泛吸收和借鉴了当地的剪纸、管笭、鲁绣、面模、面塑等其他民间工艺手法和装饰特点,镶嵌的部位从最初的紫砂壶嘴逐步向壶身发展,并出现了龙凤、文字等中国吉祥图案。锡镶产生后的流变是从壶嘴开始到壶身的,之后又扩展到其他日常生活用品,紫砂茶杯、糖罐、花瓶、咖啡壶、茶叶罐、牛奶壶、烟灰罐等。同时锡镶工艺也逐步成熟,形成了冶锡浇板、雕琢铸制、锻打錾镂、焊接嵌头、打磨抛光等一整套独特的制作工艺。

二、威海锡镶工艺流程

1. 制作锡镶模具所用特殊石材

锡镶的纹样要在石头上开凿模具浇铸后镶嵌,因此石材选择十分考究。手工雕凿首先要考虑其质地,其次要了解它的耐高温程度。如果用耐不住高温的石头,浇几次就会开裂。老艺人们反复实验后,最终选择河北易县台坛村出产的"易石"做模具。它属于砚石类型石材,呈紫灰色,是专门做砚台用的。这类石材既耐高温,多次浇铸又不易开裂,质地比较细腻,便于手工刻凿各种图案纹样,并且使图案层次相当丰富。特别是半浮雕的纹样细腻而逼真,与这种石材的特殊质地密不可分。

2. 锡镶工艺制作工具及材料

铸铁坩埚主要用于冶炼熔化锡锭,烙铁是连接焊点的工具,松香是连接固定剂，滑石粉和肥皂水是浇铸图案后方便脱模用的。"錾子"，錾花专业工具，老艺人们都称"手工打花"，包括各种型号的小钻和小锤；锉刀，是锉平锡表面和打薄、打毛刺专用工具；"木泽草"，业内俗称"药草"，专用于抛光；鹿皮和棉布是锡镶最后抛光必不可少的。上等的纯白锡锭（业内称"响锡"）是制作锡镶纹样的主要材料——锡较软，具有良好的展性，不易断裂，易于塑形。

三、威海锡镶工艺制作技法

（一）浇板

取两块平整的石板，分别糊六七层土制的米黄色水纸或宣纸，将有纸面的相对，中间根据所浇锡板的形状，计算好留缝的厚度后，将下面的石板四周用细麻绳围起。锡板的厚薄就是用麻绳的粗细来控制的。把两块板上下错开后将熔化好的锡液均匀倒入板内，迅速压下另一块石板，冷却后便形成了薄锡片。开板后去除麻绳，取出所浇的薄锡片。这道工序中冶炼锡的温度要高，熔到锡液发亮时要去除浮在锡液上层的杂质才能浇。最关键的是速度，"必须一勺成""一倒马上压"（谷祖威语）。精确计算所要镶嵌器皿的周长、高度及口、盖、底的精确尺寸后开薄锡片，此道工序业内俗称"上下口"。

（二）开凿模具

在优质"易石"上按照最好的尺寸以及要镶嵌的图形、纹样拷贝后，再以浅浮雕的形式开凿纹样外形的阴模，一般分为平模和半浮雕模。平模比较好开凿，只开凿出其纹样的外形即可；而半浮雕模则要用专业刻刀细致刻画，而且还要有层次和细节。开凿时要特别注意留好纹样和焊接点的"出头"。雕琢的纹样大都为中国吉祥图案，"吉祥图案是明清以来最为流行的一类图案，所占比重极大"。锡镶纹样中的吉祥图案主要运用象征、寓意、谐音、表号、文字等艺术表现手法，如表现长寿幸福的"松鹤延年"及"五福捧寿"，表现谦和的"二龙戏珠"，表现吉祥的"龙凤呈祥",反映胶东道教文化的"八仙过海",直接用文字表意的福、禄、寿、禧等多种图案。

(三)浇铸图案粗坯

将白锡锭放入特制铸铁锅内进行高温冶炼,由于锡的熔点较低,一般都用煤火炉。把熔化好的锡液用细铁纱网滤去杂质,同时在平凿好的模具内刷一层肥皂水或滑石粉以便于脱模。将熔化好的锡液均匀倒入模具内,冷却后铸成图案外形粗坯,等完全凉透后再开模取出图案粗坯。如太厚要用锉刀将其锉薄,纹样边角有毛刺的要打平。早期镶制的图案较多表现为龙的纹饰,清末,龙的形象基本完善,龙成为中华民族的象征。1888年到1912年的中国国旗是慈禧太后选定使用的黄龙旗,这最初是北洋水师的军旗,"黄底蓝龙戏红珠图"的海军旗在威海早已深入人心,后又成为大清国旗。这也使龙的形象有了更重要的地位,锡镶在运用图案时也将其放在首要的位置,以至后来在锡镶工艺的工序上也形成了"倒龙""錾龙""镶龙"等行内语言。"倒龙"也就是指浇铸这道工序。

(四)锻打与錾镂

把粗坯从模具内倒出来,按照要镶嵌的形状(一般是口、颈、底座等细致部位)进行锻打和锉平。主体的图形纹样则要进行手工镂雕,业内也称"手工打花",经手工錾凿、削钻、锉磨等工艺,加工成纹样细坯。用专用錾子打上龙角、龙须、龙鳞等纹线,业内称之为"錾龙"或"跑龙"。这一环节至关重要,线纹打的深浅、粗细都直接影响到龙的外观效果。之后要用铜丝或铜片嵌上龙眼,这道工序是纹样生动性的体现,要把细铜丝用长钳子夹住放入熔化锡料的煤炉火里烧红,拿出后对准纹样的龙眼嵌入,烧红的铜丝会牢牢嵌入锡中。等冷却后用小钳子夹断,用锉刀再打磨平,至此嵌龙眼的工序就已基本完成。只有经过这道细致的工序之后锡龙图案才能给人以活灵活现的感觉。

(五)焊接嵌头工艺

锡镶讲究部位合理、锡片厚度适中、造型比例协调、图案美观、主次分明。

这道工序记录以锡镶传统工艺紫砂壶为例。"镶龙"是焊接嵌头工艺中最为关键的一道，它是在龙的周围配合以双钱纹、祥云纹、盘长纹以及福、禄、寿、禧字等民间吉祥图案。把龙纹样的锡片与其他加工好的锡纹样细坯，用熬化的松香固定在所要镶嵌器皿的表面，然后进行连点焊接。将留好的焊点"出头"对应好，用焊枪点上连接点，点时要迅速，稍慢就会破坏主体图案。经过精心的点焊接，使主体龙纹锡片与上下口衔接，附着于器皿的表面。据谷祖威老艺人讲，从宜兴订购紫砂壶的时候是点名不要壶嘴的（威海壶），通常是以浇铸成型的壶嘴镶于壶体，用燃着的粗香点水银焊接，业内称为"大焊"。焊接好的锡纹样与壶身浑然一体，镶制初步完成。几道工序下来，基本的锡镶已成型，接下来是打磨、抛光等工艺流程，最后的精抛上光则是锡镶品质的关键。

（六）打磨抛光工艺

业内俗称"三分做，七分磨"，进行打磨也称半精抛光，首先修去锡镶表面凹凸不平的地方，打磨的时候传统工艺用一种纤维粗糙的"木泽草"进行打磨。把"木泽草"切成段放入锅内，加热水煮片刻，冷却后洗干净杂质，再用草细擦，反复打磨锡纹样表面，除去锡器表面的焊迹和锤痕。最后用鹿皮和棉布进行反复抛光，直到锡镶表面平整柔滑，光可鉴人。抛光工艺在加工时要选一个清洁的室内进行，防止灰尘或其他杂质损伤纹样的抛光表面。反复三次精抛光后，锡镶作品才算完成。

四、威海锡镶工艺发展传承

威海卫先后有和成、新和成、合盛、同庆顺、宜信昌等几个厂家生产锡镶产品，其中最大的一家是同庆顺。"同庆顺"号开设于1920年，是民族实业家、中国钟表制造工业创始人李东山投资开设的，由其弟弟李西川掌柜经营，是专门制作锡镶茶具和工艺品的作坊，其产品工艺精湛，华丽美观，兴旺时有二百多工人，在锡镶行业内具有代表性。而威谷疃村谷宝和的"和成"号却比"同庆顺"更早，锡镶产品更丰富，技术更成熟。"和成"号后来又分出了"新和成"，分别以英文"horchung"和"newhorchung"作为英文印款，两家锡镶特征有所区别，镶制技术却难分你我。"和成"号早年在壶体包镶文字和荷花，后逐渐转向镶龙，在设计构思和技艺上逐渐完善，最终形成了固定的模式，从而引导了整个行业。值得一提的是，从1914年"和成"号的产品广告中，已经可以看到比较系统的商品营销体系，并形成了锡镶产品推广文字和商标图样。"和成"号的商标是一只站在枝头上的小鸟，周边为英文字样，图案设计简洁，形象单纯，用易识别的形象logo推广了自己的品牌文化。

锡镶从最初只限于镶制茶壶，扩展到成套的茶具、花瓶、看盘、茶叶罐、酒具、调料盒等，品种繁多，成为威海成熟的手工行业，出现了诸多的锡镶字号，除上文提到的"和成""新和成""同庆顺""合盛"等，还可以看到"德玉""文华顺""公益""日新昌""仁义士制""威海卫造""东山厂造""威海卫泰利锡店"等款识。不少作坊还为外地客商定做，如上海的时评洋行，烟台、济南、东北地区等地的商号均有外销产品或者行业纪念的定制品。锡镶在二十世纪二三十年代达到了鼎盛时期，颓废于解放前，此时期与其他行业一样面临倒闭的境地，后来这门民间工艺又被当成"破四旧"的对象，到20世纪70年代末，锡镶业已经绝迹，消失在威海这片土地。

以新老和成两家作坊为代表，当时生产的茶具主要有两种：五件一套和七件一套的。五件的有茶壶、奶罐、糖罐、白水罐和清水碗，可卖大洋十五元左右；七件一套的是在五件的基础上增加咖啡壶和木盘子，这样一套可卖大洋二十二元到二十五元。以当时的生产力，一年可以销售400套左右五件套，当时在威海的英国人都直接去店里购买，也有送到驻扎在威海湾内英国军舰上售卖的。

五、威海锡镶民族文化寓意

锡镶纹饰是威海当地民俗文化的载体，以象征、比拟、寓意、隐喻、谐音等组合成语意来表达和寄托思想。清代晚期，外强入侵，国势衰弱，社会动荡，民众愈加向往安详幸福和富裕如意的生活，因而表现招财进宝、五谷丰登、吉祥长寿等的题材流行于市。

（一）象征

锡镶纹饰都是从认识论的角度上来表达某个特定的思想寄托。其本身可能与要表达和寄托的思想、情感没有本质上的关联性，但是从思考问题的视角对特定的事物进行主观描述，使二者的逻辑起点产生关联，则可表达出象征的语意。在民族历史变迁的洪流中，龙纹集合了多种动物的状貌。由于民俗文化的作用，在认识问题共通的逻辑前提之下，一提到龙的形象，人们总会想到"中国"。其实这就是象征意义的最大作用。鹿纹和龟背纹经常用作锡镶底纹。在花类锡镶纹饰中，兰花是品德与君子的象征，月季花则象征美好和四季幸福，百合花象征纯净高贵和百年好合。葫芦谐音"福禄"，表达了人们对家境殷实、生活富裕、家族兴旺的精神寄托。

（二）比拟

比拟是以人格化的特征赋予神话或自然界中的动植物，从而表达某种愿望。如《诗经·卫风》中有"绿竹猗猗""绿竹青青""绿竹如箦"等句，将竹比拟为有才华的君子。又如"马上封侯"，以马和背上的猴子组合来表达马上就可以升官晋爵，以此比拟事业的发展兴旺。梅分五瓣拟五福。梅花在寒冷的季节开花，又能老干发新芽，故古人以此比拟不老不衰。在人们的认知中，鸳鸯的生活习性总是成双成对的，故常以鸳鸯比拟婚姻美好、夫妻不离不弃等。

（三）寓意

寓意是指从本体出发，托物寄意，由此及彼、由表及里地深入挖掘并展开联想、想象，揭示事物的本质特征。如鸳鸯纹饰的物品是威海婚俗中之必备，寄托着对新人的美好祝福。锡镶纹饰的这些寓意具有典型的中华民族传统民间文化特征。随着威海锡镶产品的出口，这些锡镶纹饰便作为一种文化符号，被世界各国人民所感知和欣赏。

（四）隐喻

在中国的文明进程中，民俗文化的涓涓细流汇成了工艺的长河。人们认识事物的心智和路径也不断提升、增多，不能直接表达的意思就寄托于其他事物来隐喻或暗指。在威海锡镶纹饰中，隐喻性表现手法的使用非常普遍，"经常把一茎青莲与两只鹭鸶的组合纹饰称之为'路路青莲'，暗指和隐喻其'为官清正廉明'；白头鸟则隐喻婚姻美好白头到老；喜鹊站在枝头或登上梅梢隐喻人逢喜事；等等，隐喻大都是借物以表达心目中的意象"。

（五）谐音

谐音的表现方法也是威海锡镶纹饰中经常出现的。这与当地人们喜欢在生活中用一些本地方言读音来替代汉字，表达一定祝福的习俗有关。比如，"福台"是指家里的烟囱和灶台，威海话读音"富的"——其内在逻辑为烧火冒烟的地方是人丁兴旺的地方，也是富裕的地方。所以在当地的民俗里，人们会在"福台"上张贴一些吉祥的图案，而这些图案又被锡镶工艺所吸收。再如托盘的锡镶纹饰中常见蝙蝠造型，因"蝠"和"福"谐音，故有"托福"之意。而一只蝙蝠意为"有福在前"，马与蝙蝠意为"马上有福"，多只蝙蝠圈纹意为"洪福齐天"，都是利用"蝠"与"福"谐音，寓意吉祥福气之意。

历经百余年历史变迁，威海的锡镶工艺形成了独特的形式。这也是传统锡镶工艺与其他类型的美术品相互借鉴和融合而产生的一种形式。其内容与形式均代表着当地的民俗文化，体现了当地的工艺文化取向。威海锡镶纹饰的价值不仅仅在于它所表达的寓意，更在于它所承载的历史文脉。

参考文献：

[1]马赞，张超，王小明.非遗生产性保护视域下威海锡镶工艺的文创设计实践[J].设计，2022，35（05）：21-23.

[2]耿孝臣.浅析威海锡镶工艺[J].苏州大学学报（工科版），2009，29（05）：113-115.

[3]耿孝臣.山东威海锡镶艺术研究[D].苏州大学，2010.

[4]张晨，张凌琪.威海传统锡镶技术独特性艺术语言的保护[J].美术文献，2020（02）：149-150.

[5]刘巍峰.威海锡镶：陶瓷上的百年技艺[J].陶瓷研究，2021，36（02）：35-38.

日照·莒县过门笺

过门笺是节庆时令门楣的吉祥装饰物。根据古时文献记载，学界通常认为过门笺是由古代的幡胜演变而来——"过门笺状如小幡，纹饰类如人胜"。早在汉晋时期，人们就有立春之日用幡表达迎春勤耕的期望。唐宋时期，人们在除夕将幡悬于门前，用作岁时纳吉之物。明清时期，幡演变为过门笺，与现有式样相差无几，并一直延续至今。千百年来，过门笺始终诠释着"避灾驱邪，纳福求祥"的内涵，也载满了"迎春除旧，祝福寓吉"的美好愿望。山东多有"贴对联、挂门笺"的春节习俗，爆竹声中，五彩缤纷的过门笺与春联、年画交相辉映，与万物凋零、色彩单调的自然环境和肃杀凛冽的冬日景象形成强烈对比，是一种巧妙、大胆、热烈的装饰设计。

一、历史渊源

莒县位于山东省日照市西北部，是与"齐文化""鲁文化"并称为齐鲁三大文化之一的"莒文化"的主要发祥地，当地也是农耕经济与海洋经济交织并行的古老土地。地域的独特特征使这片土地上孕育着底蕴丰厚、特色鲜明的文化生态。从民俗的角度看，"要了解民间剪纸首先要了解民间活动的现场，才能把握民间剪纸的生命所在，不然也就只能隔岸观火，看到的最多不过是耀眼的光亮"。因此，结合当地的地域特征和风土人情，才能真正探索过门笺的装饰特征和艺术特色。

从历史溯源看,莒县张贴过门笺的风俗最晚可追溯至明代。春节期间张贴过门笺的风俗遍布莒县全境,家家户户遵循,且代代相传,这一习俗在史志中无文字资料记载,但康熙十三年重修朝元宫时的壁画中即有贴过门笺的民舍画面。莒城西南隅原有一湖,名曰"漏卮湖"。朝元宫位于漏卮湖东高阜上,虽创建年代不详,但明代就已有之。如果壁画为明代所绘,那么莒地贴过门笺的习俗最晚应于明代就已在民间盛行。

过门笺是民间百姓用来替代富贵人家张灯结彩习俗的物品。清代之前,过门笺的制作比较简单,一般由村中巧妇用彩纸剪制而成,多为简单的花样和穗头。民国时期,有能工巧匠打制各种刀具,设计出图案,刻成模版,用刀具和模版刻制出带有吉祥图案和吉祥语言的过门笺。

莒县当地的过门笺以刻为主要手法,以套色为主要形式,古拙而不失精巧。与鲁西南地区如郯城、莒南等地的过门笺相比,莒县过门笺更加素雅精致,又不失北方传统文化质朴率真的特点,具有深厚的文化内涵和鲜明的地域特色。

古时是在过年过节、嫁娶时可以张贴的,随着时代不断发展变化,现在多是在春节张贴。过门笺在我国有着悠久的历史和深厚的文化底蕴,具体起源时间已无从考证。关于过门笺起源的说法,民间流传有三种:第一种是与年兽有关,相传古时,莒地近海,每年春节时,年兽会上岸,危害四方,人们发现年兽害怕红色和响声,故家家户户贴红色对联,燃放鞭炮,敲锣打鼓,后来又发现贴在门框上的红色剪纸,随风摆动,让年兽更害怕。久而久之,红色剪纸演变的颜色、样式越来越丰富,也被赋予更多的吉祥的寓意。第二种与姜子牙有关,传说姜子牙的妻子背叛了他,为惩戒妻子,姜子牙封神后将妻子封为"穷神",且只能去富贵人家,不能去穷苦人家,所以人们为了躲避穷鬼,就把纸剪开挂在门上来阻止穷鬼进门,也就逐渐演变成了现在的过门笺。第三种是古代过年挂桃符辟邪,后来桃符变成了对联和过门笺。这些民间说法虽不足为信,但都传达着人们想通过过门笺祈福的意愿。

有研究者对史料进行研究，推论出过门笺源于古代的春幡。中国自古就是农业大国，向来重视节气，古话说"一年之计在于春"，开春更是一年农作的关键，为了祈福一年的秋收，所以迎春仪式甚是隆重。在《礼记·月令》中记载："先立春三日，太史谒之天子，曰：'某日立春，盛德在木。'天子乃斋。立春之日，天子亲率三公、九卿、诸侯、大夫，以迎春于东郊，还反，赏公卿、诸侯、大夫于朝。命相布德和令，行庆施惠，下及兆民。"《后汉书·礼仪志》记载："立春之日，夜漏未尽五刻，京师百官皆衣青衣，郡国县道官下至斗食令史皆服青帻，立青幡，施土牛耕人于门外，以示兆民，至立夏。"在《祭祀志》中："立春之日，皆青幡幢，迎春于东郭外。"有较多与迎春仪式和春幡相关的历史资料均可进行查证推论。正是有了这些资料的留存，证实着过门笺经历了朝代更替、文化融合和经济荣衰，不断地发展变化，仍世代相传。不仅传达着人们期盼丰收、追求幸福生活的寓意，也反映了原始时期古人宗教观念的根深蒂固。民俗艺术根源于原始的图腾艺术，图腾艺术是原始宗教的反映。故综上所述，过门笺是由古时迎春仪式中的春幡演变而来，古人祭祀、祈福、辟邪的这些活动演变成现在的民俗活动，归根结底都说明了与原始的宗教活动有关。

莒县过门笺独特风格的形成与其所处的地理环境和深厚的历史人文是密不可分的。莒县地处鲁东南，位于日照市西部，面积1821平方公里，1195个村，人口110万。莒县县城曾是春秋时期莒国都城所在地，是我国历史最悠久、山东省面积最大的古城，"毋忘在莒"的典故就出在这里。陵阳河遗址出土的原始陶文，比甲骨文早1500多年，是中国文字的始祖，莒文化与齐文化、鲁文化并称为山东三大文化。此外，还有齐长城遗址、状元林等景观，为莒文化研究提供了实物依据。几千年的深厚文化历史，使过门笺这一传统民俗能在莒地经历各种变化，在人们的生活中得以生根，世代相传，经久不衰。

二、莒县过门笺制作流程

莒县过门笺作为当地剪纸艺术的特色代表，2007 年被列入山东省非物质文化遗产名录，又相继在 2008 年、2012 年被列入国家级非物质文化遗产名录和联合国教科文组织的人类非物质文化遗产名录。过门笺的制作有两种方法，主要以刻为主，分为插制和凿制。工具是手艺人自己制作，刻具大小不同，少则数十把，多则几十把。目前手工制作过门笺的方法只能从非遗传承人手中看到，以往的过门笺手工制作的村镇几乎绝迹。以前手工制过门笺市场售卖良好，受机器加工冲击，依靠手工制作已经没办法支撑手艺人家庭的生活开支，且机器加工相比较手工而言，用时短，制作量大，价格低，更受市场青睐，而使得传统过门笺手艺人不得不放弃制作。

过门笺的制作流程中，凿制和插制都需要经过六个步骤，且两种工艺步骤大致相同，凿制流程：凿制模版→裁纸→打眼固定→凿制过门笺→拆除模版→整理组合；插制流程：插制模版→裁纸→打眼固定→插制过门笺→拆除模版→整理组合。但制作过门笺需要的工具和材料却不相同。过门笺工艺分单色过门笺和套色过门笺，凿制和插制是制作单色过门笺所用；套色过门笺工艺流程要复杂点，分为裁纸→制作边框→凿制图案文字→调换膛子→粘贴组合。莒县过门笺的手工制作工艺和流程，是劳动人民勤劳智慧的结晶，充分体现着劳动人民的艺术追求和精神素养，是民间美术的一种表现。

三、莒县过门笺造型特点

（一）题材的选取

明末清初，莒县过门笺是由简单的几何图案构成，无所谓题材。传统莒县过门笺的题材多为花卉、瓜果和鸟兽鱼虫，人物场景较为少见。图案的选择通常与表现的主题有直接关系，图案寓意也超出了图案本身具有的类别特征，蕴含着人们赋予的情感，秉承着"图必有意，意必吉祥"的原则，通过谐音、象征、比喻的手段，表达了人们对于生活的期盼和美好的愿望。如，刻画喜鹊与梅花喻示"喜上眉梢"；石榴象征"多子"；牡丹象征吉祥富贵；鹿与"禄"谐音，喻示钱财兴旺；等等。随着时代的发展，除了传统吉祥寓意的图案题材，莒县过门笺也融入了一些社会主题，是人们生活的真实写照。

（二）造型与结构

莒县过门笺整体上呈立式长方形结构，长宽比接近于黄金比率，以组合的形式出现，每套通常为五张、六张或八张，一套过门笺称为"一门"。故宫博物院藏清代大吉葫芦挂屏中刻画的五枚套色过门笺样式与现在的莒县过门笺相差无几，可知过门笺的基本样式至少从清朝时就已确定。

过门笺的结构主要由边框、膛子和穗子三部分组成。边框连接穗子和膛子，形成完整的外轮廓，平均下垂部分的拉力。边框分布于上、左、右三个位置，位于上方的边框有时会有单字装饰，或单字加简单图案装饰，呼应膛子部分的主题，但不会喧宾夺主，式样较为简单，并不会出现过于复杂的图案。

膛子作为过门笺的视觉中心，是重点刻画的部分。传统莒县过门笺的膛子分为两种类型：一种没有文字，整个膛子都使用适合的图案和纹样填充；另一种是以文字为主体，周围用花纹环绕。膛子的图案构图方式比较单纯，多采用近景，使用平视构图法，物体往往单个罗列，较少表现复杂的场景，构成元素简洁、概括，元素布局均衡、简练。膛子多为对称结构，左右相对对称，但不严格，具有平衡的美感。

穗子即过门笺下方的璎珞部分。传统莒县过门笺穗子部分常用三角牙子（锯齿形）作为装饰，或者阳刻出的五谷穗子纹连接膛子和牙子（锯齿形），少有烟台地区过门笺那样颀长的流苏。创作者根据农作物的形状，设计出独特的五谷穗子纹，是自古以来当地农耕文化长期沉淀形成的文化内涵的外现形式，作为莒县过门笺穗子部分常见的纹样，以此祈求来年风调雨顺。

（三）色彩搭配

过门笺的色彩体现出传统民间美术的一贯特征，也符合北方民间艺术的审美观念，与木版年画、农民画、泥玩具、彩织布工艺的设色方式基本一致。《帝京岁时纪胜》曰："挂钱辉五色。"《招远县志》提到过门笺是"五色纸为之者"。可知，过门笺采用五种不同的色彩是传统的设色方式，五色即"大红、绿、黄、粉红、蓝或紫"，色彩纯度高，明丽而不艳俗。蓝或紫为素色，通常会在家中有老人去世时单独使用。日常如果使用单色，会用大红色做成一套。莒县过门笺常同时使用蓝色、紫色、大红色、绿色、黄色和粉红，六色一套，取"六六大顺"之意。莒县民间艺人将粉色也归入红色范畴，六色一套的过门笺便成了真正的"五颜六色"。

六色过门笺是莒县常见的过门笺形式，而套色过门笺是较为独特的形式。莒县套色过门笺主要以换膛子的挖补门笺为主，少有用金银纸替换文字部分的铜衬料过门笺。换膛子是将用五色纸凿制而成的过门笺拆开，重新搭配组合中心的膛子图案，背后的连接部分用纸粘在一起，以便悬挂起来不会脱落。一般而言，绘画中的色彩是对客观物象色彩的模拟，而套色过门笺换膛子之后的色彩搭配没有固定的模式，美观即可。如，黄色的边框配上紫色的花与叶，红色的边框配上蓝色的底纹，等等。民间艺人有特定的配色口诀，如"红离了绿不显，紫离了黄不显"等，配色法则全然不受绘画技法中"随类赋彩"的影响。艺人在创作过程中用色彩表达内心的情感，色彩脱离了原始的自然色，成为能够反映艺人内心世界的主观色彩，是艺人内心的真实写照。

四、莒县过门笺装饰特征

莒县过门笺是莒县民俗活动的衍生物，体现着当地的民俗文化内涵。过门笺在古时作为驱邪避祟的物品，多在祭祀时使用，具有一定的巫术色彩。今时，过门笺仅扮演着年节期间纳福祈祥的角色，装饰门楣，烘托节日欢乐的气氛。过门笺的张贴方式、剪刻形式都具有莒县当地的特色，这与当地的气候条件、地理位置和风土人情有很大的关系。

（一）张贴方式

莒县民间有双扇门的房屋，大门口多设重檐结构。明末年间，人们在张贴过门笺时通常选取双层十二张的张贴方式，即在门框的上下两层屋檐均贴上过门笺，每层贴六张。但若大门口为单扇门，便贴一行六张。这样的张贴方式有别于山东的其他地方。

六色过门笺的排列顺序也有一定的讲究，从右向左依次为紫、大红、绿、黄、粉红、蓝，此顺序是模拟一天当中太阳的颜色变化而形成的。东边先贴紫色，喻示"紫气东来"。日出时分太阳呈大红色，故大红色位于第二位。太阳出来后大地万物焕发生机，用绿色代表盎然的生命力，并且与大红色形成色彩对比，因此绿色紧随其后。正午时分太阳最为耀眼，所以贴黄色。夕阳西下，太阳的颜色为粉红色，故粉红色贴在第五位。日暮时天地归于蓝色，因此蓝色贴在最后。在搭配方式上，每年腊月二十三辞灶时，过门笺与灶王图一同张贴于灶王图上方，数量为两张。搭配酉字（小福字）的过门笺多使用黄色，通常贴在米缸、炊具、灶台之上。

（二）剪刻形式

从剪刻形式看，莒县过门笺多采用阳刻法，即去除掉物体的大面积内容，保留物体轮廓，以形成镂空、通透的状态。这样的剪刻形式原是受到当地民俗观念和气候条件的影响。过门笺承载着人们美好的愿景，人们自然希望延长其存在的时间。莒县春季多风沙，环境较为寒冷、萧肃。为对抗多风的天气，艺人便在工艺上下功夫，采用大面积镂空的形式可以减少风阻，延长过门笺的保存时间。

莒县过门笺的装饰特征具有明显的原生态性和独特的地域性。过门笺造型构思精巧，结构韵律和谐，色彩明丽而不艳俗，是极具特色的门楣装饰物。过门笺也是当地百姓对于平安、美满生活的寄托。在独特的地域环境中，过门笺的装设特征贴合当地的民俗风情和自然环境，具有鲜明的艺术特色和丰厚的生活意蕴。

参考文献：

［1］郑奕.山东莒县过门笺的造型艺术及应用研究［D］.江苏大学，2021.

［2］唐兴琪.浅析山东莒县过门笺的艺术语言［J］.西部皮革，2020,42（18）：107-108.

［3］马宁雨.山东莒县过门笺艺术特色研究［D］.宁夏大学，2019.

［4］刘霞.山东莒县过门笺保护传承与开发研究［D］.山东大学，2014.

临沂·临沭柳编

山东沭河地区的临沭柳编文化源远流长，具有深厚的文化底蕴与丰富的文化价值，其源头可以追溯到1400多年前的隋唐时期，如今已经成为一种独具特色的地域性文化。临沭柳编是民间工艺的一种，具有悠久的历史。传统柳编，手工制作，古朴简约，经久耐用，散发着乡村气息。现代柳编继承了传统编织技法，又融入了现代编织元素，花样繁多，工艺精湛，给人以美的享受。多年来，临沭柳编远销国内外，得到了社会的认可和大众的称赞。临沭柳编久远的历史，编织技术的全面和精湛，造就了璀璨的文化遗产。2012年，临沭柳编被列入山东省非物质文化遗产名录；2021年5月，被公布为第五批国家级非遗代表性项目。

一、临沭柳编历史渊源

临沭县位于鲁苏两省交界处，因沭河贯穿此地而得名。根据《续修临沂县志》第二册记载，在隋朝末年，有三户人家在此以编柳为生，分别是柳氏、马氏和凌氏。随着这三户人家杞柳种植规模的不断扩大，此地便被人们称为"柳庄乡"，从此柳编技艺在当地蓬勃发展并延续至今。武向峰在《民间工艺的瑰宝——山东省非物质文化遗产临沭柳编》一文中提到："唐代以后多战乱，柳编技术在黄淮流域逐渐失传，但在沂、沭河流域却得以保存，特别是临沭、莒南、郯城等地。据民风文献所载，临沭柳制品'发轫于唐，兴起于宋元时期，沂、沭河岸遍植柳林，柳编业兴旺'。明朝永乐年间，青云、白旄等地村民就将杞柳编织成逢年过节出门串亲戚的筅子，装餐饮炊具用的笊篱，储粮藏物用的箱篓，扬米去糠用的簸箕，喜庆计量用的斗、升等工具，供人们生产和生活使用。据清代文献记载，'沂、沭河地区编柳者，窨地为室必先柔之以水，剥其青肤。老幼男妇，穷日所为，八口乃可给也。横上居民专以织柳为升斗量器，器良易售，云是有巧术'。"

临沭县柳编文化历史悠久，至今已有1400余年历史。早在唐朝贞观年间，以柳命名的临沭县"柳庄村"村民，就以传统手工艺将沭河岸边的"杞柳"编织成箱、囤、斗、升、筅子、簸箕等生产、生活用品，其产品具有经济环保、艺术观赏等特点，深受群众喜爱。临沭县柳编产业自20世纪50年代起步，1953年建县条编厂，1973年柳编产品纳入国家出口计划，正式迈上现代化发展之路。

经过千年的积淀、六十多年的产业化、十多年的集群化和近几年的创新化发展，临沭柳编持续融合了资源、人文、历史、艺术、创新等特色，逐步形成了临沭县一二三产业高度融合的富民型产业，传研创一体的文化创意型产业，全产业链高度集中的外向型支柱产业。在助农惠农，帮助群众增收，为临沭实现全面脱贫提供了"优质路径"，在助力乡村振兴方面提供了"临沭模式"。

在临沭县当地，许多习俗因柳编而产生，如每年农历的三月三，在当地的柳庄举办大型的庙会，以祭祀神灵，祈求家庭幸福安康。姚丽霞在《临沂柳编器物的造型艺术探究》一文中提到："当地农村有订婚、结婚、孩子出生等喜事，大家在筅笼里放馒头、面条、布料、被面、床单、衣服等，用红布或花布包裹前去庆贺，两个筅笼一起使用，构成一个完整的圆形，含有合欢、团圆、成双成对的寓意，传承着草柳编艺术的文化内涵和中国传统吉祥文化。传统柳编囤作为大型柳编器具，每年开春都要进行囤粮，预示传统农业时代'年年有余''五谷丰登'的良好愿望。"除此之外，柳编还常被当地人编织成"泼儿筐"，用来给女子出嫁后放置针头线脑等杂物。后来人们又以"泼儿筐"为基础，在上面编织出

"喜"字花纹以及一些喜庆的图案，表达长辈们对新人白头偕老、幸福恩爱的美好祝福。

二、临沭柳编制作工艺

现代柳编继承传统编织技艺，并创新编织方法和工艺，与其他材料混合编织，造型美观，品种繁多，工艺精湛。品类主要有花篮、动物造型等工艺品类，洗衣篓、箱包等日用品类，桌椅、沙发等家具类，灯笼、栅栏等园艺类。

现代柳编产地主要分布在临沭街道、郑山街道、青云镇、曹庄镇等镇街，这里地势平坦、土质肥沃，适宜杞柳生长。现代柳编所用的主要原料为白柳。白柳是杞柳剥皮后的俗称。杞柳品种有一柳、二柳、黄皮柳等十几种。杞柳又分夏柳、秋柳。夏柳剥皮晒干后即可用于加工；秋柳割完后，需要蒸半小时左右，再去皮晒干备用。柳编工具有柳穿子、旋机、旋刀、槽锥、剪子等，其模具有木制、条制、铁质等。临沭柳编传统技艺精湛，编法各式各样，常用的有编、系、拧、穿、缠等。现代柳编编织步骤主要有七种：

（一）打底

根据所编物体形状进行打底，打底是决定整体造型和编法走势的基础。打底架有方型、圆形两种。底系有穿十字架、铺底、握轱辘钱、扭花等几十种打底编法。

（二）塑型上模

打好底后要上模具。模具主要是固定编织物形状、尺寸的，使其不走形，提高编织效率；也有技高一筹的编匠不用模具照样能编出合格产品。上模后要将经条分离均匀、掰直扶正，招底或折底后将纬条牢牢固定。

（三）编帮

帮是柳编产品最关键的部位。帮的编法是根据产品要求编织的。编织技法有平编、竖编、立编等上百种编法。

（四）收口

收口也很关键，不论用何种方式收口，都要处理得圆滑美观，使其坚固耐用不易脱落破损。收口有单边口、双边口、单花边、双花边等上百种编法。

（五）缠把

把手是编织收尾的点缀工序，可谓画龙点睛，同样起到实用加美观的效果，要求是结实牢固。缠把有大把梁、单心把、双心把、麻花把等几百种编法。

（六）拧耳

拧耳和缠把一样都是点缀，也是实用与美观相结合的工序，大小粗细要与篮身相匹配。拧耳有留暗、拧软耳、硬耳等几十种。

（七）辅助加工

辅助加工工序有很多种，是根据客户要求和原始样品而制作。一般为整修洗刷，修剪熏蒸，染色喷漆，吊里布花边，附加金属、皮毛、钩针一类的装饰物品。辅助加工后的柳编工艺品更加美观精致。

三、临沭柳编发展历程

临沭县位于山东省东南部的鲁苏两省交界处，因濒临沭河而得名。临沭柳编有着悠久的历史。据《续修临沂县志》第二册记载，隋朝末年，柳、马、凌三姓来此以编柳为生，随着杞柳种植规模的不断扩大，此地得名"柳庄乡"，从此柳编技艺在当地扎根并流传至今。唐代以后多战乱，柳编技术在黄淮流域逐渐失传，但在沂、沭河流域却得以保存，特别是临沭、莒南、郯城等地。据民风文献所载，临沭柳制品"发轫于唐，兴起于宋元时期，沂、沭河岸遍植柳林，柳编业兴旺"。明朝永乐年间，青云、白旄等地村民就将杞柳编织成逢年过节出门串亲戚的筅子，装餐饮炊具用的笊篱，储粮藏物用的箱篓，扬米去糠用的簸箕，喜庆计量用的斗、升等工具，供人们生产和生活使用。据清代文献记载，沂、沭河地区"业编柳者，窨地为室……必先柔之以水，剥其青肤……老幼男妇，穷日所为，八口乃可给也。横上居民专以织柳为升斗量器，器良易售，云是有巧术"。可见当时柳编手工艺的兴盛。

新中国成立以后，临沭柳编得到了进一步发展，逐渐发展成为文化产业。1953年，临沭县第一家条编工艺品厂建成。1973年，临沭县柳编产品正式纳入国家出口计划。1978年，临沭县工艺美术公司成立。从此，临沭柳编迎来了突飞猛进的大发展，年出口额从几十万人民币跃升为二百多万人民币。当时农村流传着"闯东北、下江南，不如在家编花篮""学会柳编这一行，三年五年盖楼房"的口头禅。可见，小小柳编已成为临沭农民就业、致富、增收的重要途径。

2000年，临沭县被国家林业局命名为"中国名优特经济林杞柳之乡"。2009年，临沭成为全国最大的杞柳种植和加工基地。全县杞柳种植面积达10.7万亩，有一柳、二柳等多个优良品种。规模较大的条柳编龙头企业有金柳、荣华、美艺等15家，有自营出品权的条柳编企业40余家。经过历代柳编艺人的创新，临沭柳编已发展为柳、草、木、竹、藤、铁等原料混编工艺品，这些工艺品已经从传统的生活用品发展到家具、装饰、园艺等十大类、200多个系列、2万多个品种，畅销世界120个国家和地区，每年出口达1亿美元，占全国柳编出口额的1/4。

2009年，临沭被中国工艺美术协会评为"中国柳编之都"。2011年，"临沭柳编"地理标志证明商标被国家工商总局注册。2012年，"临沭柳编"被列入省级非物质文化遗产项目。2014年和2015年，第一、第二届中国（临沭）柳编进出口商品交易会均在临沭县召开。临沭柳编一年一个新台阶，现已成为规模宏大、区域特色明显的地方支柱产业，临沭也成为中国草柳编织行业最大的生产、加工、贸易出口基地。临沭柳编的发展壮大，离不开各级领导的关怀。习近平总书记曾在百忙之中来到临沭，指导临沭的柳编生产，给予了无限的关怀。

临沭县是中国钻石之乡、中国柳编之都、国家外贸转型升级基地，先后被认定为"中国柳编之都""国家级出口竹木草柳质量安全示范区""国家外贸转型升级基地（柳编产品）""山东柳编文化创意研发基地""山东省文化创意产业园区""山东省服务贸易特色服务出口基地""山东省现代服务业集聚示范区"。临沭柳编企业积极"走出去"，每年组团参加广交会、德国法兰克福消费品展览会、美国拉斯维加斯消费品展、日本东京国际日用杂货及礼品展等10余个重要国际展会，产品和服务远销欧美、日韩、东南亚等120多个国家和地区，深受国际市场追捧。

借助阿里巴巴、京东、亚马逊、ebay等电商平台，临沭大力发展跨境电商、海外仓等外贸新业态，有跨境电商企业70余家，在英国、美国、日本、南非等国家设有海外仓，形成了"园区＋平台＋网商"的线上销售体系，成为中国最大的柳编跨境电商发展集聚地之一。临沭已连续7年举办中国（临沭）柳编产业交易会。"柳编仙子"张馨文多次身着柳编服饰登上央视"星光大道""黄金100秒"等舞台演出；他参与拍摄的《柳都梦》《守望》《金子》《遍地书香》等多部专题片和连续剧在网络和电视台播放。临沭县多名柳编工艺美术大师还参加过由宣传部、文旅部、中工美组织的国际文化交流活动。

四、临沭柳编代表人物

临沭柳编不但给生活创造了财富，还培养了许多技术精湛、艺术高超的能工巧匠、柳编艺人、技术能手。柳编行业涌现出全国劳动模范刘德全、山东省工艺美术大师杨进邦等一大批优秀技术人才，现有市级以上工艺美术大师11人，列山东省同行业之首。有两人获市级非物质文化遗产项目传统柳编制作技艺代表性传承人，杨进邦就是其中之一。

杨进邦，1954年出生于临沭县郑山街道杨沙埠村，高级工艺美术师，现任临沭县鑫苑柳编研究所副所长，临沭晴朗工艺品有限公司总工程师，中国工艺美术协会理事。他是首批齐鲁文化之星，山东省民间手工艺制作大师，市级非物质文化遗产项目传统柳编制作技艺代表性传承人。

杨进邦自幼喜欢画画、捏泥巴，1973年在临沭县工艺美术公司从事石刻、木雕等艺术设计，1976年开始从事草柳编织设计创作至今。四十多年来，他设计创作了数以万计的草柳编织工艺品，累计出口货值十几亿美元。其制作的柳编艺术品因创意新颖、技艺高超、超凡脱俗，得到了社会的认可与大众的喜爱。《柳编中国龙》获山东省工艺美术设计创新金奖，《柳编孔雀》获山东省工艺美术精品金奖，《柳编中华宝鼎》获中国第十届艺术节金奖，《柳编金龙鱼》获中国工艺美术协会最佳作品奖。其中《柳编宝鼎》《柳编凤凰》等艺术作品陈列于中国柳编文化艺术馆，《柳编金鱼》被省文化馆收藏。集装饰、实用于一体化的水果系列柳编工艺品，在第68届广州交易会上被外商争相订购，创造了本届交易会订货额之最。他的12件柳编作品还被中国邮政印制成邮票、明信片、电话卡、集邮珍藏纪念册来发行。

近年来，杨进邦在掌握了传统的编织技法之后，开始专攻扭编技艺，并将之发扬光大。扭编技艺，就是用柳条一组多根（可以5至10多根不等），将一组的一端固定在一起，用第一根逆时针向前一根扭半圈压住，再拾起一根向前一根扭半圈压住，循环绕扭，直至作品完成。扭编技艺在民间存在了几千年，扭编作品大都用来装蝈蝈、蚂蚱等昆虫。现在这项扭编编织技艺面临失传。为使几千年来的传统技艺继续发扬传承，杨进邦在传统技艺的基础上进行创新，在造型和质量上都有了很大的改进，使临沭柳编传统技艺焕发出新的生命和光彩。

参考文献：

[1] 胡方杰，邢云，韩娜.临沭柳编文化的社会价值与传承研究[J].人文天下，2019（01）：39-43.

[2] 武向峰.民间工艺的瑰宝——山东省非物质文化遗产临沭柳编[J].山东档案，2016（04）：25-27.

［3］李希平，马秀山.山东临沭：柳编"小产业"做出"大文章"［N］.国际商报，2021-09-27（007）.

［4］赵静.临沭柳编手工艺型格研究［D］.中国艺术研究院，2015.

德州·德州黑陶

一、德州黑陶的历史沿革

德州黑陶是中国黑陶的一种，有其古老的传统制陶技艺，因出土于山东省德州市而得名，坊间称其"薄如纸、硬如瓷、声如磬、亮如漆"。德州，上古时称为"有鬲氏之国"。鬲，中国古代人烧煮食物的器皿。以"鬲"作为部落的名称，德州先民制陶技艺之高可见一斑。中国黑陶距今有约6000年的历史，德州黑陶的历史可以追溯到大汶口时期——龙山文化。古代先民崇拜黑色，黑陶中的蛋壳陶为当时最高规制的祭祀用礼器。

中国是世界上最早发明陶器的国家之一。陶器的种类很多，但在繁多的陶艺记载中，黑陶的制作工艺却一直是个谜。黑陶流行于4000年前的原始社会的父权制度阶段，祖先们以其制造的生动简朴、形态万别的黑陶器皿创造了继仰韶、大汶口之后的新文化支——龙山文化，史学界亦称"黑陶文化"。

据考证，龙山文化兴盛于公元前2800年到公元前2300年。只可惜这种工艺精致、魅力夺人的远古技艺，至汉代（公元前200年至公元200年间）基本消失无迹。到20世纪80年代，在鲁西北平原的古运河畔，德州工艺美陶研究所的青年职工，把这些古老的工艺挖掘整理，再现了龙山文化的风采。这就是今日的德州黑陶。

德州黑陶选用京杭大运河两岸特有的红胶泥作原料，这种泥土质地纯净细腻，土质密度大。用传统手工轮制成型后不上釉，在坯体晾干过程中压光、雕刻，高温烧结后封窑，做焦烟渗碳处理，烧制出来的陶器黑中透莹，望之如金，坚实凝重；叩之如馨，给人以"乌金墨玉"之感。"金山丽水，玉出昆岗""如铁之质似玉之润"……文人墨客的辞赋，可以使人想见黑陶的艺术魅力。

在器物烧成的最后一个阶段，从窑顶徐徐加水，使木炭熄灭，产生浓烟，有意让烟熏黑，而形成黑色陶器。它是继彩陶之后，中国新石器时代制陶业出现的又一个高峰。代表山东黑陶最高成就的是"蛋壳陶"，这是龙山文化陶器特有的薄胎黑陶。蛋壳陶器制造细致精美，器壁只有0.5毫米到1毫米的厚度，有的器物边沿厚度甚至只有0.1毫米。如此精美的作品是与龙山文化时期先进的陶瓷制造技术分不开的。制作工艺中快轮技术的发明与发展使器物造型由粗到细、由小变大，窑炉工艺的改进使窑炉的烧成温度达到了1000摄氏度。加之先民对工艺精湛的追求、对彰显器物审美意义的诉求已远远超越了满足生活需要的物质要求，在以上因素的促进下，色泽漆黑光亮、胎体薄如蛋壳、造型轻盈灵动、雕刻精美绝伦的传世精品的出现自是毋庸置疑了。

黑陶文化分为早、中、晚三个阶段。早期黑陶主要以砂质、泥质为主，有部分磨光的、器表多为素面，有的饰以弦纹、划纹、镂孔，随着社会生产力的不断发展和手工业的进步，黑陶的制作工艺也不断提高。中晚期的黑陶以表里透黑的砂质陶和细泥陶为主，还出现了制陶水平最高的蛋壳陶，蛋壳陶乌黑光亮，胎薄质坚。由此说明，制陶业在当时已经掌握了快轮旋制技术和高温焙烧以及氧化还原等方法。

随着商代青铜器的出现及发展，黑陶的生产也由盛转衰，渐至消失。1928年，黑陶被首次发现于山东章丘区（原属历城）龙山镇城子崖，其文化遗存，考古学界称为"龙山文化"，据放射性碳素断代，其年代为公元前2500至公元前2000年。这种典型的龙山文化，又称为山东龙山文化，是继大汶口文化之后发展起来的一种新石器时代晚期文化。

二、德州黑陶的工艺及特点

德州黑陶的选料极为考究，德州市位于黄河下游的冲积平原三角洲地带，其表面覆盖着一层厚厚的黏土层。德州黑陶选用京杭大运河两岸深2米下的红胶泥作原料，这种黏土没有受到外界的污染而具有纯净、细腻、密度大的优点。这种黏土略显红色，细腻而柔软，是黑陶制作的天然材料，把这种土料放入水里浸泡，然后滤除其中杂质，通过反复搅拌使其细腻柔软，然后制成陶泥使用。

成型是黑陶制造的第一个步骤，主要制作手法有捏制法、堆塑法、盘筑法和轮制等。捏制法用于捏制一些小而简单的器物，手法简单，器型粗糙，但是实用性强；堆塑法需要先把陶泥压捏成片状，然后相互拼贴黏合，陶塑一般采用这种手法；盘筑法是先把泥料制成条状，然后从下而上盘筑而成，最后拍打、压抹而成；轮制分为快轮和慢轮两种方式。

黑陶制作的第二个步骤是修整。这一环节耗费时间最长，修整主要分为修巧、晾干、挑砂、磨光、装饰工艺与阴干等环节。在拉坯完成后，停止机器运转，然后手握细钢丝的两端沿着器物底部与转盘的界点将陶坯与转盘割开。最后，在把手上残余的陶泥清理干净的基础上，将陶坯放置在不通风、避光的水泥地上晾干，为了避免地上的潮气，晾干过程中需要在塑料布上进行。最后，为了接下来的制作，需要用塑料布将未抛光修整的陶坯包裹，避免其干裂。

黑陶制作的第三个步骤是挑砂，主要就是将陶坯体内的砂粒挑出。

黑陶制作的第四个步骤是磨光。作者在参与工作人员磨光的过程中发现，工艺师首先在表面涂一层滑石粉，使用光滑的金属刀、纱布等工具在陶坯表面进行打磨，其次是用海绵等质地细腻的物品在陶坯表面反复刷。

黑陶制作的第五个步骤是镂刻，其方法分为软刻和硬刻两种。软刻是在已经塑好形的陶坯上直接画上已设计好的图案，然后根据需要进行浮雕或镂空；硬刻需要先把陶坯进行焙烧，然后在已经烧好的素面陶坯上用刻刀进行直接镂刻。

阴干是黑陶制作的第六个步骤。在装饰工艺结束后，将陶坯放在室内晾干，这个环节要防止其在晾干的过程中干裂，避免风吹日晒。

黑陶制作的第七个步骤是烧制。首先把窑炉烘干，然后把已经塑形阴干的陶坯放入窑炉，先用小火升温，待窑炉内达到一定温度再改用大火焙烧。最后封窑，使窑内可燃物在不完全燃烧的状态下而产生的浓烟渗入坯体，进而发生化学反应，形成独具特色的黑陶色彩。

黑陶颜色是在窑内可燃物发生化学反应的状况下形成的，富氧条件下的火焰称之为氧化焰，缺氧条件下的火焰称之为还原焰。黑陶的出现与原料、烧窑技术及窑炉燃烧气氛的改变有很大关系。红陶在原始社会也是非常常见的一种陶器，它的烧制是在氧化焰中烧成的；灰陶是先在氧化焰的气氛中进行焙烧，然后再进行还原焰烧制；彩陶则是先在陶坯上进行各种彩绘，烧后便产生赭、黑、白等颜色。

三、山东黑陶的发展现状

20世纪，德州市委市政府决定恢复德州古代黑陶制作工艺，通过德州于官屯乡芦庄村的裴振泉聘请了民间艺人寇维军、马淑荣做技术老师，建立了德州市工艺美陶厂，厂址选在德州西南郊运河东岸的芦庄。德州第一个生产黑陶的工厂于1979年在芦庄成立，芦庄成了中国现代黑陶的发源地，王先峰为首任书记，赵文海为首任厂长（属市、乡、村三级联营）。厂址建立在一个废弃的养猪厂里，猪舍改为生产车间，饲料室改成了原料加工车间，当时以生产工艺花盆为主，俗称花盆厂，产品出口美国、日本等国家。1981年，为了扩大生产规模，市政府投资10万元，在原厂址的北、西两边进行扩建，由此，厂的规模从南北30多米扩至

100多米，东西100多米扩建到200多米。扩建后的厂址距西边的京杭大运河仅100多米，这一时期的产品称"德州芦陶"，底部有"德州芦陶"的印章。

1983年4月3日，为了进一步深入研究黑陶艺术，德州市调寇维军、马淑荣、王宪利（先利）、许长霞、马月英、赵秀俊组建德州市工艺美陶研究所，所址建在供销学校南、于官屯乡木器厂食堂和宿舍的八间平房里，也就是现在的新湖南路130号。1983年年底，研究所招进了十几名工人以生产花盆为主，1984年，由寇维军老师设计的黑陶工艺品获山东省旅游产品优秀奖，由此研究所也成为省旅游局的会员单位，这时期生产的陶器底部印有"德州陶"的印章。

1984年，寇维军老师调离研究所，由王宪利（先利）负责研究所的全面工作并继任设计，王宪利首先把以生产工艺花盆为主转为以生产黑陶工艺品为主，并实行了计件工资制，大大地提高了工人的积极性。王宪利设计的黑陶在广州出口交易会上被美国人定购。国家领导人来德州视察时，对王宪利设计的黑陶大加赞扬，市领导把研究所外东北角的土地划拨给研究所使其成为方形。这一年研究所向宋庆龄基金会捐赠黑陶并获基金会颁发的由邓小平、廖承志、康克清签发的证书，这也是德州到目前为止唯一的证书，证号NO.0000738，现由刘贵田保管。

1985年，为进一步开发新品种和培养技术人员，王宪利辞去了行政职务，局里派刘贵田来担任所长，王宪利任技术所长，这一年王宪利、马淑荣研究的黑陶获市科学技术进步二等奖。中国工艺美术专家、省工艺美术研究所副所长石可先生把刻陶（刻陶是在烧好的成品上进行刻划的一种技法）技法传到德州，后来孙鸿璋又发展为微雕，纪金海于1988年调入研究所后主要从事刻陶工作，其作品"甲骨文""火神"在中国群众文艺上发表。

1986年，研究技术力量进一步提高，花色品种也已达到200多件，省市媒介多有报道，王宪利、马淑荣设计制作的黑陶荣获山东省第一届旅游品有奖设计大赛二等奖。这一年以王宪利、马淑荣、郭世燕设计制作的黑陶作品以"德州黑陶"之名，在上海市工艺美术研究所展出，一时轰动上海，这次首次使用"德州黑陶"之名。王宪利于1986年设计制作的双龙瓶日后被德州市教育局收入《德州简史》教科书中。

手拉坯蛋壳陶是黑陶手工技艺中的巅峰，严格来讲，厚度为0.3毫米至1.2毫米，0.3毫米通常仅在瓶口最薄处能够达到。0.3毫米的厚薄是手拉坯所能达到的极限。王宪利于1986年做出（也是目前人类唯一一位实现）了通体镂空、厚0.3毫米，器高10厘米的作品，他也是目前世界上唯一一位做出了这种作品的人，该作品于1987年在送往北京展出途中被损坏，经石可老师修复后展出。

1987年1月15日，王宪利设计制作的300件黑陶作品以"德州黑陶"之名在北京工人文化宫展出，为了这次展出成功，市委书记尚荣华、副书记贾玉水多次开会研究部署工作，展出期间市委副书记贾玉水到北京督查展览工作，中央电视台在《新闻联播》中报道了此次展览，国务院副总理谷牧及著名的艺术家赵朴初、尹瘦石、黄永玉及中央美院、中央工艺美院的教授观看了展览，都给了很高的评价。谷牧副总理高兴地提了"龙山新风"，从此"德州黑陶"誉满天下，并引发了全国性制作黑陶的热潮，形成了现在中国黑陶文化产业。

这一年王宪利创作的黑陶作品，被中共中央对外联络部、中华人民共和国外交部选为国礼，并为国家领导人出国访问制作主要国礼。中国民间美术博物馆筹备组将15件黑陶作为珍品长期收藏。

中国黑陶发祥于山东，同时山东也是中国现代黑陶研究的先驱与前沿。20世纪80年代以来，山东现代黑陶经历了漫长的由复兴发展到创新的过程。从学者石可先生的黑陶创作，到雕塑家仇志海先生以现代注浆技术制作黑陶的探索，再到刘浩先生对城子崖遗址的考察、建厂投产、培训黑陶技术人员，从学术研究到工艺的全方位研究，在几代黑陶人的努力下，黑陶产业在山东遍地开花，形成了以德州为中心的黑陶生产网络。

黑陶艺术品在文化市场上逐渐增多，黑陶作品频频在国内外展览中亮相并获奖，人们对黑陶的关注度也越来越高。经过多年的努力与沉淀，山东各地的黑陶各有特色，德州的开片黑陶、影雕黑陶，日照的黑陶雕塑、黑陶浮雕及仿古黑陶，夏津的龙耳大瓶等成为山东各地区的拳头产品，获得了广泛的市场认知度。2009年，中国陶瓷工业协会黑陶艺术专业委员会落户山东齐河，2010年，中国首届黑陶艺术精品展在山东济南舜耕国际会展中心成功举办，山东黑陶产业在全国的领军地位就此确立。

近年来，德州的黑陶艺术家认真探索德州黑陶工艺，做了大量的研究与创新，德州黑陶正经历从工艺性到艺术化的演变。德州黑陶和它的创作者正以一个崭新的姿态，自信、稳步地走向未来。经过几十年的发展，山东德州已成为现代黑陶文化的重要发展地区。早在2009年11月，中国轻工业联合会即已正式授予山东省德州市"中国黑陶城"称号。2013年，中国现代黑陶艺术馆在德州齐河落成并开馆，这是中国黑陶发展史上里程碑式的事件。

参考文献：

[1] 杨阳.黑陶艺术，何去何从[D].天津美术学院，2014.

[2] 闫迎新.山东德州黑陶的造型艺术研究[D].昆明理工大学，2016.

[3] 王建文.山东德州黑陶研究[J].艺术科技，2016，29（03）：164、217.

[4] 于泳.从德州黑陶看山东黑陶发展[J].美与时代（中），2015（02）：032.

[5] 李晗.工匠精神传承黑陶文化[J].经济，2016（11）：86-89.

[6] 高红岩，邹斌.德州黑陶：土与火的淬炼[N].德州日报，2016-08-24（B04）.

聊城·东昌葫芦雕刻

一、聊城东昌葫芦简介

山东省聊城市东昌府区位于黄河下游的鲁西平原，濒临京杭大运河，它的西部为著名的马颊河，被称为江北水城，充足的水资源，独特的土壤和气候，非常适合葫芦的种植。明清时期是东昌府治所，是鲁西平原的政治、经济、文化的枢纽，也是贸易中心与商品集散地，曾经非常繁盛。东昌府出产的葫芦曾经是运河两岸农家生产的重要的远销商品，伴随于此的就是东昌府葫芦艺术名扬海内外。葫芦具有广泛的用途，除了供食用和被做成日常生活用具以外，还可以赏玩。东昌府区出产的葫芦光洁、润滑、色泽优美，肉质肥厚，非常适宜雕刻加工成工艺品，且在东昌很多家庭都有种植。葫芦的种类有圆形和中间束腰两种。直径有20多厘米、高度在30厘米左右的体积较大的葫芦，可以用来食用和做成生活用容器。体积小巧的可以用来赏玩。当地的民间艺人把这些葫芦通过烙、刻、片等不同技法进行加工，做成用来赏玩的造型艺术品，并一直流传到现在。

葫芦的谐音是"福禄"，承载着人们的美好祝愿，象征着家庭美满、多子多福，深受劳动人民喜爱。而葫芦雕刻便是葫芦文化发展中的民间艺术精华。据文献记载，东昌葫芦雕刻在宋代已经流行。明清时期，作为京杭大运河沿岸九大商埠之一的东昌府是鲁西平原政治、经济、文化的枢纽，这里舟车来往，商贾云集，繁荣昌盛达四百余年，带有当地特点的雕刻葫芦自然而然成为运河两岸农家重要的商贸产品。现在东昌葫芦雕刻主要以东昌府区堂邑镇为中心，遍及梁水镇、闫寺办事处和冠县辛集镇等地区。

东昌葫芦雕刻用料多以"大葫芦""亚腰葫芦"和"扁圆葫芦"为主，大体分为三种：一是"上等葫芦"，选料精良，精工细刻，图案主要是人物、山水；二是"中等葫芦"，用料稍次，多刻花鸟、鱼虫、走兽；三是"花葫芦"，将葫芦染成红色后，以粗犷遒劲的刀法，刻各类花纹。

二、东昌葫芦雕刻的技法

葫芦的制作工艺主要有：烙花、研花、刻花、片花、绘花、范制、拼接等。东昌府葫芦工艺的特色是前面四种，后三种也有制作，但较少。

1. 烙花

烙花传统的使用工具是火针和火香。所谓火针就是将硬铁丝的一头磨成似锥形细尖状，或刀形、铲形；火香就是用来烧香拜佛的香，这种香原来都是榆树皮碾成面后制作的，点燃后能产生很高的温度。将火针播入香中，略露出香头，点燃后，钢针被火加热，便可持针在葫芦上烙刺。因葫芦不需要很高温度就可烙上印迹，针状工具用来烙曲线，刀状工具用来烙直线，铲状工具用来处理面积较大的块面和有深浅浓淡变化的晕染部位。随着时代的发展，这些工具已被淘汰，现多改用可调控温度的电焊棒。

2. 研花

研花是使有较钝的锥状工具直接在葫芦表面截压出凹形线槽。在这种工艺制作中，两手的配合很重要，左手握葫芦，右手持研花工具，根据花纹图案的要求不时转动。研花需要力量，如只用左手握葫芦会很不稳定，艺人们就坐在矮板凳上，将葫芦贴靠在腿上研花。

3. 刻花

刻花是用针状刀具在葫芦表面刻画出图案花纹。这种工艺比前面两种稍复杂些，首先在刻画之前要把葫芦擦干净，目的是怕有污染或黏附的颗粒状物影响刻划刀具在其表面的游动；其次用针状刀具刻画，刻花的纹路很细密，不容易显现花纹，最后用黑灰调水，有的还要在烟灰中加食用油，目的是使其附着牢固，刷到葫芦表面，或用抹布蘸着烟灰水在上面擦拭，使烟灰水浸到所刻划的纹路中去，以此明显地显出花纹。烙花、研花和刻花用的葫芦大多是扁圆形的小葫芦。

4. 片花

片花应该叫削花，是一种削的工艺。片花的葫芦和前三种有不同之处，除有扁圆形之外，多为两节的小形束腰葫芦。它的操作工艺有两步：第一是先将葫芦染色，把染料（都是红色）放进锅里，倒上水搅匀，然后加温将水烧开，放进葫芦后再煮十五分钟左右，捞出晒干即可。这种颜色都是比较深的红色，艺人们叫栗子红，也有的叫枣红色。第二步就是片，所使用的刀具多是艺人自己制作的，用一块铁片磨了略微倾斜的刀刃，片花时如同刻花、研花工艺，一手握葫芦，一手持刀，不管是花朵还是线型，都是由内向外方向运刀。熟练的艺人一天能片出一百个。

5. 绘花葫芦

绘花葫芦是用毛笔类工具蘸着颜色直接在葫芦上画花，这种工艺东昌府比较少见，并且后来的绘花葫芦发展成了以葫芦代纸，在上面绘制花鸟、人物、山水等。

6. 范制葫芦

范制葫芦在东昌府也比较少见，但这种工艺的历史比较长，明清时期就有。有的范制模具制作特别讲究，用上等木材漆刻而成，不仅内壁花纹雕刻精致，其外壁还进行了髹漆彩绘、描金画纹，十分讲究。范制葫芦的做法是先制作模具，传统的都是木制，现在多用橡胶、玻璃钢、硬塑料等材料做成。使用时选取生长中的幼葫芦，套在模中，让它在给定的空间中生长，长成后摘下即是所要形态。如果是瓶、壶等造型，长成摘下后，再切除口部，讲究的还要在口部镶嵌或涂上漆料，便于使用，口部也较结实。

7. 拼接葫芦

拼接葫芦工艺比较复杂，制作者较少，产量也少。做法是利用大小不等、形状不同的葫芦，通过切割、黏合组装成新形状的器物或赏玩工艺品。

由于工艺技术的不同，东昌葫芦有不同的艺术特点，就前四种主要工艺看，烙花、研花、刻花因为以针状工具为主要制作用具，花纹比较细致，而片花因为是采用以削为主的手法，显得简约粗犷。但不管哪种工艺，技术的熟练十分关键，下刀如笔，行云流水，葫芦天地，尽显眼中。

在一般的制作中，复杂画面的葫芦多需要先画上稿样，然后依样制作，如烙花、研花、刻花的葫芦；粗犷风格的葫芦多信手制作。需要样稿的葫芦，都是以线造型，有的用针状工具蘸着墨汁画样。由于民间艺人技艺熟练，画样稿时先在葫芦上定出几个点，将葫芦表面分为几个区域，然后用弦线把区域分开，这种区域的线可分两层三区，即沿葫芦钮部周围画上一条或两条紧连的线，这个部位在盛放蝈蝈的葫芦上正好是盖的位置。接下来隔一定距离再画两条或三条斜线，两组线之间是第二装饰区域，其下是主要装饰位置。在这三个区域中，盖钮部位多采用几何形纹样，是放射状的多角形，相对比较简单，但在多角形的外沿，有的刻上多弧形的边沿，这是做蝈蝈葫芦盖的做法。做盖时弧线需要刻透，这一块便可以拿下来，成为外沿多弧的盖。不用做蝈蝈葫芦的这些弧线刻得相对浅，只是装饰时刻戏曲人物，这一层上才会有与之相应的文字。如主题装饰是《水浒传》中情节，则上边的文字就刻"水泊梁山"；如果是一部戏文，这里的文字就是那部戏曲的名称，如《乌盆记》《盗仙草》《回荆州》《华容道》等。在刻文字的同时，由于其面积是一圈，文字的横向面占不满，就在文字的两端再描画上花卉、缠枝花卉或几何纹样来填充，这种纹样一般不是预先设计，而是根据所空面积，选择适合表现的内容和形态的纹样。

面积最大的是最下一层，是葫芦表面装饰的主体，历史故事、戏曲人物等内容都体现在这一部位。在构图处理上，表现历史故事者，多采用全景式构图，首尾相接，表现一个较完整故事的主要情节，若展开看就像一幅长卷画稿。虽然是在限定的面积中，由于艺人们的巧妙安排和精细的形象塑造，能呈现虽小尤大的画面效果。表现戏曲人物者往往分格处理，像连环画式的画面，画面与画面之间用两条细的竖线作为分割，然后在每个空格中表现戏曲故事中的一个场景，如同戏曲表演演出中的场次顺序。葫芦艺人们大多没有很多文化，甚至很多是文盲，历史故事及戏曲故事的来源是听"说书"艺人的演唱和"看戏"记忆的整理。"说书"是清末北方农村的一种"流动故事会"，民国及解放初期很流行，一般是一个艺人全套表演，边说边唱，手脚并用地击打或弹拨乐器，很多农民的历史故事知识均来源于此。葫芦艺人，听进这些故事后产生联想，将说书艺人语言的表述转换成图像，描画于葫芦上。

画样完成的葫芦就可以进行刻花、研花。刻花、研花时都要严格遵照稿样，以免走样，达不到理想效果。这种加工，是针对画面比较复杂的葫芦。新手制作葫芦时，由于技术不熟练，也是先画样稿再行制作。一些老艺人由于经验的丰富，技术的纯熟，则一般不先画稿样，而是直接在葫芦上刻花或研花。

在具体画面的处理上，艺人们考虑到了虚实、疏密的关系处理，以线或点来表现，重要内容线形粗一些，一般内容线较细。面的处理多是排列细线，或截压较密的点，这在画面上表现出来的效果看上去如同中国画中的"疏可跑马，密不透风"的艺术处理效果，以艺术欣赏的眼光审视，也特别耐人玩味。

片花葫芦上的装饰花纹多花鸟，还有鱼纹，人物的表现较少。花卉纹样以菊花、梅花较多见，还有兰草、鱼纹。鱼鳞用交叉为网状的线构成，这种表现和原始社会彩陶上表现的鱼纹有共同之处。片花葫芦艺人都不用先画稿，在染成红色的葫芦上，通过片花削露出葫芦胎的自然白色，红白相间，格外醒目。一般的民间工艺装饰，离不开艺人们对生活的诉求，使用者也往往通过这些工艺装饰达到美化生活、赞美生活、希求美好生活的目的。葫芦上的装饰与之略有不同，赞美和美化生活的内容不多，与年画、剪纸、印染织物上的神鹰、神虎、吉庆有余、福寿如意、榴开百子、凤戏牡丹等取意有很大不同。我们所说的葫芦主要是赏玩物，在装饰内容的选取上"吉祥、祝愿"已不占主导地位，主要以刻画大量戏曲故事来满足赏玩功能。

作为民间工艺的葫芦艺术又与其他民间工艺不同，民间艺人制作葫芦，但使用者已不限于普通民众，也常在那些有闲情逸趣的大商富贾和悠闲文人中间流行。葫芦上表现的历史人物、戏曲故事内容，相比较于其他民间工艺品而显得知识更丰富些，不管是《乌盆记》，还是《水浒传》。东昌府是古运河上重要的码头之一，历史上富户较多，人口流动很大，葫芦艺术在这里的流行也有其历史原因。

三、东昌葫芦雕刻的产业化发展

近年来，聊城市委、市政府和东昌府区委、区政府高度重视东昌葫芦艺术的发展，专门制定出涉及葫芦种植、葫芦加工、葫芦销售三大产业链条的东昌葫芦发展规划。市区两级文化部门在整理、挖掘、研究葫芦艺术方面下大力气进行传承、发展、创新。为了传承和发展东昌葫芦雕刻，市区文化部门通过举办全市雕刻葫芦大赛、民间绝活大赛等形式，让民间艺人们进行学习、交流；通过传、帮、带培养出了"山东省十大农民青年文化名人""全省民间工艺美术博览会银奖"获得者李玉成等一批中青年高水平雕刻人才。当地还成立了多个葫芦研究基地、葫芦工艺公司等，开发出上千个新品种。除了雕刻，还有烙画葫芦、押画葫芦、彩绘葫芦、漆绘葫芦等，千姿百态，异彩纷呈。当地政府目前正在规划建设"东昌葫芦一条街"，还准备举办葫芦文化博览会等，为传统工艺葫芦的发展搭建平台，形成民间特色文化区，给非物质文化遗产的保护和发展注入新的生机和活力。

葫芦，已经成为东昌府区的主导产业和文化名片。这里是全国最大的葫芦种植、加工、销售基地，目前葫芦种植户、经营户超过3600户，种植面积达1.3万亩，年综合效益达10亿元。"买天下葫芦，卖天下葫芦"的集散效应正在显现，通过连续十四年举办葫芦文化艺术节，"东昌葫芦"的名头越叫越响。

东昌府区堂邑镇路庄村位于镇驻地北3公里处，是著名的中国葫芦第一村、山东省旅游特色村、山东省十大非物质文化遗产特色村，旅游资源丰富。主导产业以葫芦种植加工为主，葫芦种植户300余家，葫芦种植面积1200余亩，年产量1200多万个。其中葫芦加工大户12家，普通加工户300余家，年产值近2亿元。每年九月是葫芦收获的季节，来自全国各地的客商在此选购葫芦产品。这里的葫芦产品销往全国各地以及美国、日本、韩国等国家。从2004年以后，葫芦产业迎来大量的订单，客户群主要面向景区和企事业单位，乃至海外。大部分客户都是从网上寻来。前期只是要一小部分，后期就会有大量的订单涌来。如今，路庄村几乎家家开通了网上业务，有数十家快递公司在此设置了物流点，还被阿里巴巴总部评为聊城市第一个中国"淘宝村"。

陆庄村沿街商铺的橱窗里展示着样式各异的葫芦，还有村民在路边摆起了葫芦摊子。背着背包、操着不同口音的客商在一个个葫芦商铺里进进出出，寻找中意的葫芦货源，全国70%的葫芦从这里走向全国，甚至远销海外。

"东昌葫芦"的知名度不断扩大，经济效益也在明显提高。当然，在区域文化产业发展的过程中，让普通民众共享发展成果更为重要。为发展好堂邑镇乃至东昌府区的葫芦经济，聊城市政府在用地、资金、技术支撑等方面出台了一系列优惠政策，支持当地做大做强葫芦文化产业。例如，建设了葫芦加工基地、葫芦展销中心，举办葫芦文化艺术节、葫芦艺术雕刻比赛等，从生产、加工、销售的全产业链入手，不但丰富了葫芦的文化内涵，提升了堂邑镇的文化品位，而且把产业化的道路越拓越宽。产业步入正轨，在政府的大力支持和文化发展的惯性作用下，葫芦文化产业必将发展得越来越好。

参考文献：

［1］苟春艳.东昌葫芦雕刻艺术的传承与发展研究［D］.重庆大学，2012.

［2］王申.东昌府葫芦雕刻技艺与谱系传承［J］.边疆经济与文化，2009(10)：107-108.

［3］史忠民.《传统美术》.济南：山东友谊出版社，2008.08：431-436.

［4］东昌葫芦的名头越叫越响 年综合效益达10亿元，海报新闻，2021.10.14.

［5］张晓静.东昌葫芦雕刻工艺与图案创意［J］.艺海，2020（10）：152-153.

滨州·惠民泥塑

一、惠民泥塑的简介

泥塑（惠民泥塑）是山东省惠民县传统美术，国家级非物质文化遗产之一。惠民泥塑起源于明朝初年，距今已有600多年的历史，主要分布在山东省惠民县城西南约15里的皂户李乡沙河南岸的河南张村及其周边地区。它已经从最初的人、佛、兽等几个品种衍生为后来的几百个品种，其造型古朴，做工精巧，色彩艳丽，形象突出，富有装饰性。惠民泥塑在当地被称为"娃娃""泥娃娃""河南张泥塑"。

明朝初年，为了改变黄河下游地区因战争和水灾造成的人烟稀少以及土地荒芜等问题，在洪武、永乐、宣德年间，从山西洪洞、河北枣强等地移民迁徙入住黄河下游地区。位于惠民县西南的河南张村就是由枣强迁入居民而形成的村居，当时有许多外地移民到惠民县河南张村安家落户，有的农户为谋生计，便利用当地的泥土做起了泥塑。"移民潮"带来了文化的交汇融合，惠民泥塑就是在这一大背景下传播到了惠民县的。在河南张村的移民中，有几个会捏泥人的匠人，将捏好的泥人带到6公里外火把李村的庙会上销售，并逐渐发展为赶庙会"拴娃娃"的民俗活动。这一举动迎合了民众祈福、祈求吉祥的心理，深受群众的欢迎。发展至清代，惠民泥塑兴盛起来。在全盛时期，河南张村家家户户塑泥塑。

中华人民共和国成立后，特别是在"双百"方针的指引下，惠民泥塑艺人不断推陈出新，泥塑艺术得到了进一步发展。到20世纪50年代，泥塑的品种已发展到了数百种。

其造型特征注重大的形态，不讲究过于细部的结构处理，肩、肘、膝等关节处都很概念化，不管是人物还是动物，外形轮廓都很整齐。河南张泥塑玩具的色彩粗犷，描画粗犷，不讲究笔触的整洁，不修正笔触的边角，不重复描画边线，如同书法中讲究的笔法，笔痕都很清楚，起落笔的浓淡变化也不掩饰，洒洒泼泼，自然得体。"开眼"点睛之笔，提神所在。在泼辣奔放的色彩应用中，绿色较多，尤其是扳不倒，从脖颈一直到座底，红花蓝花几朵，其余茎、叶全用既纯又浓的绿色，这成为河南张泥塑玩具的特色。

每年农历二月初二是民间传说"龙抬头"的日子，北方许多地区都在这一天举行各式各样的民俗活动，其中尤以庙会最盛行。在河南张村每年"二月二"的庙会最突出的特色，便是摆满集市的各种泥娃娃。当地十分盛行"拴娃娃"的风俗，原因是人们想获得求子祈福的心理安慰。从"拴娃娃"的风俗起源，河南张的泥塑玩具至今以泥娃娃为最大特色。与此相应地，河南张村一般制作泥娃娃的人家都是祖辈传下的手艺，为了准备大量在庙会上出售的泥娃娃，他们大概需要一个月的时间。先是用泥作模捏成各种形态的娃娃，接着是烧制，最后是上色描绘，有的非常讲究的泥娃娃头上还有头发，梳成各种发型。农历二月二来赶庙会的人们一般都要买几个泥娃娃回家，一方面它是吉利的象征，同时还可以作装饰，也可以用作儿童玩具。

清代乾隆年间，惠民泥塑艺术获得较大发展，开始出现了专以制作小泥人为业的手工业户，小泥人生产开始转变为稳定的手工行业。小泥人的品种也开始增多，质量不断提高，"不倒娃娃""扳不倒"逐渐成为河南张村"泥娃娃"的基本风格，为后来的全面发展奠定了基础。

清代晚期，惠民泥塑的生产日趋专业化，艺人队伍不断壮大，出现了家家户户捏泥人的盛况,且涌现出许多技艺精湛的专职艺人。

中华人民共和国成立后,在党的百花齐放、推陈出新的文艺方针指引下,惠民泥塑作为传统民间艺术焕发出新的活力,其品种、样式都有所增多,还出现了许多反映现实生活的工人、农民的形象。

改革开放以后,惠民泥塑受到重视,在张炳鳌的带领下,艺人在保护传统的基础上,又创作出了一些泥娃娃的新品种,比如迎奥运的福娃系列、名为"双胞胎"的不倒娃娃等。除此之外,惠民泥塑艺人还在彩绘底色方面进行了大胆尝试,改变了原来泥塑涂白粉作底色的办法,而是以一种类似油漆式的橘红色颜料作底色;在泥娃娃造型和"开脸"方面也进行了改进,精工细雕,创造出了一种装饰性较强、面貌全新的泥娃娃。

二、惠民泥塑的工艺及特点

(一)题材类型

惠民泥塑有泥娃娃类和泥玩具类。泥娃娃类是惠民泥塑最传统、最基本的类型,包含多种类别,如象征吉祥类的有老寿星、送子娘娘、弥勒佛等;历史人物类有关公、岳飞、济公等;戏曲人物类有梁祝、小媳妇、撮上撮(媒婆撮合)等。泥玩具类因具有启智、益智的作用,深受孩子们的欢迎,有泥狗、泥虎、泥鸡等;有抱石榴、抱鲤鱼类的坐娃、躺娃;还有带哨的响娃,带竹片惯性击打的叭嗒娃。

(二)主要特点

惠民泥塑题材类型广泛,朴素写实,凸显喜庆吉利的内容,在造型上运用现实主义与浪漫主义相结合的方式,忽略细节,通过夸张的手段突出要表达的内容,塑造的泥塑形象生动传神。在色彩运用上略显夸张,泥塑形象线条流畅简练又富有装饰性,用色明艳夸张,突出色彩对比下的强烈视觉冲击和美感。

（三）惠民泥塑制作工序

河南张泥塑玩具的制作工序比较复杂，从取土到一件成品做成，有生土采集、粉化泥块、砸制泥料、设计造型、制坯、晾干、涂粉、着色、涂胶等几十道工序。这是民间艺人在代代相传的基础上日积月累总结出来的。

1. 泥巴处理

河南张村位于黄河下游北岸，做泥塑玩具用的是就地取材的黄河淤积的红胶泥。从田间挖出来的红胶泥要经过暴晒、风化（其实是暴露在阳光下一段时间），这一过程的科学性艺人们还说不上来，只是觉得必须这样，"这样做，泥巴就好用"。然后是和泥，这是个体力活，与和面、揉面有些相似，就是说不是简单的水土调和即成。制作稍大件泥塑玩具的泥巴中要添加细麻或者棉絮，这样做的目的，主要是防止泥胎日后干裂。加入细麻和棉絮后，再用脚踩、棍砸。

脚踩、棍砸的目的，一是使棉絮在泥巴中分布均匀，二是反复踩砸的泥巴粘性更强，泥质也更细，更有韧劲，易于塑形，不宜干裂，与制作陶瓷器的淘洗陶泥瓷土原理是一致的。做小件泥塑玩具的泥巴可以不加棉絮，但调和好水土后，也要经过揉压处理，使其粘性、韧性增强。做好的泥巴要用湿布裹起来（现在多用塑料布）以防速干，然后实施胚胎制作。若需立即使用，但泥巴又太湿时，艺人们便将一块块的泥巴贴在墙上，以释放部分水分，达到可以做胎的干湿程度。

2. 胚胎制作

泥塑玩具的胚胎制作有不同的手法，小件泥塑玩具多用手直接捏制，如小的泥哨及其他实体泥玩；大件则需翻模，如关公像、扳不倒等。用手捏制，当地人也叫"抓活"或"手抓娃娃"，熟练的手上功夫很重要。一块无形的泥巴在一个老艺人手中不大会儿工夫，经过揉、团、戳、捏，便可成为有趣的物形，如可以吹鸣的小鸟（泥哨）。但在捏塑中，通过总结经验，手感心应，捏不同的物形，掌握不同的大小中空，或者肩、臂、腰的比例，都是相当重要的。小鸟泥哨要掌握其鸟体的中空大小、外部形态、戳孔的角度，否则吹起来就不会"咕咕"

作响。由于手捏操作的熟练，在生活困难时，晚上做活舍不得点灯，仅凭心有手感制作，有时还与前来串门的邻里一边说话一边捏制，就这样一晚上也能做近百个。

翻模制作比较复杂，需先塑出模型。这个模型多是老样子，但模具并不都是老一辈传下来的，现在的泥玩艺人还要自己塑模，然后翻制成范，用于制作批量的泥玩。自己塑型的泥塑玩具原则上会遵从老一辈传下来的样子，但也有些变化，这是做得比较好的艺人，觉得以前的艺人做的眼睛、鼻子、脸蛋等都不甚如意，便在塑型中进行修正。我们有时候感觉老样子和新样子发生不同变化的原因，也就在这里。这种变化有时代的因素在里面，也有艺人们熟视形态过程中对"好看"的更高追求。塑型翻模是利用外范做泥胎。

实体泥玩，多是人物，也有动物，但形体都不是很大。还有一种用泥胎做内模，制作中空的泥塑玩具工艺，做的物型较大，俗称"娃娃"。其做法是：先塑出娃娃的头和身子做内模，待其阴干后再制作外壳。外部制作分两步，一是做底座，再是糊外壳。底座制作相对简单些，用碗状模具将泥巴扣成半圆形，像圆的直口碗，放在阴凉处阴干即可（速干易裂）。糊外壳稍复杂些，是在内模上裱糊纸。所用纸材从前都是草纸，现在多用旧报纸，将纸裹在泥胎上，用湿布压，目的是使纸潮湿，便于凹凸按压成型，尤其人面上的五官等部位，必须用手指特别按压。这种糊纸一般用五六层，大件稍厚，小件稍薄。往泥胎上裹的第一层纸不用浆糊，直接裹上，以便于脱模；从第二层开始，先在纸上刷上浆糊，然后裹到泥胎上，待裹完五六层并晾干后，再进入脱模阶段。脱模时将背面用剪或刀从上往下豁开六七公分的口（泥胎背面已预留出豁口的槽），以便于顺利地脱模。底座与纸壳接合工序是，将纸壳底口套在底座上口，一般底座口都大于纸壳口，缺口部位（脱模时用剪刀割开部分，多呈三角形）再用刷有浆糊的几层三角形纸条粘贴。为了使纸壳与底座胎质统一，用调制的稀糊状泥浆整体涂刷，以便于全部干后，粉底上色。所用泥浆里面也会掺上些许浆糊以增强粘着力。

3. 着色开脸

河南张泥塑玩具的着色与其他地区的泥塑玩具没有太大的区别，只是有些工序在叫法上因地区语言的表述不同而有差异。其大体工序及要领是：先刷白粉子，也就是我们所讲的"粉底"。白粉子现在都是用化工店或土产店买的成块的粉子，再早也曾用作刷墙的涂料。刷白粉子时都是成批的做，所以盛粉料的用具较大，民国及再早的时候都用大口的粗瓷器或陶盆，现在多用搪瓷盆。粉浆的调制无多少要领，稀糊状以好刷并具有遮盖能力最佳。这一做法与原始社会彩陶在绘花纹前先"上陶衣"原理一样，既统一了底色，又增加了色彩层次，同时也便于增强彩绘花纹的色彩感。打完粉底晾干后，再上颜色，也就是一般所说的开始画花纹。

画花纹也有顺序，一般是从上到下，但细部提神处最后处理。先擦脸蛋，再打黑背（画头发），然后是桃红、大红、黄色、绿色、紫色、黑色，依次而画，最后是画眉毛、眼睛。由于眉毛、眼睛需精细勾画，这是整个形象的提神之笔，所以一般都是由村上描画功力很深的艺人来完成"开眼"。勾得好可增色很多，相当于传统绘画中所讲的点睛之笔。所有这些工序，都是流水作业式的批量制作，即所需的一种颜色，将这一批统一画完后再画其他颜色，其他民间工艺制作也有这一特点。家里人手多的也有相对固定的分工，有的专画某一种或两种颜色，随着时间的推移，也就出现了某一工序上的"专门人才"，上面讲到的画眉毛、眼睛的艺人就是这样产生的。

4. 制作口诀

河南张村的泥塑民间艺人在制作泥塑过程中经常使用一些生动、明了的口诀化语言，如："花花绿绿、吉吉利利""光有大红大绿不算好，黄能托色少不了""红离了绿不显，紫离了黄不显"……这些就是口传文化中的一种精练的传承方法。言简意赅、一语道破，充分体现了匠人的智慧。

三、惠民泥塑文化生态现状及传承保护实践

进入新世纪，国家以及各省、市陆续出台了保护传承中华优秀文化的举措，惠民泥塑的传承和保护迎来了新契机。2006年，惠民泥塑被列入首批山东省非物质文化遗产名录。2007年，火把李庙会被列入首批滨州市非物质文化遗产。2011年5月，惠民泥塑被列入国家第三批非物质文化遗产名录。这些举措，无疑为惠民泥塑的传承和保护提供了有力的支持和保障。

国家、省市的有关部门都高度重视惠民泥塑的保护和传承，先后将其列入首批山东省非物质文化遗产名录和国家第三批非物质文化遗产名录。惠民县也高度重视惠民泥塑的保护传承工作，积极开展民间艺人培训，组织传承人参加世博会、海外展示宣传。皂户李镇每年都积极组织协调，宣传推广这一民间艺术，并确保二月二火把李庙会安全有序。皂户李镇文化站也将惠民泥塑的保护作为核心的工作，积极宣传推广，并在河南张村、火把李村营造惠民泥塑良好的保护氛围。国内外的民俗文化、非物质文化遗产专家学者对惠民泥塑的传承保护也极为关注。

2001年，日本学者专程率团到惠民县皂户李镇实地调研惠民泥塑。文化遗产研究学者张士闪，2010年从当代民间工艺的语境认知与生态保护角度，以及2017年从非物质文化遗产保护与乡村社区角度对惠民泥塑进行了深入研究。2011年，顾浩从非物质文化遗产"本真性"的悖论角度，对惠民泥塑进行实地调查，并进行了深入研究。刘思智研究了惠民泥塑的艺术特色。惠民县也开展了许多研究，如2012年出版的《惠民历史文化丛书（美术赏秀）》对惠民泥塑的起源、艺术特色、传承困境等进行了深入研究。惠民泥塑民间艺人不断创新，积极开展泥塑作品的创新创作。泥塑最初的形态是不倒翁题材的泥娃娃，经过艺人们的创作，制作出了许多历史人物、文化题材等泥塑形象。2008年，张凯创作了泥塑版

奥运福娃。也有艺人开发了孙武、京剧脸谱、山东大姐等色彩艳丽、形象夸张的艺术作品，或根据动画作品开发喜羊羊、灰太狼等小型特色泥塑。大浪淘沙，在年复一年的火把李庙会上，有些作品深受民众的喜爱，有些则慢慢退出了展销的舞台。惠民泥塑艺人的创作实践证明，惠民泥塑的创新有着必要的现实需求和巨大的市场空间。总而言之，惠民泥塑的存在，促进了惠民地区文化的传承与发展。

参考文献：

［1］孙冬宁.山东民间泥塑玩具传统产地调查与研究［D］.中央美术学院，2005.

［2］张永华.传统美术类非物质文化遗产生产性保护探析——以惠民泥塑为例［J］.人文天下，2018（03）：58-64.

［3］顾浩.非物质文化遗产"本真性"的悖论？——对惠民"河南张"民间泥塑的田野考察［J］.中国美术馆，2011（12）：113-121.

［4］李锦璐主编.有形与无形　中国民间文化艺术论集［M］.武汉：湖北美术出版社，2003.

［5］惠民地区行政公署外事办公室，山东省出版总社惠民办事处编.惠民风物［M］.济南：山东人民出版社，1985.

菏泽·曹州面人

面人也称"面塑""江米人",是以食用面粉、糯米粉为主要原料的一种传统塑作艺术,它流行于全国各地,深受百姓喜爱。面人多以动物和神话传说、历史故事及地方戏曲中的人物为题材,基本形制分"签举式"和"案置式"两种。前者多为娱乐儿童的食玩品,造型简略,形态生动;后者则是雅化的陈设艺术品,做工考究,造型精致,还需在原料中混入添加剂作防裂、防虫、防霉处理。面人制作一般先采用捏、搓、揉、掀等手法塑造大体形制,再用竹刀灵巧地点、切、刻、划,刻画手脚、头面、神情等局部细节,最后加上发饰、衣裙及相关插件,作品即告完成。面人艺术主要依靠走街串巷的游方艺人即兴创作,他们掌握了娴熟的塑造技艺,题材、造型、配色等工艺程式了然于心,顷刻间就能将面团变成神采飞扬的艺术形象。民间传承发展的面人艺术寄托着广大民众的审美情怀和生活理想,为中国民间历史、习俗和艺术的研究提供了重要的实物资料。

曹州面人具有中国民间艺术造型简约、粗犷、生动的特征,且简单易学,易于普及。曹州面人经过了一百多年的时间,以穆李村为中心的人们有近千人在从事面塑艺术,他们仍保持着传统的游艺方式——农闲时出门,农忙时回家。游艺形式大部分还都是停留在肩头担尾,叫卖在大街小巷,有时也有人被邀请在某大酒店或某外交场合向外宾表演面塑艺术。近年来,曹州面人先后发明了有声面塑和动态面塑,是中国民间艺术百花园中一枝艳丽多姿的奇葩,具有长久的生命力,深受广大人民群众的喜爱,具有极高的欣赏价值。

一、曹州面人历史渊源

菏泽古称曹州，地处黄河流域，常因黄河决口，天灾人祸几乎不断。人们为了祈求风调雨顺，用面捏成猪、羊，代替宰杀的动物供奉给神灵，即所谓的"花供"。这就是菏泽面塑中最早的面塑艺术了。到了唐代便出现了生面塑、熟面刷色塑和熟面染色塑三种。后来清朝咸丰四年（1854年），江西弋阳面塑匠人王清源、郭湘云夫妇游艺来到菏泽穆李庄借居，把江西技艺融入了代表着北方面塑特色的菏泽面塑中，使原来可食用的贡品转变为专供观赏的面塑艺术品。至此，菏泽面塑就自然而然地形成了两种风格，一种是菏泽传统的具有北方特色的面塑，也叫"花供"，它专用于当地群众婚丧嫁娶和喜庆节日时做祭祀或纪念；一种是作为面塑艺术品，主要用于礼品赠送或出外游艺谋生的手段，称为"曹州面人"。

曹州面人，是中国土生土长的带有表演性质的雕塑形式，它朴素的面塑手法与中国的传统民俗有着密切的关系，传统的面塑手法之所以能够世世代代的流传下来，靠的是历代民间面塑艺人的继承与创新。

相传早在尧舜时代，地处黄河下游的菏泽地区，常因黄河决口，造成水灾，加上风、旱、涝、蝗等灾害，几乎年年都有天灾人祸。人们为了祈求风调雨顺，人丁无灾，这里的人们有杀猪、牛、羊等动物祭天敬祖的习俗。后来，随着人们生活方式的改变，逐渐改用面粉蒸制捏塑的动物形象代替宰杀的猪、牛、羊来供奉神灵，并增加了瓜果、蔬菜等多种样式的面食蒸制品作为祭品。为了形象更加逼真，在蒸制品上面刷上各种颜色，称之为"花供"。这便是最初的面塑艺术。此习俗代代相传，日久成习，每逢年节喜庆或丧葬嫁娶，都要捏制面塑以示庆贺或纪念。

从手指头上产生的面塑艺术，受历史发展的影响，受北方大气的陶冶，这般有趣，这般有情，逐渐在市场中崭露头角。作为优秀的民间传统手工艺之一的曹州面人，有着丰富、博大、精湛、朴素的品质，往往在造型分类、造型特点、制作工艺、色彩等装饰风格等方面给关注传统的人以启发。一般，人们的目光多停留在传统手工技艺对现代艺术有着怎样的影响，以及如何在现代艺术里体现传统的本性之上。然而，由于多学科的交叉、互融与渗透，对传统手工艺的研究分析更应在民间艺术研究者所做工作的基础上，关注民间手工技艺的一些深层问题。首先是对人的关注，人是传统手工技艺存在的载体，也就是要关注曹州面人手工艺人的生存状态、创作心态；其次要对曹州面人的现状、传承与发展等问题进行思考，重新审视曹州面人的文化内涵和其存在的社会价值，并由此展现在现代社会中推进民间手工技艺的现实意义。

二、曹州面人制作工艺及艺术特色

菏泽位于平原地区，土地肥沃，盛产小麦和大米，原料充足，最适合发展面塑。面塑采用可塑性较强的小麦面粉或糯米面粉为原料，加入适应的颜料，分别和成不同色彩的面团，用锅蒸熟后再配上适量防腐、防蛀、防干剂等。然后借助于批刀、塑刀、小剪刀、梳子、骨簪、花纹印章等工具，用手捏制成各种各样栩栩如生的塑像。曹州面人的常用传统面塑技法如下：

（一）揉球

将适量的面团置于左手掌心，左右手掌心相对，右手掌做顺时针方向揉搓面团，直至成为圆润、均匀有形、软硬适中的球体。揉小球也可以不放在手掌心揉搓，而是用食指肚轻轻揉成一个小如米粒的小球，用作面人的眼睛、黑眼珠等。如果采用两三种以上的颜色进行揉搓小球，可形成颜色相间的花球，类似小孩吃的棒棒糖球。

（二）搓条

按照估计的用量将面团放在左手掌心，用右手手掌内侧稍微倾斜朝着同一方向反复揉搓，直至得到一条通体粗细一致的圆柱形面柱。技术要领：用右手掌内侧的某一固定部位均匀用力搓，控制好力度和节奏，避免力量时大时小，否则搓成的面条扁平，或粗细不匀。将搓好的面条，均匀用力压成薄片，可以制作衣服上的飘带。

（三）搓花条

把黄、绿、蓝、红、白等颜色的面条黏附成条状，置于左手掌心，右手单方向用力搓出，反方向轻轻收回，如此反复几次，便可形成色彩相间的效果。用于制作小鸟的翅膀、动物的尾巴、龙的身体或者戏服中的海水江崖图案。技术要领：右手掌心部位有一定空隙且用力小时可形成纺锤形的花条。如果要搓成粗细均匀的花条，把纺锤形的中间部分用力搓匀即可。彩条的色彩数量和种类可根据自己所设计的形象选用。

（四）拨花

拨花又称"刮花"或者"簇花"，借助于工具拨子制作而成。首先把面团在掌心用拨子头或手指肚将其碾平成为薄片，用拨子尖沿着面片的边缘快速拨出松而不散的一团面料，做成花形，称为拨花，就是艺人常说的"乱七八糟一朵花"。然后将做好的拨花黏附于装饰的部位，多用于头花、鞋花等。

（五）搓串珠

取适量面团置于掌中，用手掌反复搓，搓成通体粗细一致的细条状（粗细程度根据造型需要而定），即搓条。把搓好的面条置于掌心与手掌内侧平齐，然后用梳子齿面平压住搓好的圆面条稍稍用力向同一方向搓压一周，即可形成一串连续不断的珠子。注意：用力要均匀，梳子搓动面条转动一周时，切忌用力过大、过猛，否则梳齿会把搓好的面条切断，串珠会断开。一般拇指在上，其余四指在下，捏着梳子中部，在整个梳子的齿面上轻轻地均匀用力，单方向搓动面条，这样形成的串珠成型均匀、连贯。串珠的大小由面条的粗细和梳子齿缝间的距离而定。搓成的串珠用于侍女的项链、和尚的串珠、衣服的花边等装饰。

（六）贴面花

根据人物的服饰需要，将不同颜色的面团制作成粗细不同的面条，然后用不同粗细的面条制作成衣服上的花纹图案，贴附在人物衣服上，形成半立体（浮雕式的）的花纹图案。

（七）压花纹

先将面料揉捏成球形置于左手掌上，用右手食指内侧压在面球上慢慢将其压扁，然后根据需要的大小压出一块圆形面饼，接着用梳子的齿面在面饼上压出竖纹，然后再与竖纹交叉压出横纹。横纹和竖纹交叉的角度可以根据所制作的主题自行决定，如鱼鳞形状、武将的盔甲等。注意：压扁圆球时不要压得太薄，面饼要有一定厚度，否则不易压出花纹或者压出的花纹没有深度，花纹不明显。

（八）延展

取适量的面团置于左手掌上，右手用拨子宽的一头压在面团上，接着用力慢慢向侧面展开，直至得到一块厚度均匀、延展的面片。当然，熟练的面塑艺人，还可以用食指或大拇指代替拨子进行操作。注意：面料的大小和面团最后延展的形状、大小、厚薄应根据需要而定。注意：延展面团时用力要均匀，否则会导致面片断裂。

（九）拨切

先将面团放在左手掌心，根据自己设定的大小搓成条状，接着用拨子头切割并拨起使用。注意：切割时，为了能够得到所要大小的切片，可将右手的无名指垫压在左手掌上，这样可以起到稳定右手的作用，切割起来可以更好地控制切割面积的大小。此技法可用于眉毛的制作。

（十）挑

挑的技法主要用于眼睛和鼻子的塑造，用拨子尖在面部正中靠下部位扎进去，慢慢地挑出鼻梁，鼻梁的长短由拨子尖插进去的深浅决定，不要太深也不能太浅，更不能一拨子扎透，动作要缓慢，勿太急、太猛，否则会挑破整个鼻子。

在眉弓下面的眼部挑起眼皮时，要注意拨子别深入太长，左右挑起时不要挑起太长，否则眼皮太大。

曹州面人艺术有"一印、二捏、三镶、四滚"的艺术特点，也就是泥塑的步骤。就艺术风格来说，曹州面人既有北方的古朴豪放，又具有南方的细腻精巧，因此深受人们的喜爱。数千年间，面人艺术历经沧桑变幻，几度沉浮兴衰，最终脱离民俗功用，成为观赏和把玩于一体的民间工艺品。曹州面人具有造型简练生动、形象逼真传神、比例夸张适当、色彩艳丽单纯的特点，具有浓厚的民间风味，在继承老一辈传统面塑的同时也在不断发展与创新。

三、曹州面人发展历程

曹州面人是长期流传于山东省曹州地区的一种民间面塑艺术，至今已有一百五十多年的历史。"天下面塑出穆李。"数千年间，当地面塑历经沧桑变幻，几度沉浮兴衰。据面塑《沐恩碑》记载，1852年（清咸丰二年）江西弋阳的米塑艺人王清原、郭湘云游艺菏泽，来到穆李村，与当地的花供艺人郝胜、杨白四合作，把米塑与花供技艺结合起来，形成了今天的"曹州面人"。从郝胜、杨白四、王清原、郭湘云等民间艺人开始，经过六代面人艺匠的传承发展，曹州面人逐渐摆脱了充当民间祭神"花供"的功用，成为一种观赏性的民间工艺品。20世纪20年代，曹州面人行业出现了并称"文武二李"的李俊兴、李俊福兄弟。李俊兴擅长捏塑才子佳人，李俊福则擅长捏制武将侠客。兄弟二人技艺超群，成为曹州面人制作的代表性人物。至20世纪30年代，中国面塑逐渐形成了山东的李派、上海的赵派和北京的汤派、郎派等艺术流派，几派虽各具特色，但无一例外均受到曹州面人的影响。

自李俊兴、李芳清等面塑大师出国表演传艺以来，曹州面人日益受到东南亚、欧美等地区民众的喜爱，驰誉国际，进一步确立了其在面塑史上的地位。随后广收门徒，传授技艺，于是穆李庄一带便成为菏泽面塑艺术的发源地。穆李庄面塑艺人影响全国，逐渐形成了三大流派，即山东菏泽的李派、北京的汤派、上海的赵派。三派各具特色，而山东菏泽李派一直独占鳌头，其代表人物先后有李俊兴、李俊福、李芳清、何晓铮、穆绪建等。

历史上，在1908年前后，李朝训等人的面塑艺术，已驰名曹州府，并传艺给侄儿李俊月、李俊和、李俊兴、李俊福、李新起等数人。其中李俊兴、李俊福技艺超群，由于李俊兴善捏风流仕女，李俊福善塑武将英姿，被誉为"文武二李"。曹州面人深受广大群众特别是儿童的喜爱，艺人们作为副业活动，在春节期间或农闲时赶集串乡，随捏随卖，养家糊口。后来从此艺者愈来愈多，流传到曹州及周围地区，开始以面授技艺兴家立业。他们云游全国各地城乡，甚至出国卖艺。自1920年起，李俊兴、李俊福及师兄弟十余人，多次离家去上海、厦门、广州、香港捏塑面人，并出国到菲律宾、马来西亚、印度等国卖艺；1926年9月至1927年6月，李俊兴先后去过老挝王宫、万象王宫表演面塑，受到一片赞扬。1928年，李俊兴、李俊福、常天绪、李本化、李本纯等十多人去新加坡，常天绪、李本化、李本纯等长期留居新加坡，经营面塑艺术；1931年，李俊兴去莫斯科表演面塑，深受国际友人的欢迎。至此，曹州面人逐渐形成一种独特的艺术，驰名全国，声扬世界。

曹州面人造型概括、简练生动，形象逼真传神，比例夸张适当，色彩艳丽单纯，与中国的大写意国画艺术有异曲同工之妙，具有很高的艺术研究价值，是中国乡土文化的重要代表。同时，曹州面人简单易学，易于普及，具有很强的亲和力和广泛的受众面，是中国民间艺术百花园中一枝艳丽多姿的奇葩，深受广大人民群众的喜爱，具有极高的欣赏价值，因此具有长久的生命力。

参考文献：

[1] 侯丹晨. 山东菏泽面塑艺术探究[J]. 现代装饰（理论），2011（09）：53.

[2] 刘进. 曹州面人技法研究[J]. 美与时代（上），2012（08）：37-40.

人物篇
领略新时代齐鲁工匠风采

在当今中国，在齐鲁大地，工匠精神已然成为时代精神的生动标杆，标识着当代杰出劳动者的精神高度，为全国、全省各领域实现高质量发展带来巨大的感召力、引导力和内生力。了解人物事迹，倾听人物故事，有助于进一步培育和弘扬劳动精神、劳模精神、工匠精神，加快建设一支有理想、守信念、懂技术、会创新、敢担当、讲奉献的宏大的产业工人队伍，在全社会营造出尊重劳动、崇尚技能、鼓励创新的舆论导向和浓厚氛围。

郭磊：集装箱里"穿针引线"的桥吊大工匠

郭磊，男，汉族，中共党员，1998年12月参加工作，山东港口青岛前湾集装箱码头有限责任公司桥吊司机，高级技师、注册安全工程师，现为交通运输部第三届职业技能考评专家委员会成员（水路组）、中国"港口工匠创新联盟"专家委员会成员，曾荣获全国技术能手、全国五一劳动奖章、交通运输部首届"最美港口人"、享受国务院政府特殊津贴专家等荣誉。

退伍后，码头成了"新战场"

1994年12月，郭磊参军入伍，成为一名海军战士，他用手中的钢枪驻守边疆。因为在部队表现优异，郭磊光荣入党，被授予优秀士兵，还荣立了个人三等功。1998年，郭磊从部队转业到青岛港，依旧工作在海边，成为一名青岛港的全能型人才。他用手中的机械手柄，继续在"新战场"上奋斗。"我从一名装卸工开始干起来，先后经历了拖车司机岗位、轮胎吊岗位，2003年，才从事了现在的岗位，桥吊司机。"郭磊回忆。刚来青岛港工作的时候，因为没技术、没经验，郭磊就从基层开始干起，他把在部队里养成的吃苦耐劳、敢打敢拼的性格带到了工作中。不会就去学，不懂就去问，别人吃饭的空当，靠离船的间隙，凌晨没有工作的时候，都是郭磊潜心训练和钻研的时间，一步一步扎扎实实，他渐渐成长为一名优秀的桥吊司机。二十多年里，郭磊完成了一名退役军人向技术工人的蜕变。

爱拼敢拼，打破个人纪录

郭磊所从事的工作，就是在 50 米的高空，在不到 5 平米的桥吊驾驶室里，通过左右手控制操纵杆，指挥吊具升降、小车前进和后退，在集装箱里"穿针引线"，吊起或者卸下集装箱。从高空看脚下的集装箱，大小就像个火柴盒，而这个"火柴盒"重量达几十吨，想要操纵好极为不易，很需要经验和感觉。

为了提高自己的技术，郭磊设计了一套高难度的训练方法。他在吊具四周放了四个啤酒瓶，啤酒瓶上又放上四个鸡蛋，这就要求操控桥吊运行的过程中吊具必须平稳，不能有晃动。通过不断努力、不断练习，他成功了。

2017 年的 5 月 2 日，郭磊永远忘不了那个夜晚，他遇到了一件特别棘手的事情，也就是在这次棘手的装卸任务中，他每小时装卸集装箱数量达到 61 个，打破了个人纪录。如今，平均一年下来，郭磊要装卸 6 万个以上标准箱，大件上百个，危险品 1000 多箱，为公司创收 2000 多万元。

从"普通一兵"成长为"岗位精兵"，郭磊先后 9 次参加了创造集装箱装卸世界纪录的大会战。2019 年 11 月 24 日，"马士基埃斯米兰达"轮靠泊青岛港集装箱码头，结合全船 1 万多箱的装卸量以及货物配载位置，郭磊和他的团队以 514.7 自然箱/小时的船时效率，时隔 11 年第九次刷新了由他们自己保持的集装箱装卸世界纪录。

入港以来，郭磊始终不忘苦练操作技能，以适应现代化装卸生产的需要。他先后自学考取了青岛港首批电动港机装卸机械司机高级技师资格和注册安全工程师资格，成为一线机械司机中为数不多的"双料"技能人才。实践中，郭磊积极探索桥吊操作的新方法，开创出"精益求精""高空穿靶""飞箱穿障"3 项提高集装箱装卸效率的岗位绝活，以及"两快一抢"操作法。

"地面放置直径 30 厘米、靶心只有一元硬币大小的靶盘，桥吊司机在 50 米高空操作放置酒瓶和鸡蛋的吊具，先后对两个靶盘进行精准'射击'，并且要保证'酒瓶不晃，鸡蛋不掉'。"如今，郭磊发明的"高空穿靶"已成为青岛港技能比武的必备项目。

山东省港口集团宣布每年的10月19日为"山港工匠日"，而这个建议正是由郭磊最先提出的。"我们充分感受到了认同、重视和关爱，今后将继续用匠心坚守初心，用安全、优质、高效的装卸质量诠释好'工匠精神'。"郭磊说。

山东港口成立以来，在港口一体化改革发展的带动下，现在靠泊码头的船舶更大，装卸的箱量更多，尤其是2020年在疫情影响下，码头的作业量不减反增。郭磊和队友们以"我们有信心有能力创造新的世界装卸纪录"为共同信仰，以"连钢创新团队"拼搏进取、勇争一流的精神为鼓舞。

2020年4月11日，在8000T重点船的作业中，他驾驶的44号桥吊当班平均单机效率达到每小时56自然箱，以全公司桥吊装卸箱量第一名，携手"振超团队"成员完成当班作业箱量17258.75TEU，再次创出了集装箱单班装卸新纪录。山东港口成立至今，郭磊先后参加了2次单班装卸破纪录和1次单船作业量破纪录活动，以耀眼的成绩擦亮了"振超效率"的金字招牌。

匠心育人，拼搏进取争一流

在山东港口建设智慧、绿色港口的进程中，郭磊作为集团组建的"工匠人才创新工作室"带头人与团队成员积极地投入到桥吊自动化升级改造中，在升级改造的过程中，郭磊和团队成员先后优化程序210项，优化流程90项，全程监督改造过程，测试检验整改效果，直至达到标准要求，出色完成了传统桥吊与自动化桥吊的创新融合。

针对传统码头远程操控桥吊没有规范性、统一性、权威性的培训教材，郭磊提前着手，争分夺秒与桥吊电器工程师进行交流学习，他结合多年的操作心得编写了行业内首本《半自动化桥吊远程操作使用培训教材》，用于对港口 200 多名桥吊司机进行培训，大大缩短了司机的培训时间。

此外，其创出的"飞箱穿障"绝活在桥吊司机中得到广泛的应用，其牵头研发的集装箱自动摘锁垫工具研发与应用项目获得全国总工会 2017 年度职工创新资金补助，其研发的桥式起重机下集装箱拖车的视频定位装置获国家专利，可节约成本 600 多万元。他研制的岸桥下拖车防拖拉自动控制系统、港口高压井盖专用可调节吊起装置等 8 项创新项目已申报国家实用型专利。

装卸中，郭磊打破过去固有的操作模式，创造出了"两快一抢"操作法。此操作法比传统操作方式每小时提高近 3 个自然箱。平均一年下来，郭磊装卸 6 万标准箱以上，能为公司创收 2000 多万元。

近年来，"工匠人才创新工作室"先后被山东省总工会授予"齐鲁工匠创新工作室"，被山东省人社厅评为"齐鲁技能大师特色工作站"。他多次受邀前往中华全国总工会搭建的"技能强国——齐鲁工匠大讲堂"、高校职校、企业等线下线上平台，结合自身成长，对港口的良好育人机制和好政策进行大力宣传，充分发挥了领军人才的模范带动作用。

郭磊表示："2020 年我荣幸成为'振超奖'的获得者，心中十分的激动，同时也感到前所未有的莫大荣光。成绩的取得离不开山东港口青岛港这片沃土的培养，离不开领导同事的帮助支持。在今后的工作中，我一定不辜负大家对我的期望，不满足于现有的成绩，不放弃干事创业的激情，继续发扬山东港口青岛港'干就干一流，争就争第一'的作风，用自己的智慧、汗水和辛勤努力，担当起'新时代振超精神'赋予的重任，在山东港口一体化改革发展中，在建设世界一流海洋港口的征程中永做港口奋斗者。"

执着专注，择一事终一生

郭磊是当代产业工人杰出代表许振超的得意弟子。许振超说过："郭磊是山东港口的骄傲，也是新时期产业工人的骄傲。在弘扬新时代振超精神、加快建设世界一流海洋港口的新征程中，我们很高兴地看到又一颗青年岗位明星。"从师傅许振超那里，郭磊学到了作为一名工匠精神传承者的三大精髓：爱岗敬业，不断创新，不断学习。

郭磊能在50米高的地方驾驶桥吊将一根钢针插入矿泉水瓶中，在省港航比赛和青岛市第14届职业技能大赛中，均以理论、实操双第一的成绩夺冠。他还带领团队积极开展创新创造，针对桥吊下装卸工人车交叉作业存在安全隐患和效率低下的传统码头历史难题，自主成功研发了"集装箱锁垫自动摘除装置"。该项目荣获中国港口协会2018年度科技进步奖三等奖，成为中华全国总工会职工创新资金补助项目。他还组织研发了集装箱岸边无人智能生产系统，该项目在世界集装箱码头属于首创，获得中国港口协会2016年科技创新三等奖。

2018年以来，郭磊带领的创新团队共申报国家专利42项，完成技术革新项目121项。他带出的17名徒弟中，1人在2014年第六届全国交通运输行业职业技能大赛中取得优异成绩，被授予"全国交通运输系统技术能手"称号，3人晋升为高级技师，11人成为技师，17人全部成长为装卸生产中的主力。

入港以来，郭磊身上的荣誉已经不计其数，但他从未停止前进的步伐。2018年，获得全国五一劳动奖章时，他就说，"这更多是对全体码头工人工作的一种认可，我只是其中的一个代表，荣誉的取得是一种鼓励，是一种认可，也是一种鞭策，是一种激励。"

参考文献：

［1］中工网.郭磊：桥吊上的"大工匠"［EB/OL］.https：//www.workercn.

cn/c/2021-10-12/6735203.shtml.

［2］海报新闻.齐鲁大工匠郭磊："振超精神"传承人，集装箱里"穿针引线"［EB/OL］.https：//baijiahao.baidu.com/s?id=1655040828049687207&wfr=spider&for=pc.

［3］人民网.郭磊：在奋斗中闪耀光芒［EB/OL］.http：//sd.people.com.cn/n2/2021/0122/c397273-34542607.html.

王亮：为工业母机换"芯"提速的机床痴迷人

王亮，男，中共党员，山东威达重工股份有限公司电气技术部部长，维修电工，高级技师，曾当选为山东省人大代表，参与国家重大科技专项的实施，获得专利10余项。他先后获得"全国劳动模范""全国五一劳动奖章""山东省富民兴鲁劳动奖章""齐鲁大工匠""齐鲁首席技师""山东省技术能手"等荣誉称号，享受国务院特殊津贴，被山东省教育厅聘为"齐鲁工匠后备人才培育导师"。

刻苦钻研，打造属于自己的劳模名片

王亮，是一位标准的"80后"工程师。工作17年来，他凭借着刻苦钻研的韧劲和勤奋努力的态度，攀登着一个又一个科研高峰，用工匠精神打造了一张张属于自己的"名片"。

提起王亮，山东威达重工股份有限公司可谓无人不晓，他多年来积极开展技术攻关，实施了多项技术改造项目。他擅长数控机床的调试及伺服系统的优化，参与研发的多款产品在国内处于领先地位，自主开发了企业ERP系统及产品稳定性云监控平台，提升了产品竞争力。他提出了多项有利于提高效率和降低劳动强度的方案措施，对公司现有设备实施了数控化改造，仅此一项就为公司节省设备购置费1500多万元。他善于传授技术和经验，采用师带徒的形式，先后为公司培育技术工人30多人，在省级比赛中多人次获得前十名，为公司发展发挥了巨大作用。

守正创新铸匠心。与所有人一样,王亮在工作中也会遇到各种各样的技术难题,虽然这会让他感受到压力,但同时也激励着他在这个专业扎下根去、干出样来。

2004年9月,王亮进入威达重工工作。从踏上工作岗位的那天起,他便刻苦学习机床装调知识,从配盘、布线等基础工序学起,每天与各式各样的电器件打交道。那时,威达重工的数控产品刚刚起步,了解数控的人少之又少,只学过矿山电气的王亮一边工作一边摸索,每天满脑子都在想如何去实现数控机床的功能,如何去改进,让机床性能更优越,操作更便利。他每天都在装配车间里一遍遍调整机器,一遍遍测试功能。他虚心向老师傅请教工作中的难点、疑点,把老一辈工程师们"只为成功想办法,不为困难找理由"的工作理念,作为自己工作生活中的座右铭,不怕苦、不怕脏、不怕累,处处走在他人前头,积极发现问题,努力寻找解决问题的方法。

王亮在工作之余,通过自学,系统地学习了数控专业理论知识,并积极参加公司和业内专家组织的先进技术培训活动,先后掌握了数控系统的调试方法,学习了数控编程和数控加工工艺等技术,逐渐成长为精通设备调试、工艺编程和操作的复合型高技能人才,成为数控装调领域的行家里手。

2009年10月,王亮参加第三届全国职工职业技能大赛,获得了团体第4名、个人第12名的好成绩。2015年8月,他参加山东省第五届职工职业技能大赛获得个人第1名,并代表枣庄市获得团体第一名。 2018年9月被山东省教育厅聘为"齐鲁工匠后备人才培育导师"。

痴心技艺,勤奋好学练就高超绝活

通过多年生产一线的经验积累,他练就了精湛的技术功底,这成为他日后攻克许多技术难关的坚实基础。他在山东省装备制造业创新大赛中，2019年获得二等奖，2020年获得一等奖，同年获得山东省机械工业科学技术奖二等奖。近五年来，王亮参与国家重大科技专项的实施1项，有9项成果通过省级科技成果鉴定，获得国家发明专利4项，实用新型专利16项，实施了对公司现有设备的数控化改造，提升了现有设备的加工效率，降低了工人的劳动强度，为公司节省设备购置费1500多万元。

2014年，由王亮担任电气负责人的生产线项目进入调试阶段，这条生产线共有23台双主轴立式加工中心，价值近600万元。由于在主轴箱部分安装有两颗主轴，不同于常规立加一颗主轴的设计，常规的刀库是无法满足其换刀需求的，所以公司自行设计了一款特殊刀库，能不能控制好刀库，直接关系到项目能否顺利完成，王亮不敢掉以轻心。当时这种结构及控制方法均属国内首创，无任何经验和资料可借鉴。他结合自己多年的工作经验，慢慢摸索刀库控制、装配、检测验证等方面的解决办法，一次次调试，一次次改进，经常忙到深夜，经过近一个月的测试改进，成功将此型刀库运行于生产线上，安全运行至今，并申请了专利。

王亮还利用业余时间不断学习，不断探索新工艺新方法，充分发挥"领头羊"作用。在提高自身本领的同时，他还善于传授技术和经验，先后为公司培养了许多技术精湛的职工，这些人在历届技能大赛中，多次获得团体和个人第一名。

痴心工作，全力以赴勇挑责任重担

2017年，威达重工与一家生产汽车轮毂模具的公司签订了一份制造模具的数控机床订单，但在机床成功生产出第一个试件时，客户却将数控机床设计的定位精度从0.008毫米提高到0.005毫米。客户要求的订单是高速状态下的一种高精度加工，这一直是机床加工中的一个难题。王亮说："顾客提出的要求已经超出了设备的理论设计精度，而且客户只提供了一块试件，如果在试件上动刀，就意味着只能成功，不能失败，这个单子当时是签了六台机器，如果造成退单，我们会损失一百多万元。"

通过借鉴行业内先进技术，王亮大胆提出，借助针型测试件对数控机床的动态精度和稳定性进行调试。靠着这项检测方法，王亮和同事经过15天连续奋战，不断调试机床参数，在对机床进行了近千组数据测试和600多项严谨细致检查，在300多次技术改进后，满足要求的试件终于成功下线。王亮说："在一个直径90毫米的圆柱上，加工出一个直径0.08毫米的，大概相当于头发丝直径大小的一根针，由于加工过程是一个运动的过程，这对于机床的控制精度和稳定性要求特别高，虽然从数据来看这只是一个细小的变化，但是对于机床整体性能来说，却是一个质的飞跃。"

王亮在岗位上兢兢业业，对工作专注倾心，对细节追求完美，对技艺不断磨砺，正是这样的工作态度和精神品质，让他的身上散发着独特的青春光芒。在同事眼里，王亮是一位工作认真负责、作风优良、任劳任怨、敢于担当的技术员。"王亮是一个热心肠的人，但凡遇到技术难题，大家总会第一个想到他。"威达重工立加车间主任孙宁说。

2021年，在滕州山东威达重工生产车间，王亮正在对一台新型数控机床做调控试验，通过新应用的电机直接驱动运动部件，提升机床速度、精度。调试成功后，生产效率能提升2倍。王亮说："取消了中间的传动链，响应速度特别快，这样既兼顾了精度，也实现了高速的目标。"在高速状态下实现高精度加工，一直是机床加工中的一个难题。痴迷于高端数控机床研究17年的王亮，一直在更高的速度中不断挑战高精度。

王亮和团队还在国内首次研发了倾斜面小孔加工专用机床，大型圆弧壁板加工专机，实现了进口替代，为我国高端制造业发展提供了有力支撑。眼下，王亮和团队又向新型自适应生产系统等关键技术发起了新挑战。山东威达重工股份有限公司电气技术部部长王亮说："现在的工匠精神，不单单是简单地重复和坚守，更需要改进和创新，作为一名机床技师，我的责任就是不断地开拓和创新，秉承新时代的工匠精神，让我们的机床走在全国乃至世界的前列。"

辛勤的汗水，浇灌出成功的花朵。多年来，王亮始终坚持严格要求自己，在当前发展的好时代，在自己热爱的岗位上努力学习、刻苦钻研，坚持"精益求精，力求完美"的工匠精神，脚踏实地，不断攀登技术高峰。他先后荣获"全国五一劳动奖章""全国劳动模范""齐鲁大工匠"等荣誉称号，2020年享受"国务院特殊津贴"。幸福是奋斗出来的，奋斗永不停止。王亮把荣誉作为新的起点，在新征程中为机床行业的进步贡献着自己的力量。

参考文献：

［1］中国山东网.齐鲁工匠｜王亮：用精益求精的劳模精神打造一张张"名片"［EB/OL］.https：//baijiahao.baidu.com/s?id=1705248208866719315&wfr=spider&for=pc.

［2］闪电新闻."齐鲁大工匠"王亮：痴迷于高端数控机床研究17年为工业母机换"芯"提速［EB/OL］.https：//baijiahao.baidu.com/s?id=1699013164185619055&wfr=spider&for=pc.

［3］身边24小时.脚踏实地勇攀技术高峰［EB/OL］.https：//baijiahao.baidu.com/s?id=1735413667752030831&wfr=spider&for=pc.

魏国华：
造纸生产线上的电气自动化控制守护员

魏国华，华泰集团有限公司电仪总工程师，高级技师，先后荣获全国劳动模范、山东省劳动模范、全国技术能手、全国五一劳动奖章、齐鲁大工匠、山东省首席技师、东营市劳动模范、东营市首席技师、第八届全省道德模范提名等。

坚持兴趣，成就出彩人生

既能在线路板上"修补缝纫"，也能给大型装备"把脉问诊"……在全国劳动模范、华泰集团有限公司电仪总工程师魏国华的眼里，只要与电有关系的，不管是仪表、电气，还是自动化，不论多么复杂的工艺，基本没有拿不下的活儿。

在魏国华的童年时期，电器还是个相当稀罕的玩意儿，谁家有个收音机都是宝贝。到了初中时期，学校附近街上开了一家电器修理铺，每当放学他就一溜烟跑去趴到柜台上，静静地看着店主修理收音机，对电的浓厚兴趣成为他潜心研究的基石。

1992年，21岁的魏国华在技校毕业后被分配到华泰集团当电工，负责车间内电器设备的维护及维修。当初厂里新上40万吨造纸生产线设备时，网络设备总是出现突发性故障——停机的问题，每次停机，整条生产线都陷入停滞状态，北京、上海的专家都解决不了，甚至聘请的芬兰专家连续查找几天也查找不出问题。

"这个故障有时一天几次,有时几天也没事,但是一直找不到原因,一停一开,整个车间水、电、气的损耗几十万元就没了。"魏国华回忆说。

为此,魏国华把自己闷在车间里,反复琢磨,从生产线的网络质量到软件的编程,再到线路接触等一项项地进行排除,最终发现是地线的接地质量问题引起的故障。他发现了问题所在,不仅为厂子节约了数万元的费用,又保证了正常生产。

自此,魏国华的维修水平崭露头角,凭借着这股子不达目的不罢休的干劲,魏国华硬是啃下了一块又一块的硬骨头,解决了一道又一道的技术难题。

创新发明,用"中国创造"破解"依赖引进"

魏国华凭着刻苦学习、认真钻研的精神,与国家、企业发展共进步,从一名普通电工一步步成长为技术精湛的高级工匠。魏国华1992年进入华泰集团工作,先后到华南理工大学、西北科技大学、武汉工业大学等高等院校进行专业知识学习,承担了集团公司2400、2640纸机项目自动化设备安装调试工作。随着公司引进国外先进纸机和设备,魏国华两次到德国学习,多次到ABB、SIEMENS、HONEYWELL等公司进行专业培训。很多进口设备没有中文资料,只有英语、德语等外文版本。为了掌握原理、处理故障,他硬是凭借着翻字典、查手机,阅读、翻译了大量自动化设备的相关资料,并对关键技术进行了标注。他成为造纸设备自动化方面的专家,赢得了国内外同行的尊重,并被吸收为德国SIEMENS和芬兰ABB公司专家组团队成员。

对魏国华来说,所谓的创新发明专利和论文发表,不过是日常工作的总结。他认为,只要工作细心认真,成果自然水到渠成。

"我就是在电气自动化方面比较追求完美,只要把这个工作交给我了,我就保证让你满意。比如以前,负责电仪的工作人员天天修航车,这些设备越修越烂,后来我想了一个办法,用毛笔在电仪板上涂上绝缘漆,可以说光这么一点,故障率就下降了80%。"提到这些了不起的成绩,魏国华十分淡定,他觉得发明创造最终还是要运用到实际工作中,能为公司带来经济效益才是最重要的。

百倍其功,终必有成。据魏国华回忆,记得有一次厂里机器设备出现了故障,每次故障一出现,整条生产线都将面临着停滞状态,而引起故障发生的仅仅是一块小小的电路板。"别看是这块小小的不起眼的电路板,国外进口需要20万元呢。"

为了掌握该设备原理,精准处理故障,魏国华硬是凭借翻字典、查手机,阅读和翻译了大量自动化设备相关资料,最终,发明了一款可以将其代替的产品——一个成本不到100元的零件,再加上自己的二次加工便完完全全将这"天价"电路板代替,不但为公司节省了财力,更是用"中国制造"破解了"依赖引进"这个难题。

面对先进进口设备的系统问题,他敢于迎难而上,靠在现场,经常几天几夜不回家,不言放弃。24小时待命,不管是白天黑夜还是寒冬酷暑,无论是吃饭、睡觉,哪怕是在生病的时候,接到通知都第一时间赶赴现场,多年来手机从来没有关过,甚至洗澡都会放在身边。之前没有手机,就主动在家里安装上留言机,生怕漏接每一个电话。有时下班回家吃饭接到通知,放下碗筷就走;有时遇到难题,连续加班几十个小时;有时一个车间的故障刚解决完,另外一个车间又打电话过来。随着集团公司在全国各地投资增设大型造纸生产线、建立林浆纸生产基地,魏国华作为总部及河北华泰、安徽华泰、广东华泰、日照华泰四个子公司的自动化技术顾问,经常奔波于各基地解决疑难杂症,提供技术支持,先后解决重大技术难题100多项。

认真做事,可能会把事情做成,用心做事才会把事情做好。多年来,魏国华始终用"执着专注"的工匠精神要求自己。华泰集团自动化系统设备先进,种类繁多,国产、进口都有,出现的问题多种多样,对技术知识面的掌握范围要求很高。他凭借多年的工作经验，总结出了一套抽丝剥茧的故障处理方法，重点故障重点对待、重点解决。有时候故障太多、范围太大，找不到思路，他就把一切都置之度外，全身心地投入到抢修中，逐项排查，不给自己留余地。造纸自动化程度高，多系统复杂交织，涉及多个厂家，疑难问题多，很多次国内外专家都无法解决的故障，魏国华凭借锲而不舍的精神和精湛的技术都使其得到了解决。许多进口设备由于技术封锁和集成化程度高等原因，出现问题基本上都是进行原件的替换，备件价值昂贵且供货周期长，国内又没有替代品，处处受制。面对这种形势，魏国华在长期的维护中，总结出了一套进口电气设备和电路板的维修技巧，维修精确到电路板上的元器件，有时还进行芯片级的维修。这在一定程度上打破了国外的垄断，逼迫他们降低姿态、降低价格，成果显著，在造纸自动化行业里为中国人赢得了尊严。

在实际工作中，魏国华还特别注重经验的总结和技术成果的积累、转化，不断进行技术创新。他独立完成了80多个技术革新和项目改造，每年为企业增效8000多万元，节约经费1000多万元。同时，魏国华还先后主导或参与完成重要技术成果22项，其中授权国家发明专利4项，国家实用新型专利13项，获中国轻工业联合会科学技术进步奖一等奖1项，获得山东省科技厅计算机应用优秀成果二等奖1项，获得东营市科学技术奖一等奖1项，3项通过东营市科学技术局的技术成果鉴定，在专业期刊发表论文11篇。

同时，在减轻劳动量、提高工作效率、降低故障率等方面魏国华进行了多项卓有成效的工作。比如，针对造纸环境差、化学品腐蚀精密电气元件的问题，他提出的电路板使用绝缘漆防护的建议，大大降低了故障率。他率先将互联网技术引入造纸行业，通过物联网和手机APP，实现了自动化设备维护上的远程监控；他还率先引进无人机进行高压线巡检。他还有很多类似看似简单却饱含着思考创意的新技术、好建议，并在集团公司被大量推广使用，为企业节省了巨大开支，创造了巨大价值。

匠心流传，用心培养技能人才

魏国华以爱岗敬业、求实创新的态度和敬业拼搏的精神，致力于大型造纸生产线电气、仪表自动化设备的大型项目建设与技术革新改造，多年来为公司累计创造效益上亿元。他刻苦学习，认真钻研，与国家、企业发展同进步，从一名普通电工一步步成长为高级工匠。先后承担集团公司2400、2640纸机及年产16万吨、25万吨、40万吨、45万吨新闻纸，20万吨SC纸、70万吨高档铜版纸等17个大型项目自动化设备的安装和调试工作。面对进口的先进设备系统，他迎难而上，以过硬的技术、一丝不苟的态度解决了安全急停、网络通信等外国工程师都束手无策的问题，创造了多项自动化开机调试的世界纪录，成为造纸自动化方面的专家，赢得了外国专家的尊重，被称为"国际一流造纸生产线的电气自动化控制守护员"。

魏国华把善于钻研的韧劲在工作中发挥得淋漓尽致。这一把好手艺吸引了许多企业、技校高薪聘请魏国华，但魏国华却选择了坚守，并把每一次的故障原因及解决措施总结起来，向其他人传授多年积累的经验和技术。

一花独放不是春，万紫千红春满园。作为华泰集团的自动化专业首席讲师，他因人施教、因地制宜，创新地采取了特色培训、实战培训的培养模式，推行全员当老师、全员当学生，先后组织培训81场次，培训900余人次，将自己所学知识和积累的经验深入浅出、毫无保留地进行讲解、传授，带出了一支素质合格、技术过硬的自动化专业技术队伍。其中高技能人才45名，省级首席技师5名，市级首席技师8名，县级首席技师6名，东营市金牌工匠2名，乐安工匠3名及多名技术能手。他还多次组织大型技术比武竞赛活动，对公司电仪人才的培养起到了至关重要的作用。在魏国华的带领下，他先后创办了齐鲁技能大师特色工作站和国家级技能大师工作室等省级劳模创新工作室。在为公司培训人才之余，魏国华还积极参与社会活动，先后被山东技师学院、山东工业技术学院、东营职业学院等三座学校聘任为客座教授，用自己的切身体会和实际经验引导学生投身到知识型、技能型、创新型劳动者大军队伍中来，都取得了很好的效果。

常怀感恩，魏国华不仅把这四个字挂在嘴边，更落实在行动中。面对荣誉的获得，他更多的是感恩于公司、国家的培养和同事的支持，始终保持清醒的头脑和谦虚的态度，珍惜获得的荣誉。他深知自动化没有终点，技术的发展日新月异，稍有懈怠就会落后；他始终坚持俯下身子，扎根一线，加强学习，解决问题，在实践中进行革新创造。

"择一事终一生"的执着专注，"干一行专一行"的精益求精……多年来，魏国华把全部精力倾注于一个个零件、一道道工序、一次次试验，脚踏实地把每件事做好，在平凡岗位上干出了不平凡的业绩，在不断接力中传承"中国风范"，彰显了工匠精神的时代气息。

参考文献：

[1]闪电新闻.全国劳动模范魏国华：以"纸"书写匠人精神[EB/OL].https：//baijiahao.baidu.com/s?id=1736984644374892644&wfr=spider&for=pc.

[2]大众网.全国劳动模范魏国华：精益求精 擎起"中国制造"[EB/OL].https：//baijiahao.baidu.com/s?id=1721042952675919676&wfr=spider&for=pc.

孙志辉：在花火中诠释电焊美学的舞者

孙志辉，男，42岁，烟台冰轮集团有限公司冰轮环境技术股份有限公司机组装配事业部铆焊一班（换热）班长，高级技师。26年扎根生产一线，26年摸爬滚打，26年锻打锤炼，孙志辉用他手里的一把焊枪，焊出了自己璀璨夺目的人生。一路走来，他曾获得全国劳动模范、山东省首席技师、山东省突出贡献技师、山东省最美劳动者、山东省齐鲁大工匠等荣誉称号。他说："能获得的荣誉都获得了，此生无憾。"

初入职场，"黑"孩子通过考验

1995年，19岁的孙志辉，因一次机缘，加入了冰轮大家庭，被安排到车间做焊工。刚入行时，焊接科班出身的老技师，被徒弟们戏称为"黑脸包公"的师傅就把考验甩给了他们：每天8小时，抡起5斤重的铁锤去敲"药皮子"。什么是药皮子？就是焊缝表面上有一层覆盖面，行话就叫"药皮子"，作为徒弟就负责把这层覆盖面一点点敲去，露出里面的金属光泽。这活儿说大不大，说小也不小，就看有没有耐心。焊接工作非常脏累，每次下班回家，人就跟从铁屑堆里钻出的黑人般，只有牙齿是白色的，汗水粘着铁屑刺得皮肤生疼，浑身跟散架似的。因为脏累让孙志辉对焊接工作开始有了抵触心理，萌生出打退堂鼓的想法。这时，公司组织了一次"冰轮杯"焊工技术比武，彻底改变了孙志辉的思想。虽然当时孙志辉参赛的成绩并不好,但是通过这次技术比武,他被同事们优秀的焊接技能所折服,深刻感受到公司对优秀技术工人的重视和培养,普普通通的焊工一样能成材成腕,于是心里埋下了一颗走技能型人才的路子的种子,并慢慢开始生根发芽。

干电焊这个活一蹲就是半天,这是基本功。蹲的时间久了,站起来难免会眼前发黑,头脑眩晕,这时,师傅就会让他们往头上盖一条湿毛巾,擦擦脸,喝点水,眩晕就会减轻许多。日复一日,孙志辉咬牙坚持,再坚持,就这样,苦苦坚持了三个月后,"黑脸包公"师傅感觉他可能是个能敲打出来的"好坯",就开始全力教孙志辉学习实操焊接技术。"黑"孩子孙志辉通过了考验,内心十分雀跃,手持焊枪,他感觉爱上了焊接,并暗暗发誓一定要干好它。

深自砥砺,伤疤见证拼搏的青春

成长是最美丽的痛,风雨过后才见彩虹。2002年,省里举办焊工大赛,当时公司领导认为,让工人更好地成长发展,更好地为企业服务,必须让大家出去长长见识,看看外面广阔世界里都有什么样的能人。公司选拔了3名技术能手参加比赛,这次大赛,孙志辉觉得自己就像爬出井底的青蛙,真是见识了什么是技术能手,虽然此行他们的成绩不佳,但是第一名选手的技术水平让他们大开眼界,高手纯手工焊接出来的活儿,机械手都比不上。这件事深深地刺激到了孙志辉,当时他就想:"人家行我肯定也行。"

焊接方式有很多种,仰焊难度最高,需要操作者蹲坐在焊缝底下,仰头进行电焊操作,并且要保持姿势好半天,完成一次操作后会手酸、腿酸、胳膊疼、脖子疼。为了提升仰焊技术,孙志辉对着头顶的钢板反复练习,不管身上穿多少层衣服,包裹多么严实,滚烫的铁水加上火星子还是会顺着脖子流进后背,滚烫的铁水和火星子烧得皮肤火辣辣的疼,一会儿便化成了成片成片的大小水泡,有的水泡化脓结痂，睡一夜起床后，皮肤都能粘在床单上。他的脸上、身上、胳膊上布满了大小不一的疤点和伤口，仅一条胳膊上，他曾经粗略地数了数，多达三四十个疤点，身上的疤点更是数都数不清。

焊接环境也各不相同，在筒体内焊接被认为是最苦最脏的活，身体必须翻滚来操作，常常一干就是两三个小时，出来时头发都被烟熏黄了，鼻孔里面全是黑灰，连吐出的痰都是黑的。尤其是夏天，一方面要忍受着火花的灼烧，一方面还要忍受着高温下电焊光对皮肤的炙烤。焊接保护气体多为有毒气体，加上电焊光对身体的刺激，皮肤经常爆皮，经过三四天，前胸脯就跟蛇蜕皮似的，一下就能撕下一大块来，一个夏天能撕三四次。妻子看到他浑身的水泡和每天早上起床时的惨状，心疼地对他说："咱不干这个了，不干了行不行？"

孙志辉是农民出身，干过农活，遭过罪，他就想："咱一个农村出来的，怕什么，牙一咬就过去了。"他抓紧一切空闲时间和机会苦练焊接技能，日复一日用心学习、揣摩和实践，就凭着这股劲儿，他的焊接技术水平得到了飞速的提升。他终于成为全公司拿到锅炉压力容器焊工证，船用焊工证，ASME证中不同焊接方法、焊接位置、焊接材料各项专业焊接资格证书最多的一名焊工。随着时间的推移，手臂和脸上深褐色的斑点增加了一批又一批，可他却从来没有后悔过。身上的疤点，每一个都是一个故事，都是这么多年搞电焊给他留下的纪念，对这些疤点，作为一名电焊工，孙志辉很自豪，他说："如果没有这些疤点，哪有我的今天！"

攻坚克难，为效率创新不遗余力

中国有句古话说得好，"干一行，爱一行，钻一行"，孙志辉觉得既然选择了焊接这一行，就要尽自己所能把它干好，怎么才能干好？就得肯吃苦，能够拼，但也不能光靠蛮力，还得保持钻劲和韧劲；知道干，还要知道应该怎么干，干不好的活问题出在哪,原因是什么,还要多思考怎样提升焊接性能和质量。

创新是发展的源泉,孙志辉手里拿的虽然是焊枪,而心里想的更多是改造、革新。孙志辉对钨极氩弧焊机的焊枪构造和电路的控制进行改造,把人爬进筒体内焊接改为筒外焊接,降低了工人的劳动强度。孙志辉对旧的钨极氩弧焊机的供气系统和水冷系统进行了改进,延长了设备使用寿命。他配合技术部门,攻克将钨极氩弧焊用到钛换热管容器的焊接制造难题,使公司具备了制造钛换热器的能力。他摸索调整操作角度、填丝量和收弧等技术参数,满足了不锈钢、碳钢、紫铜、钛等焊接熔合的需要,打破了紫铜与合金、铝与合金、钛与合金、超薄不锈钢等焊接技术的瓶颈,降低了劳动强度,提高了焊接质量,提高了生产效率。

永不止步的创新,让孙志辉率先站在技术领先的角度,打开了向国际先进技术最高目标看齐的思维视野。2013年,公司以孙志辉的名字命名,成立了劳模创新工作室,该工作室2014年被评为市级劳模创新工作室,2015年被评为省级劳模创新工作室。劳模创新工作室的成立,让孙志辉又迎来了创新的春天,从德国制冷展归来,他得到启发,结合德国制冷技术高参数要求,突破性地攻克了青铝铜焊接方法、小筒径法兰或筒体配套焊接工艺等技改项目10多项。十几年来,他进行各种技术创新和改革20余项,取得专利2项,使焊接生产率平均提高了三倍,产值也提高了很多,且以焊接技术为突破口,实现了在化工、食品、汽车等领域项目焊接技术上的破冰,为公司大举进军化工、核电、船舶等新领域做出了贡献。

敢于担当,挑重任打破行业壁垒

困难是绊脚石,更是成长的试金石。在工作中他任劳任怨,冲锋在前,勇挑生产重任,独自或者带领班组完成了一次又一次艰难的生产任务。每一次攻克,都如一次破茧成蝶,让他又有了新的收获。

2004年，在为日本制作除霜机过程中，孙志辉第一次接触到紫铜管焊接。业内人士都明白，紫铜焊接是很难"玩转"的技术。管路工艺复杂、角度刁钻、温度难控，他翻阅大量的技术书籍，反复调配试验，最后突破了预热与融合温度等技术难关，使焊接合格率达99%，让对产品外观质量要求极为苛刻的日本客商不由得竖起大拇指。

2006年，在给上海汽车厂商焊接配套产品时，他又啃上块"硬骨头"——要焊接的钢板厚度只有0.4毫米，比常用的白纸能厚一些，焊接时喘气粗点儿都会造成焊缝焊穿。干好这活儿，不但要技术上高、精、尖，心理素质上还要稳、准、强。为了干好这批产品，他天天下班后先拿小板专心演练，探索配比保护气比例，手法上如苏绣、杭绣般细腻，真可谓丝丝入扣、步步惊心。就这样，经过高强度刻苦练习，他们焊接的这批产品，一次性探伤合格率全部100%。

2007年，公司承揽出口美国的锅炉用SPX管路组件项目，产品形状复杂，尺寸精度要求高，要求上下偏差不超过0.5毫米。孙志辉承接焊接工作，与技术人员中的一位老师傅共同研究讨论，采用调整焊接顺序，控制焊接参数等措施，最大程度地控制焊接变形，最终满足了美国SPX公司对产品的尺寸精度和外观质量的要求，使公司取得了批量生产的资格。

2018年，孙志辉参与完成中科院氦气压缩机组等核心产品的研发、试制工作，根据他的焊接经验提出设计改进建议20多条，让试制产品顺利通过验收。疫情期间，他带领青年突击队，打破一次又一次交付记录，完成一次又一次看起来根本完不成的任务。多年来，他凭借全面而过硬的焊接技术，每年独自承揽的高难度的生产任务产值近1000万，焊接的产品遍布世界各地，涉足各个领域，亲手焊接的冷凝机组傲立于人民大会堂和鸟巢，为公司大举进军化工、核电、船舶等新领域做出了自己的贡献。

感恩平台，大力培育工匠精神

26年来，孙志辉身上挂满了各种荣誉奖牌，从"感动冰轮"人物到山东省首席技师，到全国劳动模范，他收获了无数的光环。随着技能和名气的提升，这几年，很多企业许以高薪和优厚待遇想要聘他，有家企业开出高额年薪的工资，可他谢绝了。他说："在冰轮工作了这么多年，冰轮集团的发展是我成长的动力源泉，我能有今天完全是企业培养出来的。我的每一点进步都跟企业息息相关，引领冰轮高质量发展的领导、志同道合的同事，大家的关心爱护、支持帮助浇灌了我，厚重的企业文化滋润了我，我由衷地感恩感谢，也时刻告诫自己千万不能迷茫。"

孙志辉认为，一个人好不算好，你再怎么好终究是一个人，力量终究是有限的。因此他一直思考着如何将他的技术传承下去，他希望带出更多和他一样的徒弟，为栽培他的公司再多尽一份力。功夫不负有心人，多年来他带出100多个徒弟，他们逐渐成长、成熟，其中40多人获得高级技师证书，52人获得技师证，其中2人获得"齐鲁首席技师"和"烟台大工匠"称号，4人获得"烟台市首席技师"称号，2人获得烟台市"五一"劳动奖章，2人获得"烟台市技术能手"和"新长征突击手"称号。同时，他也把他的经验毫无保留地传递给需要的人，作为烟台市第一批"金蓝领"培训讲师，他培训的人员中98%取得了技师资格。

聚力成长，永远奋斗在路上

心有多大，舞台就有多大，要成为行家里手需要终身学习，学习是成长的阶梯。孙志辉说以前他不太喜欢读书，但是在焊接工作中，有许多问题，比如说不同钢材的熔点、异类钢材的焊接层间温度的控制等问题困扰着他时，不查阅书本，不借鉴经验，就处理不好焊缝质量问题。很多难题，他从书本上或者是网上查阅大量资料后，得到灵感才能得以解决，所以慢慢地他就喜欢看书，喜欢钻研，学习就变成了习惯。闲暇之余，他也时刻不忘对自己进行总结，结合理论和实践编辑了全套焊接技术培训教材。虽然在大家眼中，他已经练就了很高的焊接技能，已经取得了很好的成绩，但每次拿起焊枪，他一刻也不敢放松：从准备工装、保护气体配比、调节０电压电流、选择焊条和焊接角度，每一步他都成千上万次地试验，细心记录变化与差别，用心琢磨每一个细节，持续学习总结与摸索焊接规律。

孙志辉说："当今，知识更新日新月异，信息传递四通八达，高手如云，也一浪更比一浪强，我必须让自己保持最佳状态，做好日常积累和储备，时刻准备着迎接新的技术难关，时刻准备着迎接新的艰巨任务的挑战，永远保持奋斗心态，与公司同进退、共成长。"

因为偶然，孙志辉选择了辛苦的焊接职业；因为坚持、创新、拼搏，他收获了掌声和荣誉；更因为热爱，成就了他蓝色的梦想。焊花在他希望的蓝海中闪动，让他的青春一路奋斗，一路精彩。孙志辉动情地说："我决心以更加坚实的脚步，更加昂扬的姿态，朝着焊接技术更高端领域继续前行，为铸就时代'金蓝领'，再抒风采，再创辉煌！"❶

---

❶ 本文由孙志辉工匠提供。

张合礼：
一把焊枪铸造出高铁列车脊梁的焊接大师

张合礼，中共党员，出生于 1985 年 9 月，中车青岛四方机车车辆股份有限公司电焊工高级技师，高级工程师，中国中车首席技能专家，国家级技能大师工作室领衔人，享受国务院特殊津贴。

曾先后荣获全国技术能手、全国青年岗位能手、山东省泰山产业领军人才、齐鲁首席技师、齐鲁大工匠、山东省富民兴鲁劳动奖章、中国中车高铁工匠、青岛市劳动模范、青岛市首席技师、青岛大工匠等荣誉称号，2013 年当选中国共青团第十七次全国代表大会代表。

端稳"技能饭碗"

张合礼能吃苦，师傅用"有股钻劲儿"形容他。狭窄的焊接空间里，张合礼可以不吃不喝，持续作业七八个小时。可在他看来，这些苦都不及"没有技术"来得苦。

张合礼出生于陕西农村，初二那年，因为家庭贫困，他辍学外出打工。在建筑工地做过工地小工，遭遇包工头"跑路"，也当过饭店洗碗工，即便后来来到青岛，在饭店打工通过自学已经取得厨师三级职业资格证书，有了每月近5000 元的收入，张合礼依然觉得"唯有经过系统、专业的学习，才能走的更远"。

2005年，20岁的张合礼如愿以偿，成功考入青岛四方机车车辆高级技工学校焊接专业。

从零开始的专业技术学习，对于半工半读的张合礼来说并不轻松。但是他格外珍惜这来之不易的学习机会，每天4点多起床帮饭店卖早餐，然后再去学校上课，晚上再回饭店刷碗、扫地，深夜回家继续学习。半工半读的4年里，他每天睡眠时间不足5小时。为了争取更多"练手"机会，他主动提出义务维修学校设备，以此换来了比其他同学多出1倍的实操时长。

2008年，青岛职业技能大赛首次增设学生组，张合礼代表学校参加了大赛，一举夺冠，拿到了免试进入中车青岛四方股份公司的"入场券"。第一次看到气派的车间和先进的设备，领教了师傅们的技能，张合礼直言"技能饭碗不好端"。

一次焊接结束，头戴焊帽视线受阻的张合礼，不小心将高温的焊枪碰到了师傅的手臂，一条十几厘米长的水泡瞬间鼓起，师傅的第一反应不是处理烫伤，而是迅速趴到设备里查看焊道，以便在最短时间内修改处理。"从我们手里交出去的活儿，不能让别人挑出任何毛病。"只这一次，张合礼瞬间明白了师傅常挂在嘴边的这句话的意义。张合礼像海绵一样疯狂地吸收各种知识，看完了十多本专业书籍，对于《电焊工》甚至能达到背诵的程度，练习的边角料加起来足有四五吨重。原本需要1年才能转正，他只用了6个月。

2011年，张合礼代表中国参加在德国举行的LVM杯中德国际焊接大赛，德国专家看到他的焊件不禁竖起大拇指。那次比赛，张合礼的成绩是第一名。技能的饭碗，他端稳了。

潜心钻研练技能

张合礼勤奋好学，勤于钻研，勇于创新，是国内从事高速动车组车体焊接制造最高水平的典型代表之一。他技术全面，技艺精湛，是高速动车组生产现场应急疑难问题解决专家。他工作认真负责，严谨细致，扎根一线，任劳任怨，是中国高铁工人精神的"代言人"。他精通国内外多种型号高速动车组及城轨车体焊接、制造工艺，掌握 MIG、TIG、MAG 等多种先进焊接方法，擅长铝合金、不锈钢、碳钢等材料的焊接。近年来，在他不断的付出与努力下，他取得了国际焊接技师证书（IWS）、国际焊工资质 8 项。

在中车青岛四方公司的张合礼劳模创新工作室，放着 2 本厚达 200 页的《焊接操作手法标准化作业指导书》和《车体焊接打磨图示化作业流程及技术标准》，这是张合礼与工作室成员倾注多年心血的成果。这 2 本"指导书"汇总的各类操作手法适用于我国动车组的所有焊接、打磨作业，能有效提高焊接一次合格率和显著降低生产成本。

手持焊枪 14 年，张合礼完成的焊缝累计有 70.2 万米，经他手焊接的高速列车多达 500 列。焊接虽然辛苦，但 37 岁的张合礼却格外享受那份心无旁骛的工作时间。戴上焊帽、拿起焊枪的瞬间，他的整个世界只有眼前 4 平方厘米的防护屏，心里装的只有焊缝、电弧和熔池。任外界如何喧嚣嘈杂，这个 4 平方厘米的世界，谁也走不进。

70.2 万米焊缝

张合礼创新工作室里摆放着逾百个奖杯、证书，由他或工作室成员完成的工件整齐排列在展柜里，堪称艺术品。"你看这个铝合金焊件，它的焊缝不论是波纹还是宽窄都均匀一致。"说起自己擅长的领域，张合礼滔滔不绝，专注中倾注着热爱。

十几年的焊接经历，张合礼坦言，最难的当数动车组司机室焊接。

2015 年，中车青岛四方公司承制我国首列"复兴号"CR400AF 高速动车组，列车车头由 80 多块不同弧度的蒙皮拼接而成，共有 3000 多条焊缝，总长度 600

多米。"这些焊缝囊括了平、立、横、仰等焊接位置,焊接流程非常复杂。"张合礼回忆说。

连续15天,张合礼没日没夜地"泡"在工作现场,历经上百次试验,终于探索出"司机室蒙皮组合焊缝不停弧转换"焊接法,让焊接合格率提高了30%,工作效率提高了50%。生产实践中张合礼还发明了"双枪双面协同焊接方法",设计了"高速动车组空簧螺丝座安装压紧器""CRH2型动车组枕梁上盖板焊接工装",解决了"高速动车组司机室气密墙搅拌摩擦焊修复""CRH380A枕梁组装焊接工艺优化"等关键性技术难题,并在20余个型号高速动车产品项目中得到推广应用。

高速动车组车体在研制生产之前必须进行极其严格的焊接工艺评定,张合礼参加了工艺评定专家组,并发挥了高技能人才的特殊作用。以张合礼焊接取得的有关数据为重要参考,企业编制的《铝合金车体焊接规范》在指导批量生产中解决了大问题。

十几年来,张合礼见证了中国高铁的不断创新,2017年,我国首列时速600公里高速磁悬浮列车在中车青岛四方公司研发试制,张合礼再次被委以重任:两个月内,带领团队12名成员获取车体所有焊接的工艺参数,为技术部门提供数据支撑。这是一项庞大且毫无头绪的工程:一台车体上有上万条焊缝,每条焊缝都要有对应的详细数据支撑,例如焊接电流、电压、速度、焊接角度、焊接热输入等近20项数据,这是焊接作业人员现场施工的重要依据。

600公里高速磁悬浮是一个全新的车型,其中需要的许多新设备、新材料、新方法、新工艺以前他从未接触过,给焊接带来了新的挑战。为了确保数据的精准性,团队白天在现场实验,晚上整理分析数据,有时为了一条焊缝要进行上百次反复验证实验,每天就休息三四个小时,白加黑更是成了他们工作的常态,但是没有一个人退缩。记得当时张合礼1岁半的儿子生病上医院他都没能去陪伴,就这样经过团队的努力,两个半月完成了全部任务,优化创新技术100多项,实现了数据参数"零误差"的目标，为技术部门提供了大量的焊接数据，并编制了《磁浮车体关键焊缝焊接操作要领》，明确了关键焊缝的工艺流程及施工工艺，为高速磁浮列车的批量生产打下了坚实的基础，在保证首列车准时下线工作中发挥出了重要作用。现在看到自己亲手参与制造的复兴号动车组奔驰在祖国的大地上，他感到无比自豪。

从时速250公里到350公里的动车组列车，从"复兴号"高速列车到时速600公里的高速磁悬浮列车，张合礼完成的焊缝累计70.2万米，留下他"烙印"的500多列高速列车驶向祖国的四面八方。

与中国高铁"焊"在一起

"13排70座。"虽然已经时隔多年，张合礼仍然清楚记得2013年走进人民大会堂，参加中国共青团第十七次全国代表大会时的座位。

"国歌奏起时激动的心情，用任何语言都无法表达。"再次回忆，张合礼仍然用"难以置信"来形容，那是属于技术工人的高光时刻。

对于获得的全国技术能手、享受国务院特殊津贴、全国青年岗位能手、齐鲁大工匠等荣誉，张合礼说，自己很幸运，生在伟大的时代，赶上了中国高铁高速发展时期，制造了一个好产品，进入了一个好企业。站在中国中车这个平台上，自己不断成长，成为与中国高铁共同成长的一代技术工人中的一员。

近几年，智能生产车间的改变让张合礼欣喜，在中车青岛四方公司，焊接机器人已承担起50%以上的焊接任务。从繁重体力劳动中解脱出来的张合礼深知，时代对于技术工人的要求已不同往昔。

学习软件、练习编程、反复实操……一年多时间里，张合礼"长"在了工作室里，闷头钻研自动化编程。从最初简单的公式，到成功编写曲面焊接指令，张合礼和团队成员反复论证每条编程的可操作性，确保机器人焊接能满足现场各种需求。

"加工制造智能化并不是人工技能的终结，恰恰需要更精湛的技术能力作为支撑。"张合礼直言，一些年轻技工误以为车间作业只是操作机械，殊不知如果不具备扎实的实操技能，仅靠数控操作很难保证产品质量。"我们要成为机械的'大脑'，将手中的技能通过编程'移植'给机械手臂，这是产业工人与智能生产线的搭档方式。"

2021年7月，张合礼参与技术攻关的600公里高速磁悬浮交通系统成功下线，填补了我国高铁和航空之间的速度空白。张合礼说，从样车试跑到投入使用，还有很长的路要走，他们正全力以赴，力争这天早日到来。

如果说，当初选择焊接是为了改变命运，那么，不知从何时起，对于焊接的热爱，早已在张合礼心里生根发芽。一把焊枪，把他与中国高铁事业"焊"在了一起。

技艺倾囊相授、传承匠心

"一枝独秀不是春，百花齐放春满园。"虽然年轻，但是张合礼已经是车间里的"老师傅"。他承担了员工岗位操作技能培训工作，毫无保留地把技术和经验传授给同事们，累计授课1500人次，先后带出了多名优秀焊工，其中6人取得高级技师职业资格，10人取得技师职业资格，都成长为一线的焊接骨干。

说起带徒弟，张合礼有着自己的一套方法，在他看来，最需要传授给徒弟的不是技术，而是敬畏感。"一定要'传'出智慧，'帮'出成长，'带'出文化，让徒弟在心里对产品敬畏，对流程尊重，对工作严谨。"张合礼说："复兴号列车以300多公里时速运行，每列车有1万多条焊缝，任何一条焊缝如果质量出现问题，后果都不堪设想。作为一名工人，角色虽小，责任天大，工作中一点点的失误就可能危及许多人的生命安全，造成巨大的经济损失。作为一名焊接工人，要不断提升技术，精通本职工作，把一切都最终落实到产品质量和安全上。"

　　张合礼以精湛的技艺和高度的责任感、使命感，传承着工匠精神，为我国铁路装备事业默默奉献，他始终保持着淡泊名利、无私奉献的精神，践行着高铁工人精神，努力为中国高铁这张亮丽名片增光添彩。❶

---

❶ 本文由张合礼工匠及中国铁路工会中车青岛四方机车车辆股份有限公司委员会提供。

冯新岩：把光明带给千家万户的"电网医生"

冯新岩，中共党员，1980年2月出生，2000年7月参加工作，现任国网山东省电力公司超高压公司变电检修中心五级职员、电气试验班副班长（兼）。

冯新岩坚守特超高压电网电气试验生产一线20余年，是从生产一线上成长起来的国网首席专家，曾获全国五一劳动奖章、山东省优秀共产党员、山东省劳动模范、齐鲁大工匠、富民兴鲁劳动奖章、齐鲁首席技师、山东省省直机关道德模范、国网公司劳动模范、中央企业技术能手、国网公司青年五四奖章等殊荣。

不忘初心，牢记使命

作为一名共产党员，冯新岩在电气试验岗位上坚持、坚守，20年如一日，他耐得住寂寞，脚踏实地，始终牢记共产党人的初心使命，以初心筑匠心，认真践行"工匠精神"，从一名普通的电气试验工成长为业界技术大拿。

20年里，冯新岩始终以共产党员的标准严格要求自我，他的工作足迹遍及山东省所有500千伏及以上电压等级变电站，发现特超高压专用避雷器内部受潮等重大缺陷100余次、一般缺陷600余次，避免因设备故障可能导致的损失超10亿元，在行业内被誉为电网"匠心神探""特超高压'挑山工'""电力界的福尔摩斯"，为山东特超高压电网安全稳定运行做出了重要贡献。

20年里，冯新岩一直坚守初心，他曾说："我庆幸自己赶上一个好时代，自己一路走来所获得的种种荣誉，是自己的幸运加上众人努力的结果。人要不忘初心，心怀感恩之心，才会坦荡。"他长期帮扶商河县张坊乡希望小学的一名困难学生，带领周围青年员工成立"靓青春"青年志愿服务队进社区敬老院、赴贫困地区校园开展义务劳动及捐赠活动。他经常主动要求周末出差，为的是给年轻同事多一些与家人、孩子相处的时间。生活中同事之间大到婚姻大事，小到发烧感冒，他都看在眼里，也会尽自己所能地帮助他们。心怀感恩、善待他人，冯新岩用实际行动展示了电力人的"铁骨柔情"，20年职业生涯中勇于担当、扎根一线的精神，不忘初心、甘于奉献的精神诠释了一名优秀基层共产党员的忠诚与担当，展现出新时代产业工人的先锋形象。2022年，冯新岩参加了中国共产党山东省第十二次代表大会，并当选了山东省出席党的二十大代表。

技艺精湛，专治"未病"

俗话说，上医治未病。电气试验工被形象的称为"电网医生"，为电压等级最高达百万伏的特超高压电网设备进行状态检测，就是他每天的工作。这些看似枯燥却充满危险和挑战的工作，冯新岩一干就是20年。

在几十万甚至百万伏环境下进行带电检测，风声、电晕声、设备的运转噪声，夹杂在一起，周围的静电像针扎一样刺痛皮肤，在如此危险的环境下他的耳朵要从混杂的声音中，辨别出设备内部细小的异常放电，通过传感器分析出十亿分之一秒级别数据的差别，并准确定位设备故障位置，这在常人看来不可思议的工作，却是他的拿手绝活。他有个有名的绰号"匠心神探"。用他的话说："就像给人做体检，我们就是用各种检测手段提前排查隐患。""把隐患消除在萌芽状态"，这是冯新岩的工作，也成了他的坚持。

"冯班就像检测机器人，左眼是红外检测眼，右眼是紫外检测眼。"在试验班那些事儿中，技术大拿冯新岩的漫画被形象地演化为人机合一的智能机器人。对这个形象，憨厚的冯新岩笑着说："试验对技术和经验要求很高，测量甚至精确到十亿分之一秒，双眼不能放过任何蛛丝马迹。"

特超高压环境下带电检测干扰多，诊断难度大，为此，他在工作中不断积累摸索，独创了"多类型传感器融合的干扰识别方法""大型变压器内部放电源位置的特高频定位法""'望闻问切'的'中医'设备缺陷查找处理方法""GIS 内部接头发热红外检测技术"等一系列行业内领先的状态检测及设备缺陷查找方法。一次对 ±660 千伏胶东换流站设备带电检测时，掺杂在杂乱噪声中的内部放电声音没能逃过冯新岩的"火眼金睛"，他判断设备内部放电严重，顶着压力要求对设备停电解体，排除了设备内部严重放电的缺陷。一次在查找 1000 千伏泉城变电站主变压器乙炔数值超标原因时，他利用自己独创的"大型变压器内部放电源位置的特高频定位法"成功定位并消除潜油泵异常导致内部放电的设备缺陷。山东电网采用冯新岩团队研究出的"GIS 内部接头发热红外检测技术"，仅在 2019 年迎峰度夏期间就发现危急缺陷 10 余起，避免直接经济损失上千万元。像这样的案例，还有很多很多。

2012 年 6 月，他通过红外检测发现 500 千伏崂山变电站 #2 主变 A 相高压套管漏油缺陷；2014 年 3 月，通过特高频局部放电带电检测发现 500 千伏光州变电站 #4 主变 220 千伏侧 GIS 放电缺陷；2014 年 6 月，利用红外热像诊断出 500 千伏琅琊变电站 GIS 内部分支母线导体接头发热的缺陷；2017 年 5 月，成功诊断出 1000 千伏昌乐变电站百万伏电抗器内部铁芯夹件放电缺陷；2018 年 1 月，通过局部放电带电检测成功定位出 ±800 千伏广固换流站一台换流变内部严重局部放电的缺陷；2018 年 4 月，通过停电试验成功诊断出某厂家换流变升高座内屏蔽多点接地导致电流互感器测量误差偏大的家族性缺陷；2019 年至 2020 年，通过对山东省百万伏变电站 GIS 盆式绝缘子的带电检测，成功诊断出 5 处盆式绝缘子局部放电缺陷。

这些都是行业内鲜有的典型案例，避免了多起可能导致大面积停电的事故，保障了山东特超高压电网的安全稳定运行。20年来，冯新岩在特超高压变电站状态检测中从未失过手，在查找带电设备隐患方面，他达到了业内顶尖水平。

攻坚克难，勇挑重担

2000年刚参加工作时，工作中许多难题让冯新岩束手无策，他不断学习、反复操作，不把问题解决绝不放手，这种韧劲使得他在技术上不断提升。他带头设计研发的"多功能局部放电带电检测辅助装置"，解决了GIS高处及结构复杂部位检测困难、安全隐患多等问题，这项成果荣获山东省创新创效竞赛决赛一等奖，并在国内同行业得到推广应用。他先后取得专利19项，16项技术创新成果获得省级及以上奖励，累计创造直接经济效益5000余万元。一个个红皮证书，是对冯新岩刻苦钻研的肯定，更是对他技术水平的肯定。

目前，山东电网共投运5座1000千伏交流特高压变电站、2座±800千伏直流特高压变电站，规模位居全国首位。面对新的挑战，冯新岩主动请缨，带领自己的创新团队开展《特高压变电站局部放电带电检测抗干扰及定位关键技术研究》等8项科技项目，在缺乏可参考性资料的情况下，创新团队自力更生，大胆采用新材料、新技术，成功解决30多项特高压现场检测技术难题，为山东境内特高压变电站的安全稳定运行提供了技术支撑。

冯新岩不仅在日常生产中亮绝活、担大任，还是名副其实的"考霸""学霸"。2003年，他参加山东电力集团公司绝缘油分析技术比武，获团体第三、个人第十。2006年，他参加全国电力行业电气试验工技能竞赛，获团体第一、个人第五。2015年，他作为教练兼队长参加国家电网公司GIS带电检测技能竞赛，获个人、团体双第一。2016年他带队参加国家电网公司带电检测促提升活动，获得团体第二。他注重经验总结，理论提升，撰写并发表技术论文23篇，参与编写9项技术标准，《高压组合电器》和《电网设备带电检测技术》等7部图书由中国电力出版社出版发行。追求卓越，努力超越，他用努力和执着完成了从"专业菜鸟"到"技术专家"的蜕变。

坚守匠心，传承技艺

2016年，冯新岩被聘为国网公司高级兼职培训师，为来自全国各地的电力从业者传授经验，累积授课600余课时，培训学员1000多人次，并被评为"国网技术学院优秀兼职培训师"。2016年6月，冯新岩技能大师工作室被山东省总工会命名为"冯新岩劳模创新工作室"，开展培训43次，培训学员560人次。近年来，他共培养徒弟10名，其中4人在省部级及以上技能竞赛中取得优异成绩，真正做到"劳模身边再出劳模，能手身边再出能手"。

冯新岩利用微信等信息载体开展带电检测技术大讲堂、专业技术难题解答，为全国电气试验专业人员耐心解答疑难问题，其个人手机号已成为电气试验专业咨询热线，随时给予现场有疑问的试验人员以热心帮助，成为业内公认的"技术大拿"和电气试验界的"百科全书"。尤其是在疫情防控期间，由于不方便在现场开展技术交流，他通过远程视频为全国电力行业内检测人员开展远程技术指导及视频培训上百次，帮助解决多项现场技术难题，为确保电厂、电网设备安全运行，保障电力供应做出了应有贡献。[1]

---

[1] 本文由冯新岩工匠及国网山东省电力公司超高压公司工会委员会提供。

贾廷波：
夜幕降临，他将"彩虹"送到千家万户

贾廷波，49岁，中共党员，正高级工程师、高级技师、山东省首席技师、国家电网公司优秀专家人才。1997年7月参加工作，曾分别在检修、开关、继电保护班工作，精通一次设备和二次设备的专业理论知识及操作技艺。2009年，在山东省继电保护专业技能竞赛中获得个人第一名、团体第一名，先后被评为"山东省劳动模范""全国电力行业技术能手"、第二届"齐鲁工匠"、首届"日照工匠""电网工匠"、2020年"全国劳动模范"、2020年"齐鲁大工匠"。贾廷波参加工作23年来，一直扎根在变电检修生产一线，他善于学习，勇于创新，用拼搏和汗水实现了从职场小白到专业带头人的蜕变。

23年"小本子"不离身，摞起来一米多高

每天上班，贾廷波都会提前一小时到达办公室，拿出小本子，梳理当天的工作，并做好安全分析，这是他每天必做的"早课"。当天，他要到新建的220千伏左岭变电站去，这"小本子"可是他工作中必带的宝贝。

他每次完成当天的工作后，回到办公室经常超过了晚上8点，简单吃过晚餐后，又开始了每天的"晚课"，拿出笔记本，总结记录一天的工作和体会。

善于记录、总结、积累和收集，贾廷波说这是他最好的习惯。口袋里装着小

本子，每次遇到难题或者有新的想法他就记录下来，不断学习改进。

"变电运检中心有四个班组，我干了三个。"从变电检修班、开关班到保护班，变电检修班组的工作贾廷波几乎干了个遍。因为业务范围、技术要求差别很大，所以每次岗位调整都需要从零开始，贾廷波便带上小本子，重新做回"小学生"——小窍门，记下来；小难题，记下来；每天的施工进度，记下来……边学边记，边记边用，他总是能在最短的时间内，掌握新岗位的新技能。

"刚参加工作的时候，我就喜欢拿着小本子，记录工作中不懂的问题和重点问题，晚上回家后，再找出相关书籍认真地学习。很多东西只看理论印象不深，不如干了工作之后，感觉哪里理解不透，回过头再看理论，再用理论指导实践，这个反复实践学习的过程，就能把知识点学深、学透。"贾廷波善于学习，也勤于学习。

贾廷波工作的 23 年里，小本子不但成了他的标配，更是他的法宝，如今上百个笔记本摞起来已有一米多高，他的业务水平也跟着飞速提升。从最开始的操作手，到后来的主责、技术员、班长，再到工区的专工，五级职员，从电力一线最前沿干起，延伸成为电网检修行业的佼佼者。

国网日照公司变电运检室主任李鹏说："在我们变电运检室，贾廷波属于复合型人才，岗位变化多，技术上手快，他熟悉这里的几乎每一个专业，这与他的勤勉是分不开的。"2009 年，贾廷波通过层层选拔，以公司选拔赛第一名的身份参加省电力公司继电保护技能竞赛，荣获个人和团体双第一，这也是日照供电公司在保护专业竞赛中取得的最好成绩。

贾廷波说，只有多学多干多想，用心地去做每一件事情，才能把工作干好。每天都要做一个最好的自己，然后日积月累，一定能有所收获。

每天行走 3 万多步，脚底全是泡

2006 年，是日照电网飞速发展的一年，工程多而且急。贾廷波每天睁开眼，就到施工现场，剥电缆、做头、接线、铺缆……

每天行走 3 万多步，半夜回到工棚袜子都不敢脱，整个脚底全是泡，白的红的密密麻麻，白的是水泡，红的是血泡。那段时间，贾廷波做梦都在铺电缆："梦里铺电缆都是自动化，像蛇一样，自己往电缆沟里钻，嗖嗖地……"

即使在那样艰苦的条件下，贾廷波每晚 11 点都会打开电脑记录、总结当天的工程进度，编制第二天的工程计划。

2007 年，贾廷波被任命为保护班班长。此后，他把检修记录的整理建档提高到空前的高度，形成了保护班近十几年的"检修大数据"。

贾廷波的电脑就是日照变电站设备的一个小型"档案馆"。一个个文件夹整齐有序，详细记录着日照供电公司所辖 50 个变电站的数千台设备的"档案"，并据此组织编写了标准的设备信息管理表，及时统计各变电站保护软件版本、检修记录、设备缺陷等信息，保证工作记录及时更新，方便工作查询、检查，有效提升了工作效率。

"那段时间，每天晚走一个小时，记录当天所有工作，再以变电站为单位分类整理归档。提前 1 个小时上班，梳理好当天工作，再告知大家工作中的危险点和注意事项。"贾廷波的记录及时、全面、真实，不仅方便工作查阅，还有班组每一位成员的细微不足与可贵进步。

贾廷波笑着说，那是他最像劳模的一段时间，在高压状态下，脑袋里有根弦一直在绷着。有段时间，他连回莒县老家，都在车的后备箱里放着安全帽、工作服和工具箱，一有问题，随时开车到变电站处理。

每逢打雷下雨的晚上，贾廷波就坐在电脑前，紧张地盯着供电系统，哪条线路跳闸了，系统马上就能显示出来。说到此处，贾廷波叹了口气，从话语中都能感觉到他的紧张："唉，那时候真是……打一个雷，心就一瑟，最怕恶劣天气，怕影响居民用电，不管什么时候，都要抓紧抢修处理。"

贾廷波清楚地记得，当班长时他的体重一直在130斤以下，而2010年到了管理岗位，心情一下子轻松了，体重也"唰"地一下增长了10斤。

劳模还是技术控，30多项创新成果获国家专利

2010年，贾廷波根据公司创新和实训两大需求，组织创建了"贾廷波创新工作室"，经过十年的持续创新建设，在省内外已小有名气。2019年，全国劳模工匠论坛在日照召开，来自全国的劳模、工匠代表等80余人到工作室现场观摩交流，他的经验做法得到了代表们的一致赞赏。工作室先后被授予山东省"劳模创新工作室""省电力公司技能大师工作室"等荣誉。

在贾廷波的带领下，工作室提出"微创新"理念，从实际生产的细微处入手，以创新手段解决技术难题，大量创新成果和先进经验得到提炼与推广。其中，由他主持完成的20余项创新成果获得市级以上表彰，30多项创新成果先后获得国家专利，发表论文10余篇。

贾廷波认为，新时代的劳模不能只做老黄牛，还得有创新、有突破。而在生产过程中，遇到疑难问题，解决疑难问题，这个过程就有了创新。

2018年，国网公司提出"一键顺控技术"战略，贾廷波就想着"应该让一键顺控率先在日照公司落地应用"。

没经验可循，没资料可查，贾廷波团队硬是凭着工作经验，开始了艰难的研究。他们白天去试验，晚上做方案，经常干着干着就是一个通宵，就这样用了一年的时间，先后召开现场讨论会22次，修改建设方案27稿，3100余次顺控试验，5000余项倒闸操作，最终将敞开式设备"双确认"装置研究成功，顺利实现

了"一键集控"。

贾廷波介绍，变电运检中心主要负责电气设备的运行、检修和维护，而刀闸操作是最经常开展的一项工作。现在操作一个设备甚至一个间隔，通过敞开式设备"双确认"装置，只需要在智能监控室轻轻一点鼠标，设备就可以实现自动合上自动分离，不需要人工现场手动操作。这项创新成果，让操作效率提高了8成，既方便实用，也保障了操作人员的安全。目前，此项技术已在全省乃至全国140多个变电站推广应用，创造经济效益达到3500多万元。

名师有高徒，他将"一粒沙"变成"黄海明珠"

在23年的工作中，贾廷波有12年是在基层班组里度过的。2010年，以贾廷波名字命名的工作室成立，从最初的贾廷波劳模创新工作室、黄海明珠站，一步一步到现在的变电创新实训工作室、创梦场，这不仅成为日照公司所有新员工的入职第一站，也成为公司人才培养的摇篮。

在对青年员工的培训培养上，贾廷波秉承"打造一流团队"的理念，立足于提高员工整体素质，强化建设人才梯队。他在工作室创新设立"人才成长林"，激励青年员工在比中学、在赶中超，快速成长成才。

"新员工就像一粒沙子，而我们需要把他们培养成'黄海明珠'。"在贾廷波的心里，每一位新员工成长是最重要的事。在他的带领下，工作室在基础技能培训与科技创新不断结合的过程中，逐渐培育出了"三基两小一微"的跨专业人才培训模式。作为劳模，他坚持示范引领，依托工作室组织开展"青工大讲堂"，每周六上午用一个半小时的时间，对35周岁以下的青年开展技能培训，抽签决定主讲人，他们可以讲心得体会，可以讲工作理念，甚至可以把工作中发生的事情用稿件的形式表达出来，以此帮助青年员工快速成长。

工作之余，贾廷波还带领团队搞科技创新、科研攻关。大家先把工作中遇到的难题汇总到工作室，再一起讨论，一起研究，解决一个问题，就是一项科技成果。目前，工作室的科技创新成果已经近百项，其中20余项创新成果获得市级以上表彰，30多项创新成果先后获得国家专利。

对贾廷波来说，工作室就是他的家。在这里，他和同事们快乐工作，一起成长。对于徒弟们来说，工作室则是劳模精神和精湛技术的延续和传承。在这里，他们提高了技能，开阔了视野，懂得了责任。工作室成立至今，已有12人次在山东省电力公司专业技术比武中进入前十名。

2020年10月27日至29日，国网公司举办2020年变电运维技能竞赛，变电运检室青年员工刘天成代表山东公司出战，勇夺团体、个人"双第一"。在备考中，贾廷波经常在技能技巧方面给予指导，而贾廷波的徒弟、省公司系统内唯一的女电气试验班班长孙安青更是刘天成这次夺冠的教练。

对于荣获"全国劳动模范"荣誉称号，贾廷波说："全国劳动模范"是对劳动者的最高褒奖与鼓励，是我有生以来最荣幸的一件大事，我为自己和千千万万的劳动者能够赶上这样一个尊重劳动、尊重创新的伟大时代，感到幸福和骄傲。作为一名劳模，我将以更高的标准、更严的要求，带领大家立足本职岗位，踏实工作，勇于创新，善于发现问题、解决问题，同时做好传帮带，让身边的同志都能成为技能人才，都有一技之长。"

心怀"匠心"，守护"光明"

"我是一名普通的电网建设人员，同时也是一名共产党员，守护'光明'是我的工作责任……"这是贾廷波经常挂在嘴边的话语。

"对我们来说，不管什么天气，不管是几点，不管是什么情况，我们都应该第一时间去消除隐患，给用户及时送上电。"贾廷波坚定地说。在工作岗位中，贾廷波不仅对自身严格要求，对团队的每一位成员都能够安排到细致入微，确保每一个步骤都要细致、严谨，不允许有一丝差错，把平凡的事情做到极致，为千家万户送去永恒的光明。

同时，贾廷波在省第十二届党代会表示："作为一名来自电力行业的党代表，在今后的工作里将继续扎根基层一线，发挥好党员的先锋模范作用，大力弘扬劳模精神、劳动精神、工匠精神，做劳动的引领者、推动者、创新者，为全面建设社会主义现代化强省贡献自己的力量。"贾廷波不仅坚守弘扬劳模工匠精神，同时也在不断创新，他认为创新发展是新时代的主旋律。劳模作为工人阶级和广大劳动群众的杰出代表，绝不能墨守成规。只有不断创新，才能掌握更多的核心技术技能，拥有"独门绝活"，成为行家里手、时代先锋。

参考文献：

报纸：刘彦美.追光者贾廷波［N］.日照新闻网，2020-11-20（8/9）.

温广勇：点石成丝，助力玻纤国产加速度

温广勇，1974年6月出生，中共党员，维修电工高级技师。1992年毕业于泰安化工学校化工仪表及自动化专业，现任泰山玻璃纤维有限公司设备动力部副部长，兼维修车间主任，高级技师，泰安市总工会兼职副主席。

兴趣是最好的老师

谈到自己的学生时代，只有中专文凭的温广勇谦虚又实在，"其实也没有什么特别的梦想，就是喜欢这个专业，喜欢动手接拉拆装，家里的各种小电器坏了都是自己修。"

毕业之后分配到泰安市造纸厂，凭着对电气维修浓厚的专业兴趣和积极的探索精神，温广勇抓紧一切机会学习电气维修技术，并逐步掌握了继电控制、造纸行业各种流量计、变送器的故障排除等维修技能，只用了一个月完成了别人三个月的实训见习期，顺利定岗还能独立值班。

2002年，温广勇作为有工作经验的电气维修人员被调到泰山玻纤，但是玻纤独有的设备和毫无标准参照的生产工艺，无疑加重了电气维修工作适应的难度。他充分利用公司完善的培训体系，不放过每一次理论学习和提高的机会，还主动请缨负责拉丝机设备的维修，在解决澳大利亚旧拉丝机故障率高、生产效率低下的难题的同时，积累了丰富的拉丝机维修经验。

"学历证明过去，能力代表现在，学习决定将来。"我们相信，不断学习是这本"活字典"不断更新的动力，也是温广勇之所以取得骄人成绩的真正秘诀。2013年开始，泰山玻纤满庄新区各生产线陆续投产；2015年，满庄新区被评为工信部首批智能制造示范项目。电气自动化设备的更新换代日新月异，刚买来的设备出了故障再买配件居然都已经停产了——"你说干我们这一行，不学能行吗？"温广勇深有感慨地说。

每个人心里都有梦想，温广勇把自己的青春和梦想扎根在勤恳学习和默默奉献中。积极主动的学习态度和刻苦钻研的实践精神让温广勇练就了精湛的电气设备维修技能。2015年，温广勇被中华全国总工会授予"全国劳动模范"荣誉称号，这是泰山玻纤目前获得的最高等级的个人荣誉。"海纳百川，有容乃大；壁立千仞，无欲则刚。"可以说，从温广勇朴实的话语中，我们听到的是勤学苦练，是诚实感恩，是对这份行业的无限热爱。

拉丝机的"活字典"

在泰山玻璃纤维满庄生产基地，1000多台拉丝机正在24小时不间断地工作，它们是生产玻璃纤维的核心设备，温广勇是这些设备的总管家。

"这就是我们的玻璃纤维产品，这一束有4800根，其中每一根的直径相当于头发丝的八分之一到二十分之一，所以对生产设备的精度要求非常高。"泰山玻纤设备动力部部长温广勇介绍说。

长期以来，生产玻纤的高端设备一直被国外垄断。自2012年起，泰安玻纤从德国、日本进口了上千台国际顶级拉丝设备，花费近3亿元。

温广勇说："这本就是随着设备来的，唯一的一份图纸，而且是全英文的，只能通过一些专业的书籍去查找这些英文单词。"

面对生僻的文字、加密的程序，拉丝机的维修保养工作异常艰难。设备出故障，温广勇只能带领团队摸索着更换零件。泰山玻纤电气维修高级工李宁说："当时有很多人在背后议论，这些维修工都是些换件工，听到这些话心里非常不舒服。"

解决问题的唯一途径就是掌握拉丝机的控制程序，可对于这部分核心技术，国外厂商始终拒绝提供。温广勇说："我们不能老是让国外的设备牵着我们的鼻子走。2015年左右停了一批设备，就想在那个基础上把我们的一些经验转化为自己的一套程序，搭在上面看看能不能运行起来。"借助旧设备下线的机会，温广勇带领团队将机器拆分，对各部件进行重新设计、器件重新选型，从控制原理到控制流程，经过近两年的探索，团队重新设计的拉丝机系统控制程序终于迎来第一次上线运行。但四个小时后，设备突然报警，随之而来的就是生产中断。泰山玻纤电气维修技师毛成伟说："温部长牵头一起攻关，发现一个轴的参数，小数点后第四位设置不合理，我们就及时地修正过来。"

难关攻克，温广勇带领团队通过旧设备的转型升级再利用，为企业节省了4000多万元。温广勇说："通过坚持对技术的创新、对工艺的追求、对行业的深耕，我们中国生产的玻璃纤维一定可以领跑国际市场，让'中国制造'变成'中国精造'。"

匠心需要一点"痴"

日前，在山东省泰安市的泰山玻璃纤维有限公司温广勇工作室里，一场技术攻关研讨会正在进行，研讨会领衔的是公司设动部部长温广勇，参与研讨会的还有他的徒弟：全国技术能手刘涛、山东省劳动模范张德刚、泰山工匠刘玉强等业内闻名的技术能手。经过一个多小时的研讨，这项技术攻关的实施步骤就定了下来。

略显清瘦的面庞，说话语调不高却条理清晰，脸上总挂着腼腆谦逊的微笑，这是 48 岁的温广勇给人的第一印象。就是这样一个低调谦逊的人，在业界却拥有很大的名气：泰安市总工会兼职副主席、齐鲁首席技师、齐鲁大工匠、全国劳动模范……

然而，面对这些响当当的荣誉，温广勇却看得很淡。在他看来，最重要的是自己扎根一线的拼搏进取精神和永不言败的匠心。

2002 年 3 月 26 日，温广勇所在的泰安某造纸厂濒临破产，于是他拿着一纸简历来泰山玻纤应聘。凭借过硬的基本功，他赢得了面试官的一致认可。

顺利通过面试后，温广勇发现，真正的考验才刚刚开始。他发现，泰山玻纤的大部分生产工艺全部由 DCS 进行控制，一条窑炉就有上千个控制点，单根玻璃纤维的直径也就十几微米，对设备的精准要求可谓失之毫厘差之千里，跟单纯的造纸企业的电工完全不是一回事儿。"一下子感觉自己成了门外汉，"提起当初的经历，温广勇现在还有些后怕，"开弓没有回头箭，既来之则安之！"

"没别的窍门，就是填鸭式地学！"温广勇说。遇到自己搞不定的就请教"高人"，一本本密密麻麻的错题本，成了他不离身的"武功秘籍"。

2003 年底，温广勇被借调项目部电气组从事项目设计。新鲜劲儿还没过，"拦路虎"来了。新岗位离不开画图搞设计，当时他没有电脑，也没有接触过画图软件，"别说设计了，连根线都画不直！"温广勇一筹莫展。等工友下班后，他就借电脑比照以前的图纸练习画图，白加黑成了常态。

经过一年的勤学苦练，温广勇的专业知识和实战技能迅速积累，门外汉悄然变成了老师傅。

一次，随着控制器显示的 10 条故障报警，一台德国进口的拉丝机突然停机，拉丝作业中断，全部产品成了废料，由于时差关系，德国那头设备商的技术专家迟迟不接电话。温广勇和同事们只能不停地查图纸、查线路，三四个小时过去了，问题依然没有解决。焦急等待了 6 个小时之后，德国技术专家的电话终于打通了，但是得到的答复却令人失望，由于害怕核心技术泄露，德方专家提出的

"挤牙膏"式的试错建议，温广勇和维修团队早已排查过多次。

"耽误一分钟，一个台位就损失15块钱，整个公司上千个台位！"温广勇这样诠释"时间就是金钱"，"按照这个进度，德国专家24个小时不一定能修好！"他们反转思路，从正常运转的拉丝机上提取数据信息，与故障设备进行比对排查。当大家在核对轴的反馈值的时候，温广勇突然发现一个轴的反馈值和设定值有偏差，因为小数点以后有五六位，不认真核对是不容易排查出来的。他们迅速进行了参数调整，并通过参数查找到故障的器件，经过维修替换后，设备终于正常运行了。

凭借过硬的技术和团队管理能力，2016年，温广勇当上了公司的设备动力部主持工作的副部长。公司还以他的名字命名建设了"温广勇劳模创新工作室"，他感觉到自己肩上的担子更重了，也有了更大的盘算："从公司层面把各工种、各专业能工巧匠集合起来，成立攻关课题，集思广益求突破，以此带动提升整体技术水平。"

说干就干，在不断的探索与实践中，温广勇带领团队实现了专业成果的理论飞跃。他们参与编制内部工艺技术文件400余份，参与编制玻璃纤维产品国家标准4项，国家职业技能标准1项，在国家级期刊发表论文12篇，累计荣获全国建材行业技术革新奖10项，省市科技进步奖13项。

参考文献：

[1] 大众网.泰安电气维修活字典[EB/OL].http：//taian.dzwww.com/2013sy/taxw/201611/t20161117_15151872.html

[2] 齐鲁网.温广勇：拉丝机的"活字典"[EB/OL].http：//taian.iqilu.com/taianyaowen/2021/0503/4845443.shtml

[3] 中工网.全国劳模温广勇：从"门外汉"到齐鲁大工匠[EB/OL].https：//www.workercn.cn/c/2022-04-25/6792862.shtml

李秋峰：千凿万刻，大国工匠

李秋峰，生于1964年8月，淄博市淄川区人，正高级工艺美术师、山东省工艺美术大师、山东省特级陶瓷艺术大师、潍坊学院客座教授、淄博职业学院产业教授、淄博理工学校客座教授、中国工艺美术家协会会员、中国陶协陶瓷艺术委员会理事、中国陶协刻瓷文化研究会研究员、山东省陶瓷艺术专业委员会副秘书长、山东省五一劳动奖章获得者、山东省有突出贡献中青年专家、齐鲁大工匠、淄博市刻瓷艺术家协会副主席、淄博市新阶层联谊会副会长、淄博市政协委员、淄博市高层次人才、泰山文艺奖获得者、齐鲁文化之星，获全国陶瓷技艺创新贡献奖，享受政府特殊津贴。

2004年，他被评为山东省陶瓷艺术大师。他还是中国美术家协会会员、山东陶瓷工业协会陶瓷艺术专业委员会会员，任淄博昆仑瓷器公司艺术瓷公司经理、工艺美术师。

他的作品在全国全省陶瓷创新评比中获奖20多项，在《中国陶瓷》《山东陶瓷》《人民日报》等20多家新闻报刊发表论文及作品，1994年，在德国慕尼黑世界博览中心举办了"刻瓷绘画艺术展"，并作刻瓷表演。他还为有关部门刻制国家礼品近百件。

在李秋峰的工作室里，摆满了刻好的作品，造型大小不一，琳琅满目，或写实，或疏狂，一道道刀刻纹理中，37年的执着浸润其中。这里的每件作品，都由李秋峰亲手精雕细琢而成，在他眼中，这也是对"工匠精神"的最好坚守。

高温彩绘，肌里刻瓷风采独到

李秋峰出生于 1964 年。1980 年，天资聪颖的他以总分第一名的成绩考入淄博瓷厂艺术瓷分厂。这是一个名家荟萃、大师云集的企业，进入艺术瓷分厂后，李秋峰孜孜以求，潜心学习刻瓷、陶瓷彩绘技术，努力提高自己的业务水平。厂里安排学员每天画三件七寸的花瓶，梅兰竹菊，锻练基本功。李秋峰从最初的每天画 3 件，到手法熟练后每天就画 24 件，高于正常工作量 8 倍，不但完成工作学习任务，还能多学多做多练，因此技艺提升得极快。李秋峰在这里如鱼得水，手中的画笔和刻刀从此再没放下过，一握就是 30 余年。在此期间，企业从兴盛到衰败直至破产，叮叮当当的刻瓷声却从没在他的生活中消失。

在一次艺术创作中，李秋峰偶然发现，在瓷器上借鉴国画大写意手法作画，肌里效果突出，立体效果明显，具有金石韵味，于是高温彩绘肌里刻瓷应运而生。先用彩绘大泼墨、彩泼等艺术手法，在瓷器上绘画，通过颜色自然流淌形成艺术效果，经过高温烧制后再刻瓷。如此一来，作品既体现出浮雕的艺术效果，又有绘画的艺术效果。利用这一手法，他先后创作了肌里刻瓷《早春》《秋实》《香雪》《珍珠图》等艺术作品。这些作品在刻瓷艺术手法上运用点刻、线刻、面刻等技艺，将自然景象表现得淋漓尽致。他创作的高温彩绘肌里系列刻瓷在山东省陶瓷艺术创新展评中荣获山东省陶瓷创新一等奖。李秋峰也成为高温彩绘肌里刻瓷第一人。

不论是绘画还是雕刻，表现人物是最不容易的。李秋峰的肖像人物刻瓷作品，以神似，以气胜，见性格，见风采，多次为国内外政要和著名人士刻制肖像，并作为国礼赠送。2009 年，国家体育总局指定其为姚明、杜丽等 74 位新中国体育功勋人物制作头像。2009 年，为上海世博会刻制鲁青瓷玉兰花瓶共计 140 余件，赠送给世博会的中外知名人士。2011 年，他的刻瓷作品《泰山赋》获得全国陶瓷艺术设计创新评比金奖和山东省委省政府最高奖——泰山文艺奖,并成为淄博刻瓷界的骄傲。

刻瓷艺术是一门综合性的艺术,它集书法、绘画、雕刻等多种艺术门类于一体,在质地坚脆光洁的瓷面上用特制的宝石刀具、合金刀具,刻凿出人物、肖像、山水、花鸟、动物、书法等各种作品,中国画的笔墨气韵、篆刻艺术的金石趣味均可用千变万化的刀法表现出来。原山东淄博瓷厂是中国陶瓷工业的大型骨干企业,中国轻工外贸陶瓷出口专厂,经常为国际友人、国家领导、省市的外事活动创作高水平的刻瓷彩绘艺术作品,工艺水平要求精益求精。在这样的工作环境中,李秋峰刻苦钻研,刻瓷绘画手法多有创新,通过前辈艺人的言传身教,认真学习他们的用笔、绘画技巧,李秋峰很快从一名学员成长为刻瓷绘画组组长、艺术瓷分厂厂长。

工匠精神,坚守手工雕刻精品

李秋峰对于陶瓷艺术有一种近乎痴迷的追求,凭借着这种热爱和多年的努力,如今他的艺术水平已经在业界享有盛誉,作品更是受到了市场的追捧,在比赛中屡获大奖。2009年,世博会组委会专门请他雕刻了140件鲁青瓷梅瓶,赠送给140名前来参加活动的台湾各学校校长;2011年,他的刻瓷作品《泰山赋》获得全国陶瓷艺术设计创新评比金奖和山东省委省政府最高奖——泰山文艺奖,成为淄博刻瓷界的骄傲。

随着科技发展,刻瓷也出现了机器制作的作品。对此,李秋峰不以为然。"机器刻瓷除了速度快,层次感、纹理、提按顿挫捻转的刀法一概都没有。虽然节省了时间,却失掉了精髓。"李秋峰说,"尤其是刻瓷中的肖像系列,最能体现刻瓷的优势和特点。""就像去年国家领导人赠送给澳大利亚总理的肖像刻瓷,就是我刻的。通过捻转顿挫,突出色彩和明暗关系,更能显出层次变化,这都要靠不同的刀法技巧。"

他在全国及省部级陶艺展评中，获奖60余项，但37年的艺术生涯，并不能让李秋峰满足。他对记者说，钻研一门手艺，一辈子都不一定能学透。"刻瓷不是一项简单的工艺。单说可以刻瓷的器形，就有六七千种，每种都有不同的构图要求。没有一定的基础，光做好构图突出主次关系就不容易。"除此之外，反复揣摩也是不可或缺的。在创作《中国帝王精英》《齐风和韵》等作品时，李秋峰都要熟读《史记》《论语》等材料，对人物的场景、造型、神态、动作——把握到位，方才创作。

兄弟大师，内外刻画相映成趣

李秋峰对艺术的追求，也或多或少影响到了家里人。李秋峰的三弟李峻峰，毕业后从事内画艺术创作，如今已经是中国玻璃艺术大师、中国工艺美术家协会会员。自1998年起多次应邀赴香港作内画艺术展，深受各界好评。

与别人不同，李峻峰将传统的内画技法"勾线填色"融合了西方写实绘画技法，色彩丰富、立体感强，展现出了新的内画形式，呈现出了逼真的艺术效果。写实的西洋画风、清丽淡雅的色彩，尽显江南水乡的幽静风采，再现中国乡土人物风情。除此之外，李峻峰与兄长李秋峰一样，喜欢借用小巧玲珑的内画壶，通过或豪放或温婉的诗词，配以传统山水画，让人感受诗词之美，分享经典诗词之趣。

李秋峰、李峻峰兄弟二人均从事陶琉创作，他们的性格也极为相似，都很享受创作作品的过程。李秋峰曾说过，近20年来，自己没有想过别的，就想沉下心来创作。每天24小时，除了休息时间，其余都花在创作作品上。李峻峰也是如此，多年来沉浸鲁派内画研究，把青春年华奉献方寸之间，形成了独特的艺术风格，更屡次斩获业内大奖。

君子如玉，热情永葆艺术青春

李秋峰惯用的鲁青瓷，色彩、质感均与玉器相似。也正因为如此，鲁青瓷深受李秋峰喜欢。他的大部分作品，都用鲁青瓷来呈现。"这既宣传了淄博瓷种，其材质更与刻瓷相得益彰。"

李秋峰也似如玉君子般谦逊和善。当许多人摒弃传统，他却在传统的基础上，另辟蹊径，传承创新，让大家看到了他对陶瓷艺术的那份热爱，难能可贵……谈起刻瓷艺术，李秋峰说："刻瓷艺术，除了需要较高的书画功底和极高的悟性外，还要有一颗为艺术奉献、耐得住寂寞的心。只有这样，才能多出精品，慢慢领会艺术本身的真谛，才能在艺术之峰上攀登得更高。"已过知天命年纪的李秋峰说，他对陶瓷的热爱一直未曾减少过。"我还要干几十年，哪怕到了七八十岁，我还想继续干下去。""刻瓷作品只要不损坏，千万年都不会改变，流传长久。这是作品的价值，也是艺术的价值。"

用李秋峰自己的话说，现在正是艺术青春刚开始的时候。"业精于勤，艺精于专。"在荣誉、成绩、光环面前，我永远感恩记住大家的关怀、支持、厚爱和赏识。在工艺美术同仁中，我是个求学者，是一个学生。"三更灯火五更鸡。"我要争分夺秒地进行创作。这才是真正的学者型的艺术家，在含蓄中孕育着韬光，在修身中发展自我……目前，他又开始构思下一个大型作品的创作了。艺术无止境，李秋峰正坚守着"工匠精神"，在这条道路上，一刀刀刻下属于自己的足迹。

弘扬陶韵，传承创新从未止步

李秋峰专业从事陶瓷艺术40多年，目前他的作品在全国和全省陶瓷艺术创新展评中，共获70余个奖项，仅金奖就20多项。或许是与生俱来的性格气质，或许是多年艺术道路上的跋涉历练，李秋峰在刻瓷、绘画艺术方面取得成果后，并没有停滞不前，而是在此基础上，研究开发新技术、新工艺。

传承刻瓷艺术，弘扬传统文化，是李秋峰矢志不移的追求。在浸淫陶瓷40多年的李秋峰看来，技艺的传承与发展是他不可推卸的责任，他也为之付出了不懈的努力：90年代初，在山东淄博瓷厂艺术瓷分厂任刻瓷培训班主任，先后传授培训工艺美术刻瓷彩绘人员近百名，薪火相传，成就了淄博市刻瓷彩绘的一批骨干，在业内享有较高的评价；成立工作室后，开门授徒，对每位徒弟言传身教，耐心指导，将刻瓷彩绘技艺毫无保留地传授出去，多位徒弟已成为省大师或获得中级职称；被淄博职业学院聘为产业教授，被潍坊学院聘为客座教授。融合现代陶瓷设计理念，教授刻瓷彩绘技艺……在技艺传承的路上，李秋峰从未止步。

"淄博的刻瓷彩绘是中国工艺美术的重要组成部分，任何民族文化无论历史上有多么辉煌，倘若后无继者，便只是史迹而已，只有更多的喜爱陶瓷艺术的后人永远珍爱它，传承创新，才能让刻瓷彩绘艺术代代相传，并发扬光大。"作为一位陶瓷艺术大师，李秋峰不仅肩负着中华"绝艺"的保护和传承的历史使命，还要以其艺术家特有的风骨作为发光点去感染一批人，甚至一代人……

参考文献：

［1］山东省工艺美术大师——李秋峰［J］.山东陶瓷，2015，38（03）：5.

［2］澎湃新闻.齐鲁工匠李秋峰：用陶瓷文化作载体讲好中国故事［EB/OL］.https：//sd.news.163.com/21/0803/20/GGGL9TB604378EQJ.html

［3］淄博新闻网.李秋峰：千凿万刻　大国工匠［EB/OL］.http：//www.zbnews.net/ucms/wwwroot/zbxww/xwzx/ms/1969470.shtml

［4］大众网淄博新闻.山高"艺"为峰　记山东省五一劳动奖章获得者李秋峰［EB/OL］.http：//zibo.dzwww.com/qxxw/zc/202004/t20200430_17338913.htm

赵磊：在平凡的岗位做不平凡的事

赵磊，男，汉族，1974年4月出生，2008年7月加入中国共产党，现任亚萨合莱国强（山东）五金科技有限公司钳工工段长，特级技师，乐陵市第十三、十四次党代会代表，德州市第十五次、十六次党代会代表，山东省第十一次党代会代表，乐陵市总工会第九届委员会委员兼职副主席。

作为一名党员，赵磊同志始终以优秀党员的标准严格要求自己，处处发挥党员先进模范作用，恪尽职守，无私奉献，爱岗敬业，在平凡的岗位上，以自己的实际行动诠释了共产党员的先进性。先后荣获乐陵市劳模、乐陵市优秀共产党员、德州市道德模范、山东省突出贡献技师、山东省首席技师、富民兴鲁劳动奖章、山东省劳动模范、齐鲁工匠、齐鲁大工匠、全国劳动模范等荣誉称号。

在思想上始终保持党员先进性

他坚决拥护党的领导，坚持马列主义、毛泽东思想、邓小平理论、三个代表重要思想、科学发展观和习近平新时代中国特色社会主义思想为指导，思想与行动始终与党保持一致。认真学习，积极思考，注重学习与实践结合，积极参加党员学习与实践活动，通过劳模宣讲，给西城区党员讲党课等实践活动，进一步坚定了理想信念，始终保持党员在思想方面的先进性。先后获得乐陵市最美共产党员，山东省优秀共产党员荣誉称号。

在工作作风上保持先进性

他始终对自己高标准、严要求,保持求实苦干的作风,做到干一行、爱一行,在钳工岗位上一干就是 27 年。他谦虚谨慎、尊重领导、团结同志、虚心向老同志请教,听得进不同的意见;不忘初心、牢记使命,把社会主义核心价值观作为自己的生活准则,弘扬道德风尚,遵守道德规范,敢于向不良行为作斗争,先后两次获得德州市道德模范称号。

2009 年的夏天,公司有一款国内知名家电公司的产品急需发货,但是模具是外协开发的,存在设计缺陷,根本生产不出件来,别人修了一个月也没有解决。离那款新品发布会只有五天的时间了,对方下了最后通牒,如果到期出不来产品,公司将面临巨额罚款。赵磊同志听到这个事情后,主动请缨,接过这个烫手的任务。徒弟们都不理解:"别人都躲着,干好了没功,干坏了有过,为什么咱抢着干,这不是自己往自己脸上抹黑吗?"他笑着说:"我是党员,党员就要迎难而上,敢于挑战,没试过,就不要说不行!"就这样,他在没有模具、图纸,缺少加工基准的情况下,克服重重困难,经过两天三夜艰苦奋战,终于在第三天把模具维修完毕,公司按期交货。而他出了车间就昏倒在地上,被人送进了医院,经医生诊断是心肌炎,住院两周才有所缓解。医生警告他以后不能再干重活,不能太劳累,否则还会再发作,危险时会危及生命。他口头答应,出院后却一天没休息,又领着徒弟们投入工作中去了。

2018 年的一天,他在车间搬运工件时,突然下肢发麻瘫倒在地上,被同事送进了医院。经医生检查诊断为腰间盘有三节突出,压迫到了下肢神经,医生建议卧床一个月不能活动。此时模具任务正到了最关键的时候,为了不耽误图纸设计任务,他只躺了 7 天,忍着伤痛带着矫正器上班了。在他的努力工作下,模具开发任务圆满完成,他再腾出空就医时,医生告知已经错过自愈的最佳时间,除了手术没有特别好的方法。为了不耽误生产，手术被他拖了再拖，到现在也没做成，至今围着护腰、贴着膏药上班。他先后获得2017—2020年山东省五金行业优秀技师，山东省五金行业领军人才和特级技师，山东省首席技师，山东省有突出贡献的技师等荣誉称号。

在工作上始终发挥党员先进性

他始终牢记党的宗旨，不断学习，不断提升个人综合能力，以高度的责任感、使命感和工作热情，积极负责地做好各项工作。他始终把"做事先做人、万事勤为先"作为自己的行为准则，勇于开拓创新，努力做好本职工作。

他先后研制出无毛刺生产模具的制造方法和工艺，为公司节约140名员工，节约资金300多万元。他对铝合金模具技术进行攻关，使模具寿命在原来基础上增加三倍以上，效率在原来基础上提升了40%，为公司节约320多万元。他研制出压铸锌合金模具热流道技术和锌合金快速制换模技术，为公司节约190多万元。

27年来，他先后研制开发模具1000多套，进行了100多项技术攻关和技术改进，为公司节约资金870多万元，为企业创造产值上亿元，为国强五金跻身中国建筑五金行业龙头地位，奠定了坚实的模具基础。

在发挥模范引领带头作用上发挥先进性

做好本职工作的同时，他不忘发挥模范带头作用。他把自己多年来总结的经验无偿地传授给工友和徒弟们。他先后进行了十几次技术培训，三百多人次受益。他主动带徒20名，把自己所学全部无偿传授给他们，先后为公司培养技师5

名、高级工 8 名、山东省五金行业优秀技师 3 名，以及德州市劳模、乐陵市劳模和乐陵工匠各 1 名。在他的教导下，他的徒弟们先后在德州市和乐陵市技能大赛中获得不菲的成绩，先后取得乐陵市钳工大赛前三名、德州大赛第一名、第三名的好成绩，第六届山东省技能大赛德州赛区第一名、第三名和第四名的好成绩。他的徒弟韩国涛也拥有了自己的创新工作室，并被省总工会评为山东省示范性劳模和工匠人才创新工作室。赵磊所在的班组先后获得公司先进班组、德州市工人先锋号等荣誉。

他先后介绍和培育了 6 名同志入党，他所在的工段中 12 人中 4 人是党员，党员占到 1/3。他成立的齐鲁大工匠工作室成员中，4 人是党员，党员占比 57%。

赵磊同志在平凡的岗位上，用自己的实际行动展示着一个共产党员的优秀品格和良好情操，实践着自己的入党誓词，用自己的一言一行践行着共产党员的高贵品质，也深深感动并带动着周围的人。❶

---

❶ 本文由赵磊工匠所在企业亚萨合莱国强（山东）五金科技有限公司提供。

牛德成：励精图治、刻苦钻研的"山东好人"

牛德成，1969年6月出生，中共党员，国网成武县供电公司汶上供电所所长，维修电工高级技师。他多年如一日，在平凡的岗位上做出了不平凡的业绩，在一线工人的岗位上充分发挥劳模工匠和技术骨干的示范引领作用，引导职工立足岗位创新创效，着力开展工程建设领域的技术攻关和产品研发，累计获专利授权48项，其中发明专利授权11项。他研发的多功能施工车，有效解决了农网升级改造中线路施工跨越农田"费时费力损伤庄稼"的难题，节省人力80%以上，提高效率70%以上，远销至河南、河北、山西、安徽等省市供电系统和施工队伍中，获得直接经济效益2000余万元。

他获得多项殊荣：2014年11月，被山东省委宣传部授予"山东好人"称号；2015年4月，被菏泽市总工会授予"五一劳动奖章"；2015年10月，被成武县人民政府评为"成武县首届首席技师"；2016年12月，被山东省总工会授予"富民兴鲁劳动奖章"；2017年4月，被菏泽市人民政府评为"菏泽市首席技师"；2017年4月，被山东省电力公司评为"劳动模范"；2019年5月，被评为"菏泽市最美科技工作者"；2019年6月，荣获"菏泽市第十二批拔尖人才"；2018年4月，荣获全国"五一劳动奖章"；2018年10月，被评为"齐鲁工匠"；2018年11月，被山东省人民政府授予"齐鲁首席技师"；2019年11月，被山东省总工会选树为"齐鲁大工匠"；2020年，荣获国务院特殊津贴。

初出茅庐显身手

20世纪90年代，农村用电不规范，线路经常出问题，经常造成停电，农电工很多时候都忙不过来，村领导知道牛德成有用电这方面的技术，就请他来村里帮忙，协助管理村民的用电问题。由于他的技术高，干活快，口碑也好，当地供电所领导经常邀请他去帮忙，时间长了，领导看他工作既卖力又认真，并且技术全面，觉得是可用之才，遂向上级推荐。在上级对他多次的考核和考评下，他最终成为国网的一名正式员工。

进入供电公司后，牛德成就像小水沟里的鱼游到了大河里。在大田集供电所的时间里，他一心扑在工作上，人变黑了，也瘦了，但换来的是大田集供电所的焕然一新。他在2013、2014连续两年被评为成武县建功立业优秀人大代表，成武供电系统先进单位和模范个人。

成为县人大代表后，牛德成的劲头更足了，干劲更大了。他白天奔波劳累一天，晚上还经常加班熬夜，久而久之，他的身体出了问题，命悬一线。

那是在大蒜入库的季节，大田集那边保鲜冷库多，小加工企业多，用电量大。很多时候他都是在晚上写总结，作计划，查找工作中的问题，琢磨解决问题的最佳方案。一天晚上，他妻子去他经常加班的小屋里催他睡觉，见他伏案而睡，妻子就拍了拍他喊了声"到床上睡觉去"。德成只是哼了哼，他妻子这时发现他脸色煞白，汗珠子往下滚，衣服都湿透了，整个人像瘫在那里。这时她觉得事情不妙，因她平时也听说过心梗的特征，她初步推断德成有可能是心梗了，急忙拿起电话拨打了120急救车，赶紧把德成送进了医院，经过检查，断定他得的就是心梗。经过抢救，病情总算稳定下来了，医生建议，德成要做支架手术，否则还会有生命危险。他妻子当时头脑还算清醒，在医生的配合下签了字。万幸手术很成功。等德成醒过来时，第一句话就问大夫，"我啥时能出院，我啥时候能上班。"

一星期的住院治疗后,出院第二天,他就到单位试着上班,同事跟他说让他多歇两天,他诙谐地跟同事说:"我命硬,死不了。"就这样,他带着没有恢复好的身子,又投入了繁杂的工作中。

天生我材必有用

时过境迁,牛德成疾病闯关成功,但身体欠佳,老家又有两位年迈的双亲,县公司为了照顾他,又把他从离家几十公里的田集,调回了老家汶上。后来他在汶上,乃至成武大地,成了无人不知、无人不晓的"农村飞出来的金凤凰""牛人发明家"。

事情还得从头说起。2004年,在电网改造过程中,需要拆旧线、架新线,工作量大,很多时候都是用双手拼力气操作,费时又费力,如果在农田施工,施工人员必须拉着电线在庄稼地里走,工作相当辛苦。不仅如此,在农田施工还会踏坏庄稼,从小在农村长大的牛德成,在看到工人更换电线时踏坏庄稼,十分心痛和不安。这时他想,如果不损坏庄稼,还能省时省力,能不能让电线从空中走。有了这个想法,在翻阅了大量电力与机械等方面的书籍后,他终于有了灵感,"我要研制一套施工设备,让线飞起来该多好啊!"于是他就买了一辆旧拖拉机后斗,用后斗底部的转盘制造了一台简易绞磨机。经过测试,让它带动旧线,再利用旧线带动新线,实验成功了,确实实现了电线在空中走。这样,在拆除旧线的同时新线又架好了,施起工来既省事又省力,又减少了对庄稼的破坏,真是太好了。这也是他到供电公司后的第一个发明,之后更激起了他对创新的浓厚兴趣。

还有一次,是在村里的一个拐弯胡同里施工,挖坑、运杆、立杆、大型机械拐不过去,只能人抬、肩扛、双手干,不但劳动强度大,工作效率低,还存在安全风险。见此情景，他又动起了"歪"脑筋，怎样才能减少这些出力又不安全的工作呢？之后，他把所有的业余时间投入到搜索资料和信息上，后又自费买了辆破旧农用三轮车，白天忙工作，利用晚上加班设计，做实验。经过一次又一次的实验、失败，再改进、再调试，功夫不负有心人，第一代电力施工车终于成功了。

经测试，这台车能让每天的运杆量从原先的12根提升到50根，人力也由5人至10人的工作量减少到2人，用工成本也由原来的每棵120—150元降到8—10元，达到了他的预设要求。在接下来的工作中，牛德成根据施工车的性能和实际的工作需要，又做了多次改进，性能在提升，功能更完备。据牛德成说："他的施工车已升级为六代。"目前他研究的施工车，用农用三轮车做底盘，车头安装叉车架，车尾装液压快速接口，可以挂接炮车，炮车可以拖着电线杆进入大街小巷；叉车可以用来安装或拆卸变压器，并且用车载螺旋机挖坑、拉线、拆线、紧线有回收盘、卷线机，车上还自带小型发电机，应有尽有，一应俱全。现如今一台"外挂"的农用三轮车，真正变成了地地道道的多功能施工车。现在工人在电力施工中使用这种多功能施工车，真是得心应手，如虎添翼。

目前，牛德成研制的这种多功能电力施工车，已拥有12项发明专利，27项实用型专利。他本人也先后获得了齐鲁大工匠、国网山东电力公司"十大劳模"、菏泽市杰出人才、山东省五一劳动奖章、全国五一劳动奖章，2020年享受国务院特殊津贴。

励精图治谋发展

牛德成从一个学历不高、貌不惊人的"草根"，到一举成为全国知晓的"发明家"，全凭他敢想敢干、善于钻研的"牛劲"。成武县供电公司为褒奖牛德成这种刻苦认真、善于钻研的精神，也为带动本系统励精图治、科学发展的推行，以他名字命名成立了"牛德成创新工作室"。

有了工作室后,很多职工都愿意去参观、了解、学习,特别是年轻一点的职工,学习的欲望强,要求进步的愿望迫切,牛德成就不定时地给他们上课、辅导;利用他的实战经验和相关理论,牛德成对学员是循循善诱,手把手地教。有一次有位姓李的青年对一个问题刨根问底,追本溯源,牛德成就苦口婆心,认真地给他作分析指导,加班直到凌晨一点。目前"牛德成创新工作室"的攻坚主力已达30人,创新项目多达几十项。如今,此工作室被全国总工会授予"全国示范性劳模和工匠人才创新工作室",2015年被省总工会命名为"牛德成创新工作室",2020年荣获"山东省创新竞赛特等奖",并获奖金100万元。牛德成本人也被国家电网授予农村电网唯一"首席专家"。中央电视台还专门报道了他,牛德成还被评为"十大年度人物"。同时,在全国人大创新委员会、中华全国总工会主席王东明在基层调研时,牛德成受到了王东明的亲自接见。

好人有好报

牛德成不光是爱钻研、爱岗敬业,其实他身上还蕴含着另一种特质,那就是尊老爱幼,救困济贫。

自幼受家庭影响,牛德成懂得怎样处事,怎样做人。父亲因家庭贫寒,14岁才上一年级,由于年龄较大,知识接受能力强,老师见他超过了一般人,就让他越级升学,由一到三,由三到五,小学阶段五年他上了三年。父亲知道家里供他上学的不易,所以倍加努力,后也是因为家里贫困,不得已终止了学业。父亲常常告诫孩子们,要懂得感恩,要热爱他人。母亲是个心灵手巧的人,爱剪花扎花,并且会很多剪纸。前些年,乡邻给家里孩子做鞋、缝老虎帽子等需要剪花扎花,都找到她帮忙,她义无反顾,就是自己忙着也放下自己的活给别人帮忙。母亲经常教诲儿女,要助人为乐,要行善积德。

牛德成有如此好的修养，不但遗传了父母优良的基因，而且传承了父母的高尚品德。

德成在上班前，不断地给身边孤寡老人提水，打扫卫生，有时还亲自送菜、送馍。空闲时他带领周围的孩子们玩耍，见有的孩子吵嘴、打架，牛德成还爱管点闲事，进行调解。上班后，他时常帮助贫困生，有时给其买点笔、笔盒、书包等；有时给交不起学费的孩子资助点学费。现如今，以前他资助的学生都已成材。他们都说："我们一辈子也忘不了德成哥的好。"老年人当中，一提到牛德成，他们说："德成这孩子是我们看着长大的，他可是个大好人。"特别是年近九旬的董大娘，一提到牛德成，她就眼泪汪汪地说："那年我患有心梗，痛得我直冒汗，家里人又都不在家，要不是德成及时赶到，我这老命恐怕早就归西啦。"

是啊！正如一首歌唱的，"人人都献出一点爱，世界将会变成美好的明天。"爱人如爱己，在牛德成的带动和影响下，当地的环境变和谐了，人与人的交往变友善了。牛德成的孩子们，在牛德成的影响下，个个品学兼优，在各自的岗位上，创下了不平凡的成绩。由于牛德成的人好做事也好，他成了"了不起的山东人""山东省年度人物"，并被评为"菏泽市劳动模范""山东省诚信道德模范"。

牛德成是个平凡人，但做出了不平凡的事迹。他心系百姓，创新技术让村里的供电更加方便，节省村里供电的人力、物力资源，让村里的人不再因"电"的问题发愁。在人们眼里，他只是个平凡的电工，可他却用自己的专业技术实现了自己的人文关怀。他有信仰、有追求，有一股锲而不舍、孜孜不倦的心，励精图治、踏实钻研，从不停下自己前进的脚步。"一花独放不是春，百花齐放春满园"，下一步，牛德成决定，在做好本职工作和自我进取外，要带动一批有理想、有追求，脚踏实地的开拓者，取得更大的成绩，将自己的精神传承给一代又一代的人，造就一批像"我"一样，甚至比"我"更厉害的"牛人"。❶

---

❶ 本文由国网山东省电力公司成武县供电公司工会委员会提供。

张春荣：在奋斗中彰显巾帼风采

张春荣，女，现为中国石化集团公司技能大师、齐鲁首席技师、胜利油田分公司现河采油厂油气集输管理中心特级技师。参加工作30年来，她扎根一线，守牢初心，躬身传承工匠精神，埋头技术攻坚创效，在追求极致中展现新时代石油工人风采。她先后荣获全国五一劳动奖章、全国三八红旗手、山东省劳动模范、山东省富民兴鲁劳动奖章、中国石化技术能手、齐鲁金牌职工、齐鲁工匠和齐鲁大工匠等57项荣誉，2021年4月，被中国能源化学地质工会全国委员会授予大国工匠的称号。

匠心精业，在扎根一线中积极作为

作为一名新时代的石油工人，她始终牢记职责，把工作当事业干，把岗位当阵地守，把奉献当本分看，在油气集输岗位上积极献计献策。

积极进取，努力提升自身素质。技校学习内燃机专业的她，毕业后便一直从事油气储运工作。为了丰富理论专业知识，1994年，她报考了石油学校油气储运中专函授，接下来她利用10年时间又自学完成了大专和本科的全部课程。为了取长补短，她把技能竞赛当作快速提高技能的舞台，并先后三次夺得厂赛第一、油田第四和中国石化集团公司技能竞赛集输工金奖的好成绩，不到五年的时间，就从一名初级工四次破格晋升为高级技师。她先后荣获中国石化集团公司技术能手、岗位练兵"标兵"、胜利油田第六届"十佳青年技术工人"等荣誉。

技能立身，创造集输行业标准。工作中，她不断创新油气集输生产操作方法，练就的快速排除分离器故障等5项绝活，成为集输系统操作规范；实施的"产输分沉"节点分析操作法，实现污水"零"排放；推广的"321"原油脱水全过程控制法，促进油气处理全密闭；修订的23项行业标准，被应用到集输站库"四化"建设中。她主持编写了《集输工操作规程》等5部教材，参与修订《胜利油田联合站管理规范》，完成了胜利油田新增8类新工艺新设备及大职业大工种《集输工（信息化）》的标准制定和教材编写等工作，先后编制油气集输工艺流程优化、改造及投产方案72项。

发挥优势，坚持投身集输事业。她参加了山东省职业教育技艺技能传承创新平台建设，多次出色完成胜利油田和全国行业集输工技能竞赛的命题、裁判工作，提出的"压力变送器的安装调试"等3个操作项目，成为胜利油田职业技能竞赛的必考项目。先后编制油气集输工艺流程优化、改造及投产方案75项；参与的胜利油田智能管线示范站建设，实现了地上、地下管网"标准化、数字化、可视化、自动化、智能化"的管理。

2017年在山东省第十三次妇代会上，她代表7万胜利女工，作了题为《融智创新在智能化时代展巾帼风采》的发言。

匠心攻坚，在创新创效中彰显作为

作为中国石化集团公司开发版块唯一的女性技能大师，她深刻领悟实践"创新驱动"发展战略的要求，坚持着眼于行业领先，立足岗位创新创效，努力提升女性在智能化时代的价值。

执着攻坚，服务一线生产解难题。她积极参加生产难题揭榜挂帅活动。三年来，组织实施了"关于解决原油储罐小流量挥发气回收的难题"等7个创新创意方案，指导和帮助基层班站解决生产中的关键操作和技术工艺难题76个。实施的"关于稠油处理难以实现低耗高效脱水的难题"，实现了稳指标、保交油、创效益目标。创新实施的天然气压缩机残液不停机回收工艺，解决了原油稳定装置轻烃拔出率低、耗能大的难题，累计创效320余万元。

矢志创效，攻关完成技术项目。她作为重点科技攻关项目的技术首席，完成了"史南污水处理系统抑垢技术研究"，实现了外输污水水质100%达标；参加污水余热替代燃气项目在原油处理中节能降耗课题的研究，实现了热能全回收；提出并实施"加热炉流体形态"优化方案，使联合站每天多产轻烃1.6吨，年节省天然气55万方，累计创效760万元。她研制的自动加药控制模块，解放了职工"双手"，实现了药剂的有效管控，提高了水质处理效果的同时，年节省药剂费46万元。她完成的攻关课题《提高郝现联单体工艺自动化监测覆盖率》，获全国质量优秀QC成果一等奖。

转化推广，努力创造更大价值。她组织4个工作室5个工种10人完成《旋流式自清洗两相过滤器》的集成优化项目，实现了不停产除渣和自动清洗滤网的功能，已在现河、滨南、临盘等采油厂推广应用105套，过滤器的运行时率由93%提高至99%。她设计的"采出水水质密闭监测装置"，已在油田6座站库推广应用60套。她设计的"柱塞泵自冷式填料函总成"，将填料使用寿命由5—7天延长至150天以上，已在32台柱塞泵上推广应用100套，该专利技术已许可给东营盛昶石油机械有限公司，真正把创新成果转化成了产品。

近年来，她解决生产难题145项，有35项成果获国家发明或实用新型专利，12项成果获全国能源化学地质系统技术创新成果奖，5项成果获国家优秀QC管理成果一等奖，在国家级专业会议和省部级刊物上发表论文21篇，累计创造经济效益6900多万元。

匠心育人，在带徒授业中提升价值

张春荣深知团队的力量才是无限的，只有培养出优秀的创新团队，才能让智慧之火生生不息。2017年，以她名字命名的创新工作室建成投用，她积极发挥团队在技术攻关、技术交流、传授技艺等方面的引领作用，努力打造成为员工技能提速成长的平台，创新创效的"推进器"。

创新培训方法。她结合油气集输行业特点，组织"亮绝招、争状元"擂台赛，推行员工素质提升量化积分管理，实施"点题、破题、汇题"岗位练兵三步法，创办"融智课堂"，凝炼学习成果，汇编教材，实现"智慧"分享，这些做法先后刊登在《胜利日报》和《中国石化报》。她完成的7项课题获山东省职工培训教育创新成果一等奖。

倾心带徒授艺。她充分发挥自己在技术技能方面的优势，努力做好传帮带工作。被现河采油厂、鲁胜公司等7家开发单位聘为"新员工成长导师"、胜利油田优秀兼职培训师、胜利职业学院高技能人才培训首席专家和客座教授。先后到胜采、石油开发等油田5家下属单位基层班站授艺解难21次，解决疑难问题47项。她利用业余时间，制作设备三维动画12个，便于开展动画培训教学。近年来，她带徒近百人，其中27人考取了技师、高级技师，25人在油田技能竞赛中获奖，6人在全国行业技能竞赛中获奖。她带出了全国行业技能竞赛金奖选手张翠娟、张晓静和中石化技能竞赛金奖获得者崔丽等技术骨干。

带领团队创效。她大力弘扬"融智创新，智造光荣"的团队精神，凝聚起团结协作、共同创新的合力。针对三相分离器在运行过程中的跑油难题，她带领团队成员研制成功了污水管线自动排气装置，实现了分离器安全平稳运行。她成功研制了组合式注水泵柱塞，解决了从箱体侧填料取不出、工作量大的难题，已在油田7座注水站推广应用。她主持、参与完成的"油水界面测量仪"等4项集成优化推广项目，已在胜利油田15个二级单位推广应用。几年来，工作室共完成技术创新成果69项，提报QC成果18项，提出改善经营建议310条，金点子95个，累计创造效益4000余万元。工作室先后荣获齐鲁工匠创新工作室、中石化示范工作室和东营市首席技师工作站等荣誉。

作为新时期的石油工人，张春荣将牢记习近平总书记视察胜利油田时的指示精神，聚焦山东省胜利油田高质量发展需要、员工进步成长需求，带领广大员工应用好大数据、互联网和物联网，努力践行工匠精神，全力推动价值创造，以融智创新建设胜利高地，在新时代新征程上不断攻坚前行，为新时代胜利油田事业发展和美丽山东建设再立新功、再创佳绩。❶

---

❶ 本文由中国石化集团胜利石油管理局有限公司工会提供。